实用礼仪
与形象塑造 （第2版）

陈俊琦 张兵 倪克蓉 等 编著

SHIYONG LIYI

— YU —

XINGXIANG SUZAO

重庆大学出版社

图书在版编目(CIP)数据

实用礼仪与形象塑造/陈俊琦,等编著.—2 版.—
重庆:重庆大学出版社,2017.1(2022.1 重印)
ISBN 978-7-5689-0379-0

Ⅰ.①实… Ⅱ.①陈… Ⅲ.①礼仪—职业教育—教材
②个人—形象—设计—职业教育—教材 Ⅳ.①K891.26
②B834.3

中国版本图书馆 CIP 数据核字(2017)第 006847 号

实用礼仪与形象塑造
(第 2 版)

陈俊琦 张 兵 倪克蓉 等 编著
策划编辑:贾 曼 唐启秀
责任编辑:李桂英 版式设计:唐启秀
责任校对:秦巴达 责任印制:张 策

*

重庆大学出版社出版发行
出版人:饶帮华
社址:重庆市沙坪坝区大学城西路 21 号
邮编:401331
电话:(023)88617190 88617185(中小学)
传真:(023)88617186 88617166
网址:http://www.cqup.com.cn
邮箱:fxk@ cqup.com.cn(营销中心)
全国新华书店经销
重庆升光电力印务有限公司印刷

*

开本:787mm×1092mm 1/16 印张:16.5 字数:391 千
2017 年 3 月第 2 版 2022 年 1 月第 12 次印刷
ISBN 978-7-5689-0379-0 定价:43.00 元

前　言

在 21 世纪这个科学无国界、文化无国界、商业无国界甚至"地域"无国界的"全球一体化时代",每个人都面临着与更多人接触的现实,这究竟是人生的机会还是遗憾,在很大程度上取决于个人的形象意识与礼仪知识。

无论我们重视还是忽略自己的形象,每个人无时无刻都在交往中通过态度、表情、服饰、言谈、举止等礼仪所研究的内容,向社会中交往的各色人(包括自己)留下一个关于自己的形象。我们的生活态度不仅仅是对别人的尊重,更是对自己的生命负责任。例如:日常饮食虽然无奇,吃什么,怎么吃,合理的安排,能让你身体健康、美丽动人,是美好形象的基础。仪表也很重要,不仅仅要考虑适合所从事的职业,更要有自己的个性,还要有特别的品位,未必新潮,却不落俗;未必时尚,却有风韵,能显示与众不同的高雅气质。恰当的交往应对更不可少,因为能获得多少支持、肯定、信任与欣赏,往往决定了自信的程度。可见,积极地面对,则生活中的一切都会是美好的,适当地讲究,也正是对生活持积极态度的表现。当运用礼仪成为我们的一种习惯时,身体好了,工作好了,生活好了,心情好了,一切的一切都好了,这不正是我们自己和社会所希望达到的和谐之美吗?

礼仪注重从细微末节处体现尊重与精致,形象绝对不是可有可无的小事,合乎礼仪的形象与合乎形象的礼仪,是每一个渴望进步、渴望成功、渴望和谐与渴望幸福的人的法宝!

为满足各行各业越来越多的人们学习礼仪、塑造形象的需要,我们编写了这本《实用礼仪与形象塑造》(第 2 版),希望以直观的方式教你掌握实用的礼仪。当你按照书中的内容一点点完善和提升自己,一个具有良好素质修养、在人际交往中倍受欢迎、职业形象光彩照人的你将在人生的大舞台上闪亮登场!

本教材首版出版五年以来,受到广大读者的认可与喜爱。为了更贴近时代的发展,更广泛地满足多层次学习者的需要,除原编写团队倪克蓉、肖静参与本次修订工作外,更特别邀请了高等院校的专家学者张兵(重庆广播电视大学)、朱文波(重庆理工大学)、王颖(重庆航天职业技术学院)为大家带来更丰富的指导。

在编写过程中,参考了国内外部分相关书籍和资料,得到了重庆金质花园酒店、重庆商社集团江北重百商场、重庆市江北区洋河幼儿园、重庆市江北区第一人民医院的协助与配合,我们真诚地向原著者、出版社和相关单位表示深切的谢意和崇高的敬意!

今天,我们将这本凝聚着期许和关爱的书呈现给读者朋友,希望为大家的进步与成功尽上一份绵薄之力。如果您感到本书还有一定价值的话,那将是对编者们的最大肯定。让我们一起在践行礼仪的过程中感受最美好的人生!

陈俊琦

2016 年 9 月

目　录

第一篇　礼仪通识篇

第一章　认识礼仪　明确要义 ……… 3
　第一节　历史发展 ……… 3
　第二节　定义要素 ……… 7
第二章　原则作用　分类差异 ……… 10
　第一节　原则作用 ……… 10
　第二节　分类差异 ……… 13

第二篇　个人素养篇

第三章　精神饱满　自信大方 ……… 19
　第一节　保持健康 ……… 19
　第二节　平和心态 ……… 22
第四章　姿态端正　潇洒挺拔 ……… 25
　第一节　站姿挺拔 ……… 25
　第二节　坐姿稳直 ……… 29
　第三节　走姿潇洒 ……… 32
　第四节　蹲姿文雅 ……… 35
　第五节　手势恰当 ……… 37
第五章　仪表整洁　服饰得体 ……… 42
　第一节　讲究卫生 ……… 42
　第二节　穿戴规范 ……… 45
第六章　表情亲切　面容宜人 ……… 50
　第一节　笑容美好 ……… 50
　第二节　善用眼神 ……… 54
　第三节　面容清爽 ……… 58
　第四节　发型大方 ……… 62
第七章　用语文明　谈吐不俗 ……… 66
　第一节　文明用语 ……… 66
　第二节　谈吐得当 ……… 70
　第三节　善用电话 ……… 73

第八章　举手投足　温文尔雅 ……… 79
　第一节　上下楼梯 ……… 79
　第二节　进出电梯 ……… 80
　第三节　出入房门 ……… 81
　第四节　引领服务 ……… 82
　第五节　握手鞠躬 ……… 84
　第六节　递接物品 ……… 87
　第七节　进出轿车 ……… 88
　第八节　就餐品饮 ……… 89

第三篇　社会交往篇

第九章　三人为师　礼遇在先 ……… 97
　第一节　校园礼仪 ……… 97
　第二节　职场礼仪 ……… 101
第十章　尊老爱幼　和孝并重 …… 104
　第一节　家庭和谐 ……… 104
　第二节　邻里和睦 ……… 110
第十一章　遵守公德　共创和谐 …… 113
　第一节　社会公德 ……… 113
　第二节　公共礼仪 ……… 116
第十二章　时间空间　排序讲究 … 122
　第一节　时空礼仪 ……… 122
　第二节　次序礼仪 ……… 125
第十三章　招呼问候　暖人心头 … 134
　第一节　礼貌称呼 ……… 134
　第二节　主动致意 ……… 136
　第三节　问候回应 ……… 138
第十四章　名片介绍　印象重要 … 142
　第一节　名片礼仪 ……… 142
　第二节　介绍礼仪 ……… 145

第十五章　迎来送往　主雅客勤 … 151
　第一节　待客礼仪 …………………… 151
　第二节　做客礼仪 …………………… 153
　第三节　馈赠礼仪 …………………… 154
第十六章　尊重习俗　礼尚往来 ……
　……………………………………… 158
　第一节　中国传统礼仪习俗 ……… 158
　第二节　主要少数民族习俗 ……… 162
　第三节　涉外礼仪原则习俗 ……… 166

第四篇　职业形象篇

第十七章　求职面试　成功展示 … 175
　第一节　面试准备 …………………… 175
　第二节　面试技巧 …………………… 181
第十八章　为人师表　亲切稳重 … 184
　第一节　德高为师 …………………… 184
　第二节　身正为范 …………………… 186
　第三节　活跃开朗 …………………… 189
　第四节　亲切大度 …………………… 193
第十九章　旅游服务　热情周到 … 199
　第一节　宾客至上 …………………… 199
　第二节　热情好客 …………………… 201

第三节　善解人意 …………………… 204
第四节　办事周全 …………………… 208
第二十章　商品销售　真诚细致 … 213
　第一节　真诚自然 …………………… 213
　第二节　整洁大方 …………………… 216
　第三节　知人善言 …………………… 220
　第四节　耐心细致 …………………… 222
第二十一章　办公人员　优雅干练……
　……………………………………… 226
　第一节　守时有序 …………………… 226
　第二节　优雅得体 …………………… 228
　第三节　沉稳端庄 …………………… 232
　第四节　敏捷干练 …………………… 236
第二十二章　白衣天使　严谨体贴……
　……………………………………… 239
　第一节　崇高无私 …………………… 239
　第二节　一丝不苟 …………………… 242
　第三节　乐观稳重 …………………… 247
　第四节　体贴入微 …………………… 251

参考文献

第一篇

礼仪通识篇

　　人类历史发展到今天,各个国家、民族都形成了约定俗成、各具特色的礼仪规范,在有形无形中指导着人们的社会生活。上下五千年的文化积淀,我国以孔孟为代表的儒家礼仪主张,对中华民族的生生不息产生了重要而深远的影响。作为文明古国、礼仪之邦的后代,我们在享受传统礼仪带来的和谐融洽时,更有责任传承和发扬礼仪,一起推动整个人类社会的文明进程。

第一章　认识礼仪　明确要义

对个体来说,礼仪是一个人思想内涵、文化修养、交际能力的外在表现;对社会来说,礼仪是一个国家文明程度、道德风尚、国民整体素质的综合体现。礼仪不仅是人类交往的根本需要,更是促进社会发展的强大力量。

第一节　历史发展

看一看:

对大学生礼仪认知的现状调查

2015年,哈尔滨工业大学(威海)工程学习小组对本校大学生在礼仪认知、执行度方面进行了调查,其结果反映出大学生中普遍存在着一些不良行为。

调查显示,有61%的被调查者表示遇到过在学校公共场合大喊大叫、不考虑他人感受等不礼貌行为;73%的学生对于发生在课堂内的一些无礼行为特别反感,如提前占座却迟迟不见人影,上课吃东西、说闲话、玩手机等;有一些学生作息时间内在走廊或寝室制造噪声而影响同学的正常休息;38%的受访者对于不打扫寝室卫生、私人物品乱摆乱放的行为表示厌恶。此外,随意翻看他人的私人物品、爆粗口、在寝室内抽烟等现象也反映出礼仪素养的缺失。

由这组数据可见,目前大学生中不讲文明、不懂规矩、不自尊尊人等不良现象并不少见。不过大多数同学在表示厌恶的同时懂得反省自己,引以为戒,这表明代表我国高素质群体的大学生对提高自身素养心怀向往,对文明和谐的社会环境更是心怀向往。

想一想:

1.在受教育程度较高的大学生群体中却普遍存在着不文明行为,你对此现状有何感想?

2.人类社会为何要遵循礼仪?

礼仪萌芽于原始社会,与人类的文明相伴而生,具有悠久的历史,经过不断地演变,形成现代礼仪规范。

一、人类循礼的根源

世界上有 200 多个国家和地区,大约 1 800 多个民族,70 多亿人口,5 000 多种语言。尽管国家、民族、信仰、体貌特征各不相同,人们却在不同的环境背景下形成了各自的礼仪和习俗,用规范和约束形成相对平衡的社会氛围,营造出和谐共生的社会环境。礼仪的起源,主要基于以下需要。

(一)对天地、神灵、祖先的信仰与敬畏

原始社会,由于缺乏科学知识的解释,人类被动地生活在变化莫测的大自然中,对于突如其来的自然灾害无所适从,听天由命,认为所有这些都是天地神灵在主宰,所以想通过虔诚的祭拜活动,表示对天地神灵和祖先的敬畏,以保佑风调雨顺,拜求降福。就这样,以祈祷而举行的仪式就成了古代礼仪的萌芽,因此有"礼立于敬而源于祭"的说法。

(二)交往沟通的需要

随着人类交互活动的增加,如狩猎、耕种、交换以及部落之间的争斗,人类用眼神、肢体语言等来表达他们的想法,用击掌、拍手、拥抱等方式表达他们的喜悦和高兴,当这些方式逐渐形成一种习惯,便成了最初的礼仪。

(三)维系等级差别的需要

随着社会的发展,人类为了更好地生存,大家抱团合作,生产与分工越来越细,有了领导者与被领导者,出现了尊卑上下的等级。于是,尊卑有序、男女有别等逐渐被认同。为了给等级差别的维系提供更多的依据,礼仪也在不断增添新的内容,成为人类进步中不可或缺的重要组成部分。

二、古代礼仪的表现

人类的历史就是一部礼仪文明的发展史。在古希腊罗马的诗歌典籍、荷马史诗和苏格拉底、柏拉图、亚里士多德等哲人的著述中都有关于礼仪的论述。

中国古代礼仪的产生,起源于原始时期的祭祀活动,伴随着中华民族文明的诞生。到西周时期,礼仪已发展得十分完备,形成了现存的最早的礼仪制度著作《周礼》。周人把礼分为五类,即"五礼":祭祀之事为吉礼,冠婚之事为嘉礼,宾客之事为宾礼,军旅之事为军礼,丧葬之事为凶礼,并成为历代礼仪制度的渊源。春秋时期的孔子把"礼"推到了一个至高无上的地位。

从使用范围来看,古代礼仪分为政治礼仪和生活礼仪两大类。下面就古代日常生活礼仪做一些介绍。

(一)衣冠服饰

《弟子规》要求:"冠必正,纽必结,袜与履,俱紧切。"仪表礼貌,首先讲究冠正、衣洁。行冠礼后的男子,出门若不戴冠,或冠帽不正,则视为无礼。例如,马援"敬事寡嫂,不冠不入庐"(《后汉书·马援传》)。

服饰色彩也有等级要求。黄色是皇室专用服色。官员,一至四品用绯袍,五至七品用青袍,八品、九品用绿袍。百姓禁用大红和鸦青色。

（二）坐立行走

孔子说："君子不重则不威，学则不固。"只有庄重才有威严。具体说来，要求做到"站如松，坐如钟，行如风，卧如弓"，就是坐立行走都要有"相"。在公众场合举止不可轻浮，要做到"非礼勿视，非礼勿听，非礼勿言，非礼勿动"，处处合乎礼仪规范。

坐，古人席地而坐，姿势是：双膝着地，两脚背朝下，臀部落在脚踵上。古代入席要光着脚，只能跣足。入室跣足在古代一直被认为是对主人的礼貌。直到有了椅子后，才不需要脱袜了。但"侍坐于长者，履不上于堂"仍是一种礼貌。在庄重场合，必须正襟危坐，以示严肃。

立，立时正身，平视，双手相合，掩在袖子里。姿态不需笔挺，双臂自然柔软，切忌僵硬。头要微低以表敬意。

行，古人把走路分成不同的种类：两足进曰行，徐行曰步，疾行曰趋，疾趋曰走。不同场合采用不同走相，才符合礼貌的要求。"趋"，快步行走，是对尊者、长者、贵者以及行朝拜礼时表示尊敬的一种走相要求。例如，孔子去朝见鲁君，"趋进，翼如也"。堂上，步子应小些，堂下，步子要迈得大一些。

（三）行礼九拜

古代行礼有"九拜"，拜，就是行敬礼的意思。《周礼·春官·太祝》："辨九拜，一曰稽首，二曰顿首，三曰空首，四曰振动，五曰吉拜，六曰凶拜，七曰奇拜，八曰褒拜，九曰肃拜，以享右祭祀。"稽首是跪下后，两手着地，拜头至地，停留一段时间，是拜礼中最隆重的一种礼节。顿首是引头至地，稍顿即起，是拜礼中次重者。空首是两手拱地，引头至手而不着地，是拜礼中较轻者。这三拜是正拜。振动，是两手相击，振动其身而拜。吉拜，是先拜而后稽颡，即将额头触地。凶拜，是先稽颡而后再拜，头触地时表情严肃。奇拜，先屈一膝而拜，又称"雅拜"。褒拜，是行拜礼后为回报他人行礼的再拜，也称"报拜"。肃拜，是拱手礼，并不下跪，俯身拱身行礼。推手为揖，引手为肃，其实也就是揖。这是军礼，军人身披甲胄，不便跪拜，所以用肃拜。其他几种拜礼都是正拜的变通。跪拜礼成为等级差别的标志，广泛运用于官场之中，如臣子拜皇帝，小官拜大官，奴才拜主子等，都要行三叩九拜之礼。后来，随着社会文明的进步和发展，增加了打千、作揖、拱手等表示敬意的礼节。如《论语·微子》中，"子路拱而立"。直到辛亥革命胜利，随着几千年封建君主制度的覆灭，才结束了这种跪拜礼。

（四）谦卑称谓

古代称谓，最基本的礼貌是，谦称自己，敬称他人。

古人常用的谦称有愚（愚兄）、鄙（鄙人）、敝（敝人）、窃（窃以为）等；读书人自称小生、晚生、不才；官员谦称下官、末官；老人自谦老朽、老夫；皇帝自谦孤、寡人，有缺少德行之意，等等。

在谦称自己的同时，往往以敬称称呼别人。古人对品格高尚、智慧超群的人称"圣"，如孔圣人，后来专门用于皇帝，如圣谕、圣旨。

家庭称谓同样讲究礼节。称自己家为寒舍、舍下，称别人家为府上、尊府。称呼自己一方的亲属：家、舍、先、亡，如家父、先母、舍弟、亡侄等。"家"和"舍"有长幼之分，"先"和"亡"也有长幼之分，用于对已故家人的称呼；称呼对方亲属：令、尊、贤等。令，不受辈分限制，如令尊、令妹、令郎；尊、贤，含敬重之意，意为"您的"意思，如尊父、尊兄、尊夫人、贤叔、贤婿。还有，岳母、泰山，有祝愿健康长寿之意。

古代称谓中,谦辞、敬辞不胜枚举,作为交往的一种礼节,体现了中华民族谦和待人的美德。

(五)待客之道

"有朋自远方来,不亦乐乎。"热情好客,一直以来都是人们崇尚的待客之道。宾客到来,衣冠齐整,迎于门外,施礼,互致问候,请客入门,请客上坐,奉茶。堂内尊卑顺序依次是东向(坐西面东)、南向、北向、西向,或者以右为上。宾主之间,则宾为东向,主西向;长幼之间,长者东向,幼者西向。以东为尊。帝王与臣下,帝王面南,臣下面北。

喝茶、饮酒时,右手端杯,用左手袖子挡住杯子,以求雅观。席间,主人尽活跃气氛之能事,以让客人感觉宾至如归的气氛。

(六)礼尚往来

《礼记》说:"礼尚往来,往而不来,非礼也;来而不往,亦非礼也。"礼尚往来,是礼貌待人的一条重要准则。就是说,接受别人的好意,必须报以同样的礼敬。这样,人际交往才能平等友好地在一种良性循环中持续下去。

对于受恩者来说,应该滴水之恩,涌泉相报。在古人眼中,没有比忘恩负义更伤仁德的了。孔子说:"以德报德,则民有所劝","以怨报德,则刑戮之民也"。可见,"以德报德",有恩必报,是待人接物的基本道德修养。

(七)投递名帖

古代的名帖,相当于现在的名片。早期的名帖是竹木制成的,叫"谒""刺"。拜访时,先呈上谒或刺,以通报姓名。后来有了纸帖、布帖、绫面帖,发展到明清,名帖装饰更加精美,用途也更加广泛,除作通报之用,也用于节日、生辰、要事祝贺等。

(八)传统习俗

中华民族素来注重通过适合的形式,表达人们美好的期望。遇到春节、重阳等重大节日和婚丧寿庆等重要事件,多有约定俗成的仪式规矩。如获得丰收,要欢歌庆贺;遭到灾祸,要祈求神灵保佑。久之,就形成许多特定的节庆及礼仪习俗。

三、现代礼仪的发展

礼仪的形成是一个动态发展的过程,是在风俗和传统变化中形成的行为规范。随着现代社会交往的扩大,各民族文化相互渗透,东西方文化相互交织,时至今日,现代礼仪与古代相比已有很大差别。为顺应时代进步,现代礼仪向更文明、更简洁、更实用的方向发展。主要体现在以下几个方面的变化。

(一)礼仪实质的变化

古代礼仪主要由礼制和礼俗构成。礼制是国家的礼仪制度,是阶级社会的产物,为统治阶级服务。礼仪的内涵无形中被打上了阶级的烙印,直接体现着不平等。

随着社会文明的推进,世界各国逐步向自由、民主、平等的新型社会关系趋近,礼仪与政治体制、阶级等级、上下尊卑等基本分离,摒弃了旧社会中体现不平等的旧礼制,更好地形成了以自由、民主、平等为实质的新型现代礼仪。

（二）礼仪形式的变化

现代礼仪的形式也更简明、实用和高效。从称谓的变化看：称谓是人际交往中必要的形式，在古代社会，称谓常常反映着阶级地位的不同，如老爷、太太、先生、大人等；民国后，出现志同道合的"同志"称谓；新中国成立后，"同志"更是被发扬光大，成为全社会的普遍称呼，体现着人人平等；现在，先生、女士、老师称谓的普遍使用，既是东西方文化的交融，同样也反映出人与人之间的平等、尊重和文明。又如致礼的变化：在封建社会，依据等级尊卑，人们遵循三叩九拜式致礼仪式，表示敬重与臣服；如今，微笑、握手、鞠躬、挥手等简单、高效的文明礼仪已然得到全社会的普遍认同和使用。

（三）礼仪内容的变化

社会的发展，必然带来许多新鲜事物，如新行业、新岗位、新交往模式等。伴随着这些新的事物，以及人们参与社会活动的普遍性，现代礼仪也日趋细化，被运用于社会的各种交往活动中。

随着现代科学技术、网络通信工具的快速发展，人们的交往更趋多元化，电话、手机、汽车等日常运用，电话礼仪、用车礼仪、网络礼仪等应运而生，倡导着人们体现良好的个人素质，塑造文明的社会风气。

做一做：

1.说说你所知道的古今礼节、礼俗的变化。

2.填写正确的家庭称谓：

（1）两兄弟妻子之间的关系是 ＿＿＿＿＿＿＿＿＿＿＿；两姐妹丈夫之间的关系是＿＿＿＿＿＿＿＿＿＿＿。

（2）母方的兄弟称为＿＿＿＿＿＿＿＿＿＿＿；父方的兄弟称为＿＿＿＿＿＿＿＿＿＿＿。

（3）称别人的父亲、母亲为 ＿＿＿＿＿＿＿、＿＿＿＿＿＿＿；对别人称自己的父亲、母亲为＿＿＿＿＿＿＿、＿＿＿＿＿＿＿。

（4）称呼叔叔的妻子为＿＿＿＿＿＿＿＿＿＿＿；母亲的姑母为＿＿＿＿＿＿＿＿＿＿＿。

第二节　定义要素

看一看：

《礼记·大学》："古之欲明明德于天下者，先治其国；欲治其国者，先齐其家；欲齐其家者，先修其身；欲修其身者，先正其心；欲正其心者，先诚其意；欲诚其意者，先致其知，致知在格物。物格而后知至，知至而后意诚，意诚而后心正，心正而后身修，身修而后家齐，家齐而后国治，国治而后天下平。"物格而后知至的意思是通过降低自己的欲望，减少自己的贪念，来让自己头脑清醒，是非曲直分明。正念分明后就要努力在待人处世的各方面做到真诚二字，努力断恶修善，久而久之自己的修养就起来了，有智慧了。这时就可以把自己的家庭经营好了。家庭是国家的缩影，把自己家庭经营好了的人也一定可以把国家治理好。一个能把自己国家治理好的人，那么他（她）也一定能让世界充满和谐，天下太平。

礼仪存在于现代人际交往的一切活动中,是有形的,其基本形态受历史传统、民族风俗、社会发展、教育程度等多方面影响。人际交往中第一印象十分重要,个人的姿态、表情、着装、举止、谈话、修养都影响着第一印象的建立。良好的礼仪习惯能让社交效果事半功倍。

一、礼仪的定义

中国古代的"礼"和"仪",实际是两个不同的概念。荀子曰:"礼者,养也;仪者,规也。""礼"是制度、规则和一种社会意识观念;"仪"是"礼"的具体表现形式,它是依据"礼"的规定和内容形成的一套系统而完整的程序。

礼仪主要体现在形象、礼貌、礼节、仪式、礼俗等方面。

这里的形象,泛指人的外表,是仪表、仪容、仪态、举止的综合表现,如面容宜人、服饰得体、姿态端正等。

礼貌,指人们在交往过程中表示敬意、友好、得体的言语动作,体现着一个人的修养水平和文明程度。在社会交往中,礼貌待人为人所称道,而缺乏礼貌则为人所鄙夷。

礼节,指人们在社会交往过程中表示出的尊重、祝颂、敬意、问候、哀悼等惯用的形式和规范。它是交际场合待人接物的行为准则,是礼貌的具体表现方式,如握手、鞠躬、鸣礼炮、敬献花圈等。

仪式,指在特定场合举行的、具有专门程序、规范化的活动形式,是一种正式的礼节形式,如开幕式、颁奖仪式、毕业典礼等。

礼俗,即民俗礼仪,指在婚、丧、祭祀、交往中的风俗和仪式,它是礼节的一种特殊形式。如汉族端午赛龙舟,藏族敬献哈达,傣族泼水节等,都是特有的民族礼俗。

简言之,"礼"就是尊重,是律己敬人的规范,"仪"就是表示尊重的表达方式。礼仪就是做人做事的规矩,是人类为维系社会正常生活而要求人们共同遵守的基本道德规范,是人们在长期共同生活和相互交往中逐渐形成,并且以风俗、习惯和传统等方式固定下来的行为准则。礼仪的本质就是"约束自己,尊重他人"。讲究礼仪的目的是为了实现人与人之间关系的和谐。

概括起来,礼仪就是人们在社会的各种具体交往中,为了表示相互尊重,而在仪表、仪容、仪态、仪式、言谈、举止等方面约定俗成、共同认可的规范和程序。

二、礼仪的要素

礼仪是由主体、客体、媒体、环境四项基本要素所构成的。

(一)礼仪的主体

礼仪的主体是礼仪活动的操作者和实施者,它既可以是个人,也可以是组织。一般来说,当礼仪活动的规模较小时,礼仪的主体通常是个人。比如,当导游为游客服务的时候,礼仪的主体就是导游。当礼仪活动的规模较大时,礼仪的主体则是组织。比如 2016 年 6 月 19 日,国家主席习近平抵达华沙,开始对波兰共和国进行国事访问。当习近平乘坐的专机进入波兰领空时,波兰空军战机升空护航。专机抵达华沙奥肯切军用机场,习近平和夫人彭丽媛步出舱门,波兰外交部长瓦什奇科夫斯基、总统府办公厅主任杜尔斯卡等在舷梯旁热情迎接,礼兵分列红地毯两侧。抵达华沙当晚,习近平和彭丽媛即应邀来到贝尔维德宫做客。习近平和彭丽媛抵达时,波兰总统杜达和夫人阿加塔在停车处迎接。本次礼仪的主体则是波兰共和国。

(二)礼仪的客体

礼仪的客体比较广泛,指的是礼仪活动的指向者和承受者。它既可以是人,也可以是物;可以是物质的,也可以是精神的;可以是具体的,也可以是抽象的。比如上面导游的例子,导游是主体,游客是客体;习近平访问波兰受到热情接待,波兰共和国是主体,习近平一行是客体。又如,服饰干净整洁是最基本的个人礼仪,这里服饰就是客体。再如,我们要发扬中华民族传统美德,美德作为客体就是精神的、抽象的。

(三)礼仪的媒体

礼仪的媒体是指礼仪活动需要依托的相关媒介,由人体礼仪媒体、物体礼仪媒体、事体礼仪媒体等构成。在具体操作礼仪时,这些不同的礼仪媒体往往是交叉、配合使用的。

礼仪可以是一个微笑的眼神,也可以是一个精美的礼物,可以是一个温馨的仪式,也可以是一条真诚的短信……这里,眼神、礼物、仪式、短信都是礼仪活动所依托的媒体。

(四)礼仪的环境

礼仪的环境指的是礼仪活动特定的时空条件,分为礼仪的自然环境与礼仪的社会环境。礼仪的环境,经常决定着礼仪的实施形式和方法。

比如酒店服务礼仪的环境基本上是在酒店范围内。作为酒店的工作人员,在酒店内必须使用酒店服务礼仪。又如学生在校园,必须遵从校园礼仪规范。

做一做:

1.你有哪些"约束自己,尊重他人"的礼仪习惯:

(1)＿＿＿＿＿＿＿＿＿＿＿＿＿＿＿＿＿＿＿＿＿＿＿＿＿＿＿＿＿＿

(2)＿＿＿＿＿＿＿＿＿＿＿＿＿＿＿＿＿＿＿＿＿＿＿＿＿＿＿＿＿＿

(3)＿＿＿＿＿＿＿＿＿＿＿＿＿＿＿＿＿＿＿＿＿＿＿＿＿＿＿＿＿＿

你有哪些"己所不欲,却施于人"的不当行为:

(1)＿＿＿＿＿＿＿＿＿＿＿＿＿＿＿＿＿＿＿＿＿＿＿＿＿＿＿＿＿＿

(2)＿＿＿＿＿＿＿＿＿＿＿＿＿＿＿＿＿＿＿＿＿＿＿＿＿＿＿＿＿＿

(3)＿＿＿＿＿＿＿＿＿＿＿＿＿＿＿＿＿＿＿＿＿＿＿＿＿＿＿＿＿＿

2.在习总书记访问波兰共和国这一事例中,礼仪的四项要素分别是什么?

第二章　原则作用　分类差异

古人云："凡善怕者,必身有所正,言有所规,行有所止,偶有逾规,亦不出大格。"懂得惧怕,懂得敬畏,就会自觉规范自己的言行举止,就会遵循规矩、守住底线。反之,人一旦没有敬畏之心,就会肆无忌惮,甚至无法无天。因此,无礼无规者,人生道路不会顺畅,事业根基不可能牢固。

第一节　原则作用

看一看:

重庆一公司开除 20 名大学生

某年,重庆理念产业科技有限公司招聘了 21 名应届毕业生。短短 4 个月时间里,公司便陆续开除了其中的 20 名,仅留下了一名中专毕业生。这是为什么呢?

这 20 名大学生被公司开除的原因大致有三种情况:

一是随地吐痰。公司规定不准随地吐痰,但有的大学生不仅随地吐痰,并且当着客户的面吐痰。

二是上班迟到,工作时间化妆。守时、整洁清爽地上班本是一种礼仪,但三天两头迟到,并且公然把化妆品摆在办公室化妆,所以这些大学生三次警告后被开除。

三是不懂礼让。一次,公司总经理带领 100 多名员工到青岛度假,租了一套别墅,有 20 多个床铺,这就意味着大多数人需要打地铺。而这些新来的大学生,一进别墅就张罗着选房间选床铺,选好后把门一锁,独自在房间看电视。很多老员工,甚至总经理就只能在过道打地铺。

就这样,刚入职的 20 名大学生陆续被开除了,最终留下来的是一名遵规守纪、踏实勤恳的中专毕业生。

想一想:

1.请围绕这个事例,谈谈你对"不学礼,无以立"这句话的理解。

2.礼仪的作用体现在哪些方面?

一、礼仪的原则

(一)尊重原则

尊重,是礼仪的核心,包括自我尊重和尊重他人两个方面。

尊重自己是基本,尊重长辈是本分,尊重同辈是友善,尊重晚辈是姿态,尊重所有人就是教养。要常存敬人之心,不失敬于人,不伤害他人尊严,更不能侮辱对方的人格。

(二)平等原则

平等,是指在交往过程中,对所有交往对象都以礼相待,一视同仁。不因对方的性别、种族、职业、身份、地位、财富、外形以及与自己的亲疏程度不同,就厚此薄彼或区别对待。

(三)遵守原则

遵守,就是要求每一位参与者都必须自觉地遵守社会公德,遵守社会秩序,遵章守纪,遵时守信,按约定俗成的规则行事。

(四)自律原则

自律,就是自我要求、自我约束、自我控制。古语云:"己所不欲,勿施于人。"若是没有对自己的首先要求,只求律人,不求律己,不讲慎独与克己,礼仪就无法推行。

(五)真诚原则

真诚,就是要求待人以诚,诚心诚意,诚实无欺。不能把运用礼仪作为一种道具和伪装,成为显示比别人优越的手段,投机取巧,口是心非,言行不一,肯定是行不通的。

(六)宽容原则

宽容,是指人们在交际活动时,既要真诚待人,更要宽以待人。俗话说"人上一百,形形色色",不要求全责备,斤斤计较,更不能咄咄逼人。非原则性的问题,要善于站在对方的角度进行思考,多容忍,多体谅,多理解。

(七)从俗原则

从俗,即对于不同国情、地域、民俗、宗教等的风俗习惯和礼节规范等客观现实要有正确的认识和理解,在特定区域,要尊重当地习惯,入乡随俗。切勿目中无人,我行我素,指手画脚,妄加评论。

(八)适度原则

适度,就是与人交往时,必须分清对象、场合、时间,适度得体,把握分寸。子曰:"礼之用,和为贵。""和"即适度的意思。凡事过犹不及,假如做过了头,或者做不到位,都会让人感觉不到诚意,让人尴尬,引起不愉快。当然,运用礼仪要真正做到恰到好处,恰如其分,还需要不断强化意识,勤学多练,积极实践。

二、礼仪的作用

礼仪在人际交往中具有极其重要的作用,概括起来主要体现在四个方面。

(一)展现个人素养

文明礼仪是一张个人素质的名片,反映着一个人的学识教养、社会阅历、道德情操、气质风度和精神面貌。

每个人的穿衣戴帽、举手投足、谈吐行为、待人接物无不体现自身修养。有所为,有所不为,恰到好处的交接应对,都需要灵活自如地运用礼仪规范来实现。修慈善心境、养宽容胸怀、行道德礼仪、做品味人士,方算得上知书达礼,有修养之人。

(二)促进人际交往

"桃李不言,下自成蹊",礼仪本身就是一种特殊的交际语言,学习和掌握礼仪规范,能更顺利地开启各种交际活动的大门,建立和谐融洽的人际关系。

1.有益于交流信息

良好的礼仪有助于人与人,组织与组织之间的沟通,使信息资源的交流共享更畅通。事实证明,善于利用社交能力协调人际关系的人,办事容易顺达,能更好实现期望的目标和结果。

2.有益于增进感情

我们来看一个关于梅兰芳与齐白石的故事:1913 年,19 岁的梅兰芳一举成名。在此期间,他结识了一些知名画家,也包括齐白石。有一次,齐白石应邀到一户人家做客。这天所到宾客多是达官显贵,衣饰锦绣,光彩耀人。只有齐白石布衣粗履,显得十分寒酸,在客厅坐下后被冷落一旁。不一会儿,主人满面喜色地领着梅兰芳走进客厅,满座宾客见了都一下子站起来欢迎,争先恐后地与之握手。梅兰芳突然瞥见齐白石孤单单地坐在一旁,他寻了机会向齐白石走去,恭恭敬敬地叫了一声:"老师!"然后便同他交谈起来。齐白石深为感动,事后特地画了一幅《雪中送炭》赠与梅兰芳。

梅兰芳的谦和礼貌成就了与齐白石的友谊,充分说明了礼仪具有重要的亲和作用。在交往中,遵循礼仪的基本要求,可以拉近彼此的距离,取得对方的认同,有利于沟通和增进感情。

3.有益于和谐关系

社会交往是实现感情交换的重要途径。"人敬我一尺,我敬人一丈",在交往中,大家运用礼仪相互关心,彼此体谅,真诚相待,赢得友爱。在交往的过程中,更容易感受到美好与和谐。

(三)塑造组织形象

从组织的角度看,礼仪是组织文化、组织精神的重要内容,是组织形象的主要附着点。

礼仪作为组织全体成员共同认可并且自觉遵守的行为规范,可以促进全体员工团结互助、爱岗敬业、诚实守信,能够增强员工的交往和竞争实力,从而推动各项事业的发展。一个具有很强执行力和团队凝聚力的组织,一定会是一个高效的工作团体,最终达到提升经济效益和社会效益的目的。组织评价高了,组织形象的塑造自然就成功了。

(四)推进文明建设

如今,人类社会已步入文明、和平、发展为主流的阶段,人与人之间的交往与合作日渐频繁和密切。人人都在寻求一种充满友爱、真诚、理解、互助的温馨和谐的生存环境,寻求充满文明与友善,真诚与安宁的空间。前进的社会呼唤文明,现代的人类呼唤文明。

精神文明建设归根到底是提高人的素质,引导人们对自己的主观世界自觉地进行改造,从而提高人们改造客观世界的能力。文明礼仪是精神文明的一个重要内容,对己修身养性,对外和谐社会。文明礼仪养成教育不仅是个体道德品质和个性形成的基础教育,也是提高全民族道德素质,振兴民族精神以及建设社会主义精神文明的基础教育。

在社会主义条件下,努力提高全体公民的礼仪素质,必将使人和人之间的新型关系不断发展,使整个社会的面貌发生深刻的变化,使社会劳动生产率不断提高,这是我国社会主义现代化事业获得成功必不可少的条件。

做一做:

　　一天傍晚,巴黎的一家餐厅来了一群中国人。点完菜,他们开始四处拍照,竞相与服务人员合影,甚至跑到门外一辆劳斯莱斯汽车前频频留影,还不停地大声说笑。用餐时,杯盘刀叉的碰撞声、嘴里咀嚼食物发出的声音,不绝于耳,一会儿,便搞得杯盘狼藉,桌子、地面到处是油渍和污秽。坐在附近的一位先生忍无可忍,向店方提出抗议,要求他们马上停止喧闹。

　　请回答:

　　1.这群让人尴尬的中国人,违反了哪些礼仪的原则?

　　2.不遵守礼仪的交往会带来哪些不良影响?

第二节　分类差异

看一看:

　　导游小王曾接待过一位82岁高龄、来自美国加州的老太太。她来华旅游,并参加短期汉语学习班。小王对老太太说:"您这么大年纪,还到国外旅游、学习,可真不容易呀!"美国老太太听了,脸色立刻阴了下来,冷冷地应了一句:"噢,是吗? 你认为老人出国旅游是奇怪的事情吗?"弄得小王十分尴尬。

想一想:

　　1.小王的说法有何不妥?

　　2.你认为礼仪的运用是一成不变的吗?

一、礼仪的类别

　　现代礼仪按应用范围可以分为家庭礼仪、公共礼仪、职场礼仪、社交礼仪和涉外礼仪等。

(一)家庭礼仪

　　家庭礼仪是在家庭生活中,为增进亲人间感情,和睦亲戚邻里关系,拜访接待亲朋好友,需要遵守的礼节、正确称谓和行为规范。

　　其基本原则是孝敬老人,尊重父母,关爱兄弟姐妹,礼待亲朋好友,和睦邻里关系。

(二)公共礼仪

　　公共礼仪是全体公民在社会交往和公共生活中必须共同遵循的行为准则,是社会普遍公认的最基本的行为规范。

其基本原则是彼此尊重、互相体谅,遵守公共秩序,遵守公共场所管理规定,保持整洁、爱护设施,维护公共区域安静有序。

(三)职场礼仪

职场礼仪是指人们在工作状态中,对领导、同事、客户应遵循的一系列行为规范。

其基本原则是真诚尊重、谦虚待人、自信自律、宽容守信、精诚合作。

(四)社交礼仪

社交礼仪是指人们在人际交往过程中应遵循的行为规范,体现着一个人的基本素养、交际能力等。

其基本原则是尊重礼俗、真诚敬人、热爱自然、保护环境。

(五)涉外礼仪

涉外礼仪是指外事礼仪规范,也就是人们参与国际交往所要遵守的惯例和约定俗成的做法。它强调交往中的规范性、对象性、技巧性。

其基本原则是维护国家利益、尊重习俗、平等交往、尊重隐私、信守约定。

二、礼仪的差异

礼仪虽然是一种约定俗成的行为规范,但其运用会受到时间、地点、环境和对象等不同条件的约束。只有掌握好礼仪的差异性,才能在运用时挥洒自如,真正发挥出礼仪的魅力。

(一)民族差异

据不完全统计,全世界大约有 2 000 个民族。不同民族的礼仪多姿多彩,各具特色,凝结着本民族本地区人民的文化情结,每个民族的人民都严格遵循并苦心维护其独特的民族礼仪文化。在人际交往中,应表现出充分的尊重与敬意,首先要承认礼仪具有民族差异性,理解对方的民族风俗和宗教信仰,如不用猪肉款待回族客人,不给基督教客人安排带"13"数字的房间等。

有一次,印度官方代表团前来我国某城市进行友好访问,为了表示我方的诚意,有关方面作了积极准备,就连印度代表下榻的饭店里也专门换上了宽大、舒适的牛皮沙发。可是,在我方的外事官员事先进行例行检查时,这些崭新的牛皮沙发却被责令立即撤换掉。原来,印度人大多信奉印度教,而印度教是敬牛、爱牛、奉牛为神的,因此如果请印度人坐牛皮沙发,无疑会好心办坏事。

(二)中外差异

从世界范围来看,不同国家在特定地理环境、历史条件、文化背景和宗教信仰下,承袭下来的礼节规范,具有很大的不同。如同样是问候,中国人见了面很喜欢问,"忙什么呢?""去哪儿了?"大家会理解为见面问候语,打个招呼而已。如果你问西方人"Where are you going?"他会认为你在打探他的私事,很失礼。在西方,日常打招呼,一声"hello!""Good morning!"就很妥当。如果你说"Have you had your dinner?"对方会认为你想邀请他共进晚餐。又如,中国人视谦虚为美德,在听到别人夸赞时,赶紧说"惭愧""哪里",表现得十分谦卑。西方人听到赞美,总是高兴地答"Thank you"以表接受。中国人请客,无论多么丰盛,也要谦虚"没准备什么,将就吃",中国人的客套话,西方人听了会真的认为你没有诚意。

(三)时空差异

随着人际交往中时间、空间的转换,作为礼仪活动主体的角色、身份也会发生相应的改变。比如同一个人,在家里、在工作单位、代表公司与记者约谈、陪同客户进行参观、出席工作晚宴、到朋友家做客等,不同情况下的主从位次、穿着发型、谈话内容、举止姿态等并非一成不变,都应根据现实状况做恰到好处的安排,灵活得体地运用礼仪,才能在交往中如鱼得水,宾主尽欢。

做一做:

1.请举例说说在日常生活中你经常使用和接触到哪些类别的礼仪。

2.案例分析:

在一个秋高气爽的日子里,迎宾员小贺,穿着一身剪裁得体的新制服,迈着轻快的步伐,第一次独立地走上了工作岗位。一辆白色高级轿车向饭店驶来,司机熟练而准确地将车停靠在饭店豪华大转门前的雨棚下。小贺看清车后排端坐着两位身材魁梧、体格健壮的男士,前排副驾位上是一位身材较高且眉清目秀的外国女士。小贺一步上前,以优雅姿态和职业性的动作,为后排的客人打开车门,做好护顶姿势,并面带微笑,目视客人,致以简短的欢迎词,动作麻利规范,一气呵成,无可挑剔。然后,小贺迅速走向前门,准备以同样的礼仪迎接那位女宾下车,刚从后排下车的男士已抢先一步打开前门,看那位女宾已是满脸不悦,小贺百思不得其解,不知自己哪里开罪了客人。

请问:优先为重要客人提供服务是礼仪常规,这位女宾为什么不悦? 小贺的问题出在哪里?

第二篇

个人素养篇

　　礼仪是人们在社会的各种具体交往中,为了表示互相尊重,而在仪表、仪容、仪态、仪式、言谈、举止等方面约定俗成,共同认可的规范和程序。礼仪是内外素质的直观体现,是形态美和心灵美的高度浓缩。只有注重礼仪并自如运用的人,才能更好地表达对他人的敬意与尊重,同时获得他人的礼遇与欣赏。学习礼仪首先要从重视个人形象开始,不断提升个人素养。

第三章　精神饱满　自信大方

精神面貌是塑造个人良好形象最为重要的基本要素。一个面色苍白、有气无力、无精打采、萎靡不振的人往往带给人消沉低落、悲观冷漠的印象,这样的人缺乏个人魅力,极容易成为不受欢迎的对象。而神采奕奕、自信乐观、落落大方、热情真诚的人使人感受到温暖与亲切,产生更多愉快的交往体验,对人对己都受益无穷。保持健康与平和心态是打造个人形象的基础。

第一节　保持健康

看一看:

　　时下,"纸片人"已成了众多女性趋之若鹜的塑身目标。小洛是个爱美的女生,她非常羡慕 T 型台上摇曳生姿的模特。为了保持骨感的身材,小洛给自己制订了饮食计划:不吃米饭、不沾面食、远离肉类,只以蔬菜、水果充饥,而且严格控制数量。计划实施中,小洛经常感到头昏眼花,做什么都无法集中精力,有一种力不从心的感觉。后来发展到吃进去的食物也会吐出来,每次和同事朋友聚餐,看着一桌子美食却难以下咽。有时候,晚上睡到一半,会突然被自己的口水呛醒,咳嗽不止……就这样,小洛的身体越来越虚弱。从前精力充沛、热情活泼的她变得烦躁易怒,大家渐渐都对她敬而远之。

想一想:

　　1.小洛的改变是有利还是不利?

　　2.没有健康作为保障,还有美可言吗?

　　没有健康作为保障,要想形象出众,气质迷人,完全是一种不切实际的奢望。做一个健康的人,保持充沛的精力和足够的热情,才能保证生活质量,提升生活品质,展现出风度翩翩的形象。

　　健康首先取决于自己,行为生活方式是最主要的因素,注重自我形象应该积极探寻健康的生活方式(图3-1)。

合理的饮食结构
规律的作息习惯　　　　健康的体魄
坚持适度的运动
积极乐观的心态

图 3-1

一、营养均衡

　　人体必须不断地从外界摄取食物,才能满足

身体的需要。合理的饮食与均衡的营养是健康的保证，可以从以下方面加以注意。

（1）品种多样。人体每天从各类食物中获取蛋白质、脂肪、碳水化合物、维生素、矿物质等所需要的营养素，任何一种单一天然食物都不能提供人体所需的全部营养素。因此，要保持身体的健康，不要挑食、偏食，应努力做到：五谷杂粮三餐有，外加蔬菜与大豆。一个鸡蛋加点肉，平衡合理膳食优。

（2）能量平衡。维持正常体重非常重要，太胖和太瘦都不利于人体健康，也影响个体形象美观。因此要自我调节进食量，维持饮食适度，饥饱相当，达到营养适宜，使能量的摄入和消耗保持均衡。不要暴饮暴食或盲目减肥，也不要用零食代替正餐，每天饮水 6~8 杯，每顿饭的饭量，可掌握在临近下顿饭时腹中略有饥饿感为宜。

（3）油盐适量。过多的饱和脂肪酸会增加血液胆固醇的含量，成为诱发冠心病的主要危险因子之一，过多的钠盐是高血压的重要危险因素之一，减少油、盐的摄入量，尽量不吃油炸、烧烤类食品，养成良好的饮食习惯。

（4）戒烟限酒。香烟中有几十种有害物质，抽烟影响身体对维生素 C 的吸收，不仅会引起各种呼吸系统慢性疾病，使肺癌发生的可能性增大，同时又是动脉粥样硬化形成和冠心病发病的重要原因之一。除了自己不吸烟以外，还应减少在吸烟区逗留，避免二手烟的毒害。经常饮用高度白酒，会使食欲下降、食物摄取量减少，从而导致营养缺乏，影响大脑功能，严重的还会产生酒精性肝硬化，危害生命。

二、生活规律

自然界每一种生物都有自己的"时间表"，作为万物之灵的人类也不例外。制订并遵守合理的生活作息，使身体的生理活动富有规律和节奏，做到劳逸结合，满足生理和生活的需要，是精力充沛、健康快乐的保障。

（1）根据自己的情况制订切实可行的时间表，合理安排工作、劳动、学习的时间，张弛有度。

（2）每天按时起床，早上 5—7 点是肠道最活跃的时间，养成定时排便的习惯，可减轻残渣和毒性物质对身体的刺激，保持腹内舒适，减少痤疮、便秘、肥胖的可能性。

（3）每天在晚上 10—11 点入睡最有利于健康，保证每天 8 个小时左右的睡眠。不强求午睡，但最好平躺一会儿，长期坚持有利于减轻心脏负担。

（4）每天有放松和娱乐的时间，消除疲劳，减少压力。

三、适量运动

适量的运动可以促进血液循环，降低血糖及体重，增强抵抗力，焕发生机，促进人际交往和心理良好发育，调节和稳定情绪，并增强人体对环境的适应能力。在运动时可参照以下基本法则：

（1）根据自己的身体条件选择合适的运动方式，不要长时间保持久坐、久卧等姿势和状态，提倡步行、慢跑、骑车、做操等有氧运动，做家务和力所能及的体力劳动也是不错的锻炼方式。

（2）保持规律性，且持之以恒。每次运动的时间以 30 分钟为宜，太短达不到运动的效果，太长则易导致过度疲劳，反而对身体不利。

（3）循序渐进，由热身运动逐渐开始，可使身体各部分，特别是心脏血管系统适应活动的需要,并消除肌肉、关节僵硬状态,减少外伤的发生。

（4）进食容易吸收的食品,如饼干等碳水化合物,补充足够的水分。

（5）穿适合于运动的着装。

四、情绪稳定

情绪相对稳定,不暴躁,不抑郁,乐观向上,经常保持这样良好的状态,就能有效促进身心健康。

（1）明确目标。犹豫彷徨、举棋不定的人最容易因时间浪费、一事无成而心生烦恼。如果在做事之前进行规划,确定目标,将注意力集中在如何改进方法,解决问题上,这样的态度更易使人驶向成功的彼岸,增加积极的情绪体验。

（2）充分准备。一名世界马拉松冠军在接受记者采访时透露成功的秘诀:每次比赛前,他都会先熟悉路线,将沿途明显的标志物作为每一段的路标,在比赛时鼓励自己不断超越一个又一个目标。越充分的准备越能使人工作起来得心应手,从而增强自信,体会更多轻松愉快的感受。

（3）面对现实。并非任何事付出了就会有理想的回报,"世事我曾抗争,成败不必在我"。只要用心努力过,即使没有获得预期的收获,这个过程也是一种宝贵的人生经历,会为下一次的成功奠定基础。

（4）善于调节。当处于不良情绪状态时,可以尝试用下面的方法进行自我调节:

①意识调节法。人的意识能够调节情绪的发生与强度,思想修养水平高的人往往比思想修养水平低的人能够更有效地调节情绪。一个人要努力以意识来控制情绪的变化,经常对自己说:我能控制自己的情绪。每天醒来的时候,情绪与昨天不同。就像昨天枯死的花朵包藏着明天的种子一样,今天的悲伤,也包含着明天欢乐的种子。尽管我现在情绪不好,然而,我有能力使自己摆脱这些,我终究能快乐。如果觉得沮丧,我就唱歌。如果觉得悲伤,我就大笑。如果觉得病了,我就加倍劳动。如果觉得恐惧,我就向前冲。如果觉得贫穷,我就想想将来的财富。如果觉得无法胜任,我就想想我的目标。

②语言调节法。语言是一个人情绪体验强有力的表现工具。林则徐在墙上挂有"制怒"二字的条幅,就是用语言来控制调节情绪的好办法。通过语言可以引起或抑制情绪反应,即使不出声的内部语言也能起到调节作用,应养成使用积极正面的语言进行表达的习惯。

③注意转移法。把注意力从消极的情绪转移到有意义的方向上。在苦闷、烦恼的时候,看看轻松的影视作品,读读回忆录都能收到良好的效果。

④行动转移法。克服某些长期不良情绪的方法,可以用新的工作、新的行动去转移负面情绪的干扰。贝多芬曾以从军来克服失恋的痛苦,不妨是一种好的选择。

⑤情绪训练操。每天抽 10～15 分钟做情绪训练操,既能放松身体,又能保持健康情绪,十分有益。具体做法是:找一个安静、舒适的地方,一把椅子或一张床,身体处于放松状态,解除衣服、鞋子等束缚,四肢伸展躺在床上或坐在椅子上,心理暗示:我现在轻松愉快,我能进入潜意识状态,能让愉快的情绪进入潜意识,这样能帮我保持健康的情绪。

闭眼,做深呼吸三次,每次屏气,想四个数,然后呼气。

闭眼,做深呼吸,呼气时,想你最喜欢的风景优美的地方,尽量具体形象些,默念数字"5"

五次,保持安静,自然地呼吸几次。

闭眼,做深呼吸,呼气时,想父母对自己关心、爱护的具体情景,默念数字"4"四次,保持安静,自然地呼吸几次。

闭眼,做深呼吸,呼气时,想自己受到肯定、表扬的具体情景,默念数字"3"三次,保持安静,自然地呼吸几次。

闭眼,做深呼吸,呼气时,想象自己实现了理想的兴奋场景,默念数字"2"三次,保持安静,自然地呼吸几次。

闭眼,做深呼吸,呼气时,想自己和知心好友在一起的具体情景,默念数字"2"三次,保持安静,自然地呼吸几次。

闭眼,做深呼吸,呼气时,想象你见过的美丽风景或人物画,默念数字"1"三次,保持安静,自然地呼吸几次。

轻声地告诉自己,我已进入潜意识状态,这种状态对我的情绪的健康有益。然后,放松一会儿。

告诉自己,我现在感觉情绪很好,要脱离潜意识状态了。闭上眼睛,慢慢地从 1 数到 5,当数到 5 时,睁开眼,轻声说:"我现在完全清醒了,摆脱了一切紧张,完全松弛下来了,感觉比任何时候都好。"

做一做:

1.请列举出你有利于健康的习惯:

(1)＿＿＿＿＿＿＿＿＿＿＿＿＿＿＿＿＿＿＿＿＿＿＿＿＿＿＿＿＿＿＿＿

(2)＿＿＿＿＿＿＿＿＿＿＿＿＿＿＿＿＿＿＿＿＿＿＿＿＿＿＿＿＿＿＿＿

(3)＿＿＿＿＿＿＿＿＿＿＿＿＿＿＿＿＿＿＿＿＿＿＿＿＿＿＿＿＿＿＿＿

请列举出你不利于健康的习惯:

(1)＿＿＿＿＿＿＿＿＿＿＿＿＿＿＿＿＿(何时＿＿＿＿＿如何改进＿＿＿＿＿)

(2)＿＿＿＿＿＿＿＿＿＿＿＿＿＿＿＿＿(何时＿＿＿＿＿如何改进＿＿＿＿＿)

(3)＿＿＿＿＿＿＿＿＿＿＿＿＿＿＿＿＿(何时＿＿＿＿＿如何改进＿＿＿＿＿)

2.为自己制订一份健康生活的作息时间表。

3.从今天(＿＿＿＿年＿＿月＿＿日)开始做情绪训练操,坚持 30 天。

第二节　平和心态

看一看:

一代球王贝利初到巴西最有名的桑托斯足球队时,他害怕那些大球星瞧不起自己,经常紧张得彻夜未眠。他本是球场上的佼佼者,只因时空的转变引起对自己的怀疑,对他人的恐惧。后来他设法在球场上专注踢球,保持一种泰然自若的心态,从此便以锐不可当之势进了 1 000 多个球。

最大的心理障碍在于患得患失；最大的精神负担莫过于名利枷锁。人不可一味地追逐名利，也不可缺乏上进心和奋斗精神。良好平稳的心态能使人身心舒畅，自信坦然地面对工作、学习和生活中的压力，精神饱满、积极乐观的状态最有利于塑造良好形象。如何才能做到心态平和呢？

一、接纳自我

每个人都是独一无二、与众不同的，每个人的好与坏，都是自身的一部分，无须比照着别人的样子来过自己的生活，更不要用自己的短处与别人的优点相比，因为他人不一定具备你拥有的亮点。有一首诗这样写道：

如果你不能成为大道，那就当一条小路；

如果你不能成为太阳，那就当一颗星星；

如果你不能成为一棵大树，那就当一丛小灌木；

如果你不能成为一丛小灌木，那就当一片小草地；

如果你不能是一只麝香鹿，那就当一尾小鲈鱼——但要当湖里最活泼的小鲈鱼。

我们不能全是船长，必须有人也当水手。

决定成败的不是你尺寸的大小——而在于做一个最好的你。

二、乐观开朗

抱怨没有漂亮鞋子的莉莉，却在回头时看见了坐着轮椅的阿姨，满心的不快顿时一扫而光，取而代之的是感恩与幸福。

春节期间的火车站广场，一对残疾夫妇抱着一个小孩在表演节目，男的吹着口琴，女的唱着歌。围观的人群中有人掏钱准备接济，只见夫妇俩连连摆手说："我们不是讨钱的，虽然我俩是残疾人，但却有了健全的孩子，心里高兴啊！趁等车的空当，将我们的幸福和大家伙儿一起分享！"

乐观开朗的人，以积极上进的态度面对人生，敢于正视现实，随时面带微笑，克服恐惧忧虑，善于保持友情，不斤斤计较于点滴得失，收获的是永远的自信。

三、谦虚随和

海之所以能纳百川，是因为甘居低处、胸怀博大。一个人在社会中立足，免不了要与形形色色、性格各异的人打交道。对持不同见解的人冷嘲热讽，不仅不能证明一个人聪明，反而暴露出心胸狭窄，自大又无能的本来面目。贬低别人不能抬高自己，真正受人尊敬的人，懂得认识自己和他人的价值，发自内心地喜欢自己和欣赏别人，不妄自菲薄，也不毁坏他人的名誉。谦虚随和的性格有助于促进社交和谐，心情愉快，在交往中更受人欢迎。

朱棣文是一位典型的学者，诺贝尔物理学奖获得者，2008 年 12 月 15 日，获得美国第 56 届当选总统奥巴马提名出任美国能源部长。他既有着美国人自然大方的性格，又有着中国人谦虚随和的优点,为人踏实而不造作。1997年10月15日凌晨,朱棣文在睡梦中被学生叫醒,得知自己获得了诺贝尔物理学奖。他很高兴,却没有被喜悦冲昏头脑。上午9时,斯坦福大学为他的获奖举办了一场临时记者招待会,校长盛赞他是一位伟大的物理学家,朱棣文却特地更正说:"不,我只是一位普通的物理学教授。"当记者问他获奖后的感想时,朱棣文说:"对于这次获奖,我深感高兴和荣耀,毕竟我们的研究被认同了。但我还是我,跟昨天没有什么两样,我将一如既往地进行我的研究和教学工作。获奖只是说明我的运气比较好。想想还有这么多比我杰出的科学家都没有得奖,我便不会把它看得太重。"

四、独立自主

不论一个人的年龄是大是小,能否面对孤独,学会独处,是对个人成熟程度的最佳考验。依赖性强的人心理承受力差,情绪波动变化大,更容易缺乏安全感,不利于保持稳定、持久的良好心态。每个人要通过正确认识自己、不断充实自己,敢于接受挑战来取得成绩,树立自信,成为一个有智慧、有担当、有责任心的人。

我国受人尊敬的妇产科专家林巧稚,就以她独立自主的个性书写了传奇的一生。林巧稚出生时曾是一个不受欢迎的人——因为她是女孩,读书时又受到男同学的歧视。一次期末考试,男同学冲着她趾高气扬地说:"你们女同学能考及格就不简单了!"林巧稚毫不示弱地答道:"女同学怎么样? 你们得100分,我们也要100分!"在自信心的鞭策下,她刻苦攻读,认真工作,成为北京协和医院第一位中国籍妇产科主任,更是首届中国科学院唯一的女学部委员(院士)。

做一做:
  1.为了更喜欢自己,我可以这样做:
  (1)_____
  (2)_____
  (3)_____
  (4)_____
  2.设计一份问卷,收集4~6位熟人对自己的评价,对照自我评价,确定需改进和努力的内容。

第四章　姿态端正　潇洒挺拔

"眼见为实,耳听为虚",足以形象地反映出体态对个人形象的重要作用。人类体态语言的历史非常悠久,在人类进化的最初阶段,在口头语言和文字语言产生之前,体态语言就已经存在了。

体态是指人的身体姿态,包括站姿、坐姿、走姿、蹲姿、卧姿、手势等。体态语言学大师的研究成果表明,在人类的沟通过程中,有65%的信息是通过体态语言来表达的。人们的一举一动、一颦一笑、一蹙一展都会表达特定的含义,体现出特定的情感。体态语言有着不可忽视的社交功能,能更真实地展示人的内心世界,更准确地传递信息,表情达意,更能感染和吸引他人。

第一节　站姿挺拔

看一看:

三年一次的中层干部竞聘正在会议室有序进行着,张强站在主席台上开始演讲。只见他驼着背,斜着肩,一会儿将手插在裤兜里,一会儿又去将头发,不时还去挠挠腮帮子,两条腿轮换着稍息,身体摇来晃去,整个手足无措的样子。三分钟很快过去,评委们面面相觑,感觉一句话也没听进去。

想一想:

1.哪些站立方式会影响形象?

2.如果你参加竞聘演讲,会以怎样的站姿出现在评委面前?

站立是人们生活中最常用的姿势之一,是一种静态的身体造型,最容易吸引他人的眼球。正确的站姿应挺拔优雅,给人以舒展俊美、庄重大方、信心十足、积极向上的印象。

一、标准站姿规范

(一)基本要求

站立时,竖看要有直立感,横看要有开阔感,侧看要有垂直感,即从耳与颈相接处至踝骨前侧应大体呈直线,肢体及身段竖直舒展,给人一种挺、直、高的美感。男女站姿应形成不同风格,男子应显得挺拔向上、端正伟岸、舒展潇洒、精力充沛;女子应显得亭亭玉立、端主大方、秀雅优美、神采奕奕。

（二）男性站姿

1.标准站姿

头正颈直、下颌微向后收、双目平视、面带笑容；双肩展开下沉、两臂下垂、手指自然弯曲轻贴在裤缝两侧；挺胸收腹、立腰提臀；双腿直立收紧上提、膝盖放松、双脚与肩同宽呈小"八"字，身体重心在两脚中间。

2.立正站姿

在标准站姿的基础上，两脚靠拢，双膝并严，两臂下垂，五指伸直并拢紧贴裤缝，身体重心放在两脚中间。（图4-1）

3.接待站姿

在标准站姿的基础上，双手前置（右手与左手相握，右手在上，不露出手指头）轻贴于小腹，两肘略为外张与肩在一个平面上；（图4-2）也可后置（右手与左手相叠，右手中指在左手掌心处）于腰部，两肘略为外张与肩在一个平面上。（图4-3）后置手位更适合于安保类工作人员。

图4-1　立正站姿　　　图4-2　双手前置站姿　　　图4-3　双手后置站姿

（三）女性站姿

1.标准站姿

头正颈直、下颌微向后收、双目平视、面带笑容；双肩展开下沉、两臂下垂、手指自然弯曲轻贴在裤缝或裙缝两侧；挺胸收腹、立腰提臀；双腿直立收紧上提，膝盖放松内侧并拢，脚后跟靠在一起，两脚分开呈30°的V形，身体重心在两脚中间。（图4-4）

2.Y形（"丁字步"）站姿

在标准站姿的基础上，脚跟置于另一只脚的足弓前，前后脚呈45°。若身体朝向左边，则左脚在前，反之亦然。这种站姿适合登台表演，对身材肥胖、腿型不直有一定掩饰作用。（图4-5）

3.接待站姿

在标准站姿的基础上，双手前置（右手与左手相握，右手在上，

图4-4　标准站姿

不露出手指头)轻贴于小腹,两肘略为外张与肩在一个平面上;(图4-6)也可双手后置于腰部,肘部略为外张与肩在一个平面上。(图4-7)后置手位一般在斟茶、倒咖啡时使用。

图4-5

图4-6 双手前置站姿

图4-7 双手后背站姿

二、有损形象的站姿

(1)双肘相抱,重心落在一条腿上,两脚上下颤抖。(图4-8)

(2)双手叉腰,双腿分开或重心落在一条腿上。(图4-9)

(3)身体歪斜在其他物体上。

图4-8

图4-9

三、站姿训练

(一)训练要领

1.平

头正目平,双肩下沉。

2.直

腰直、背直、腿直;后脑、背、臀、脚后跟在同一平面上。

3.高

身体重心尽量上提,保持深呼吸吸气时的重心位置,腰腹、臀部、大腿肌肉收紧上提,尽可能使身体拔高。

(二)训练方法

1.靠墙训练

优美站姿的形成必须经过系统性的持续训练。训练时采用靠墙站立的方法,体会头正、平视、微笑、直颈、展肩、立腰、提臀、直腿等基本要领。脚后跟、小腿肚、臀部、双肩、后脑顶点贴墙,腰部距离墙面一个拳头。(图4-10)一般15分钟为一个训练时段,每次训练45分钟左右。

2.顶物训练

将书本或轻的小平板放在头顶上,身体保持自然平衡站立,重点纠正低头、仰脸、歪头、晃头、身体歪斜等问题。(图4-11)

图4-10   图4-11

3.对照训练

练习者站在镜前,对照站姿的要领及标准,通过观察发现问题,及时调整;或者两人一组,互为对方的镜子,为伙伴指出相应的问题。练习时间控制在20分钟左右,训练时最好配上轻快的音乐来调整心情,减轻疲劳感。

做一做:

1.每天坚持靠墙站立20分钟。

2.两人一组,模拟站立交谈的情景。

第二节　坐姿稳直

看一看:

　　在有关公众人物的新闻中,走光总是最让人尴尬的。以知性优雅形象备受瞩目的某女主播,在做一期访谈节目时不小心漏了底,一时被网友们传得沸沸扬扬,究其原因是地坐着时膝盖内侧未并拢所致。看来,除了着装本身的原因之外,不良的坐姿也是造成不雅的祸首!

想一想:

　　1.哪些坐姿会影响良好形象的塑造?

　　2.正确的坐姿应注意哪些因素?

　　坐姿是人体能维持较长时间的姿态,所以在工作、生活中最常运用。正确的坐姿给人留下端正稳重的印象,使人产生信任感,是塑造个人形象不可或缺的环节。

一、标准坐姿规范

(一)入座

　　(1)从椅子后方入座时。从椅子的左侧上前至距座椅正中半步远的位置,右脚后退半步,用小腿肚靠椅边,保持上身竖直,重心下降,轻稳地落座。(图4-12)

　　(2)从椅子前方入座时。走到距座椅正中半步远的位置,转身背对椅子,右脚后退半步,用小腿肚靠椅边,保持上身竖直,重心下降,轻稳地坐下。(图4-13)

　　(3)女性若着大摆裙入座时,应用双手将裙摆向前捋整齐后再坐下,着一般的裙装,可用单手理裙,不要坐下后再站起来整理。(图4-14)

　　　　图4-12　　　　　　　　　　图4-13　　　　　　　　　　图4-14

(二)姿态

坐下后头部端正,下颌与地面平行,双肩展开下沉、腰背直立,身体重心保持在深呼吸状态下吸气的高度。臀部坐在椅面的2/3处,上半身稍向前倾,在正式场合背部勿靠在椅背上,两手平放或叠放在腿上,不能放在两腿中间,女性双膝并拢,男性可适当分开,但不要超过肩宽,上身与大腿、大腿与小腿、小腿与脚背均保持在90°左右,以前后不超过10°为宜。(图4-15、图4-16)

图 4-15 女性标准坐姿　　　　图 4-16 男性标准坐姿

(三)离座

(1)右脚后收半步,身体竖直轻稳起立。

(2)若是围坐的形式,如就餐时,应从椅子的右侧退至椅后再转身离开。

(3)若是横排座位,可以根据实际情况从椅子的前方或左右侧离开。

二、有损形象的坐姿

(1)上身与大腿、大腿与小腿、小腿与脚背的角度小于80°或大于100°。(图4-17)

(2)"4"字形坐姿。(图4-18)

(3)O形坐姿。(图4-19)

图 4-17　　　　　　　图 4-18　　　　　　　图 4-19

三、坐姿训练

（1）入座、离座。

（2）身体姿势。

训练各种优雅的坐姿时，可以采用对镜训练和同伴互练法进行纠正。其中脚位和腿位的变化是训练的重点。（图4-20—图4-28）

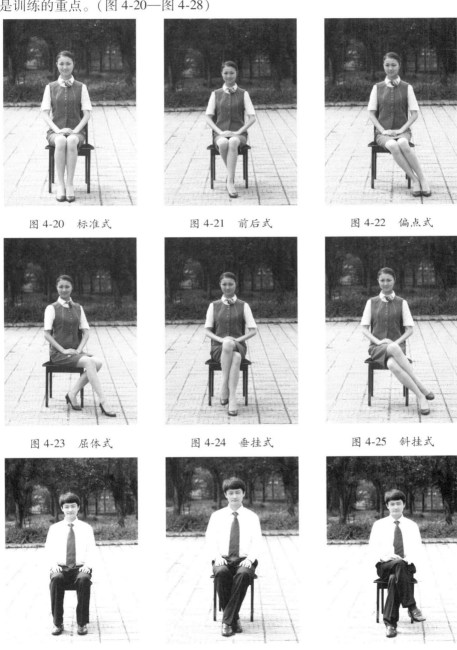

图 4-20　标准式　　　　　图 4-21　前后式　　　　　图 4-22　偏点式

图 4-23　屈体式　　　　　图 4-24　垂挂式　　　　　图 4-25　斜挂式

图 4-26　标准式　　　　　图 4-27　前后式　　　　　图 4-28　垂挂式

做一做：

1.每天坚持训练标准坐姿15分钟。

2.两人一组，模拟坐着交谈的情景，训练不同身体姿势的坐姿。

第三节　走姿潇洒

看一看：

某企业来了几个合作伙伴，企业老总让车间主任老李陪着客人到各车间转转。老李自个儿在前面埋头快步走着，他的双手插在裤兜里，微弓着背，两个肩头不断向左右倾斜，脚跟拖在地面发出"嚓嚓"的声音，发现跟客人距离拉远了，就停下来等一会儿，待客人近了，他又迈开大步往前走。

想一想：

1.老李在陪同客人参观时的走姿有什么问题？

2.在与他人同行时怎样行走更有利交往？

古语曰"行如风"，是形容走起路来像风一样轻盈流畅。人的行走姿势相对于站、坐、蹲等姿势来说，其独具的特点在于行走是一种流动的姿态造型，这种动态之美对影响一个人的气质风度起着重要的作用。

一、标准走姿规范

（一）基本要求

走姿应给人从容稳健、节奏明快的感觉，其要领是：

（1）头部端正，双目平视，表情自然，下颌微收。

（2）双肩下沉，挺胸收腹，立腰提臀，使用腰部的力量，上体重心稍前倾3~5°。

（3）两臂协调摆动，手指自然弯曲，掌心向内，并以肩关节为中心向小腹前三拳左右的斜前方摆动，向前摆动时大臂与上体的夹角约35°，向后摆动大臂与上体的夹角不超过15°。

（4）行走时膝盖朝前，不要偏外或偏内；屈膝迈步，迈步脚的大脚趾最后离开地面，脚掌紧接着脚跟落地，脚尖不要扬得太高，落地时声音要轻，不在地面上擦着走。

（二）女性走姿

行走时两只脚的脚跟内侧踩在一条直线上，行走足迹是正对前方成一条直线，或尽量走成相近的一条直线，形成腰部的摆动而显得优美。膝盖内侧靠拢，千万不要走成两条直线，那样会很不雅观。女性着裙装时，步幅保持一个脚长，更显娴雅；着裤装时，步幅保持一个半脚长，会更加利落。（图4-29）

（三）男性走姿

两脚保持不超过肩宽的距离，行走时两只脚的脚跟内侧踩在两条平行的直线上，步幅宜保持

一个半脚长。正确的走姿可体现出男性的阳刚之美,塑造健康活力,潇洒自信的形象。(图4-30)

图4-29　　　　　　　图4-30

二、有损形象的走姿

（1）双手插入裤兜。(图4-31)

（2）双手背在身后。(图4-32)

图4-31　　　　　　　　图4-32

三、走姿训练

（一）顶物训练

将一本书或小平板置于头顶,按走姿的要求进行训练。重点训练身体平衡,纠正摇头晃脑、东张西望、弯腰驼背的习惯。(图4-33)

（二）叉腰训练

双手叉腰,上体正直,使用腰部力量行走,保持行走时不摆胯、送臀、扭腰。重点训练使用腰力走路和掌握恰当的步幅。(图4-34)

（三）摆臂训练

基本站姿站立,原地摆动双臂,以肩带臂,以臂带腕,以腕带

图4-33

手,双手向小腹前三拳左右的斜前方摆动,掌心朝内,手指自然弯曲,向前摆动时大臂与上体的夹角约35°,向后摆动大臂与上体的夹角不超过15°。重点训练手臂摆动的正确方法,克服双手横摆、向后摆动、同向摆动、单臂摆动或双手摆幅不等的现象。(图4-35)

图 4-34   图 4-35

(四)步态训练

行走时上身正直不动,两肩下沉,双臂自然摆动,做到目光专注,行走稳健,步伐轻盈。女性行走时脚尖与正对前方的直线呈15°的夹角,每分钟走118~120步。(图4-36)男士行走时两脚交替行进在距离不超过肩宽的两条直线上,每分钟走108~110步。(图4-37)

图 4-36   图 4-37

做一做:

　　1.每天坚持训练走姿15分钟。

　　2.依次上台向大家问好,对照走姿的标准为上台者提出改进建议。

第四节　蹲姿文雅

看一看：

王妮是幸运的，毕业后就被一家银行录用为办公室秘书。一次接待外方投资商，王妮端着茶水进入贵宾室服务，由于茶几较低，王妮弯着腰、撅着臀为客人上茶。会后，办公室主任找来王妮很委婉地说："作为秘书人员，一定要保持大方、端庄的形象，注意对客人服务的细节，我不希望你为客人上茶时让人感觉很不自在，注意力老是不能集中在合约上，这样不仅影响了我们的工作进程，而且还影响着我们企业对外的形象。"王妮听得一头雾水，不知道自己哪里出了问题。

想一想：

1.请你帮王妮找出问题究竟出在哪里？

2.如果你是王妮，在为客户上茶时会采取怎样的姿势？

蹲姿是人体静态美和动态美的结合。当需要向低处递拿或整理物品时，应避免弯腰撅臀的不雅表现，不要正面低头对着他人，更不要用臀部冲着他人。掌握蹲姿的基本礼仪规范，可尽显优雅与得体。

一、标准蹲姿规范

（一）高低式蹲姿

身体下蹲，左脚在前，右脚稍后，左脚掌着地，右脚跟提起。膝盖朝前，右膝低于左膝，腰背直立舒展。女性应注意双腿内侧靠拢，男性两腿之间可有适当距离（图4-38、图4-39）。

图4-38

图4-39

图4-40

（二）交叉式蹲姿

双腿交叉在一起后再蹲下，这种蹲姿优美典雅，特别适合女性。（图4-40）

二、有损形象的蹲姿

(一) 弯腰撅臀

在公共场合拿取低处的物品,切不可直着腿,弯腰撅臀或叉开双腿下蹲。(图 4-41)

(二) 平行下蹲

两腿左右分开平行下蹲,既有损个人形象,对他人也是一种失礼的行为。(图 4-42)

图 4-41　　　　　　　　　图 4-42

三、蹲姿训练

(一) 直腰下蹲

身体竖直平稳,右脚后退半步下蹲。女性若穿低领上装,下蹲时应注意用一只手护着胸口。重点训练重心平衡,脚位正确。(图 4-43)

(二) 侧身拾物

下蹲后,侧身拾捡低处物品、递送茶水。重点训练腰背直立舒展。(图 4-44)

图 4-43　　　　　　　　　图 4-44

（三）直腰起身

起身时，从头部到腰部保持在一条直线上，从容稳直站起来。

做一做：

1.两人一组，模拟接待中的蹲式上茶服务，并交换角色练习。

2.在下蹲拾物品时，应注意（1）＿＿＿＿＿＿＿＿＿＿、（2）＿＿＿＿＿＿＿＿＿＿、

（3）＿＿＿＿＿＿＿＿＿＿。

第五节　手势恰当

看一看：

　　天达公司的李秘书，在一次隆重的公司庆典活动上，担任介绍来宾的工作。李秘书用食指指着主席台说："这是我们公司的总经理。""这是我们公司的副总经理。"接着，他又用食指指着其他几位嘉宾说："那位是智海公司的老总。坐在他旁边的是智海公司的副总。还有这位，是市工商管理局的局长。"说完这些，李秘书接着说道："下面，让我们以热烈的掌声欢迎各位领导和嘉宾的光临！"会议结束后，公司领导通知李秘书，让她回去好好学习礼仪知识。

想一想：

1.李秘书在介绍中的手势有什么不妥？

2.请你为李秘书做正确的示范。

体态中变化最多的是人的手势，它是沟通中使用率非常高的身体语言，十分引人注目。俗话说："心有所思，手有所指。"如果手势运用不规范、不明确，动作不协调，寓意含混，会给人漫不经心、敷衍应付、素质不高的印象。一般来说，掌心朝上，手指并拢给人以尊重、文明、规范的感受。

一、引导指示

（一）引领手势

接待宾客，引导前行时，大臂与上体保持30°左右的夹角，大臂与小臂呈90°～120°的夹角，小臂与手掌在一条直线上，五指并拢伸直，指尖在肩和胸之间。若手从体侧抬起，则以肘关节为轴直接从体侧摆动到肩和胸之间，若手在体前，则以肘关节为轴从小腹呈弧形摆动到位，同时另一手下垂或背在后腰，目视宾客，面带微笑，同时说"请进"，表现出对宾客的尊重、欢迎。（图4-45）

（二）指引方位

为宾客指引方位时，手臂屈肘由腹前或体侧抬起，掌心向上，指示行进的方向，同时眼睛

注视来宾,面带微笑,并说"请往前走""在那边""请走好"等话语。(图4-46)

图4-45　　　　　　　　　　　　　　　图4-46

1.指引较近方位

大臂与上体保持30°左右的夹角,小臂与大臂呈90°~120°的夹角,指尖在肩和胸之间,手掌与小臂在一条直线上,五指并拢伸直。

2.指引较远方位

大臂与上体保持80°左右的夹角,小臂与大臂接近180°,手臂的高度与肩同高,手掌与小臂在一条直线上,五指并拢伸直,为女性使用;以肩部为轴向体侧抬起,手部、腕部、臂部均在一条直线上,肘部不弯曲,五指并拢伸直,掌心斜向上,为男性使用。

3.指引较高方位

大臂与上体保持60°左右的夹角,小臂与大臂呈150°左右的夹角,指尖在头顶位置,手掌与小臂在一条直线上,五指并拢伸直。

4.指引较广方位

四指并拢伸直,大拇指自然分开,掌心向上,右手从左到右,左手反之,或双手抬至胸部,肘关节自然弯曲,以需表现的广度确定手臂的幅度大小。

(三)指引入座

侧身站在距座位旁一步左右,手由体侧抬起或从腹前下移,五指并拢伸直,大小臂接近180°,肘关节略为弯曲更显自然,指向座位的方向,指尖在大腿位置,大臂与上体保持15°左右的夹角,另一手下垂或背在背后,目视宾客,面带微笑,同时对客人说"请坐"。(图4-47)

(四)指示自己

右手从体侧或体前曲臂直线路径抬至距胸口一拳处,手掌与小臂在一条直线上,手指略放松伸直,四指并拢,虎口略分开。

图4-47

二、常用手势

（一）展示物品

展示物品时,应放置在身体的一侧,不宜让物品遮挡面部。一手拿好物品,另一手托住底部,高度一般在肩和胸之间。（图4-48）

（二）鼓掌

鼓掌是在观看演出、参加集会、迎候嘉宾等时刻,表示赞赏、鼓励、欢迎等情感的一种手势。其动作要领是:四指并拢,虎口张开,手掌略为弯曲,双手抬至距胸口两拳左右,以右手掌向下有节奏地拍击左掌,不可左掌向上拍击右掌,也不可两掌互相拍击。在表达特别热烈的情感时,可视具体情况适当将手抬高。鼓掌应响亮连贯,时间长度视具体情况而变化,一般连续拍打十下。（图4-49、图4-50）

图 4-48

图 4-49

图 4-50

（三）递接物品

递送或接过物品,尽可能使用双手。上体前倾,掌心朝上,四指并拢托住物品的底部,虎口张开,大拇指在上,手掌略为弯曲。对于较高较大的物品,适合一手托底部,另一只手扶住物品的上端。

三、习俗手势

（一）翘大拇指

因为各地习俗迥异,相同的手势表达的意思,不仅有所不同,而且有的大相径庭。如在某些国家认为竖起大拇指,其余四指蜷曲表示称赞夸奖,但澳大利亚则认为竖起大拇指,尤其是横向伸出大拇指是一种侮辱,在德国表示数字"1",在日本表示"5",英国人竖起大拇指是拦车要求搭车的意思。（图4-51）

图 4-51

（二）V 形手势

食指和中指上伸呈 V 形,拇指弯曲压于无名指和小指上,这种手势是第二次世界大战时英国首相丘吉尔首先使用的,现在已传遍世界,是表示"胜利"的意思。如果掌心向内,就变成骂人的意思了。（图 4-52）

（三）"OK"手势

拇指、食指相接成环形,其余三指伸直,掌心向外形成"OK"手势。"OK"手势源于美国,表示"同意""顺利""很好",有赞同和了不起的意思;在我国和法国表示"零"或"三";在日本、韩国、缅甸表示"金钱";在泰国表示"没问题";在印度表示"正确";在巴西则是侮辱男人、引诱女人的手势。（图 4-53）

图 4-52　　　　　　　　　　　　　　图 4-53

（四）举食指的手势

伸出食指其余手指握拳的动作,在世界上多数国家表示数字"一"的意思,在法国表示"请求提问";在新加坡表示"最重要";在澳大利亚是示意"请再来一杯啤酒"。（图 4-54）

（五）指点手势

在交谈中,伸出食指向对方指指点点是很不礼貌的举动。这个手势,表示对对方的轻蔑和指责。更不可将手举高,用食指指向别人的脸,西方人比东方人更忌讳别人的这种指点。（图 4-55）

图 4-54　　　　　　　　　　　　　　图 4-55

（六）抚摸头部

　　许多国家中年以上的人，喜欢用手抚摸小孩的头，以示对他们的爱抚和亲昵，也是对大人友好亲善的表示。但在泰国、柬埔寨等佛教国家，他们认为头是神灵所在的重要部位，绝对不允许别人触摸，否则就是对他们最大的不尊重。

做一做：

　　1.请向大家做自我介绍，并展示一件心爱的物品，配合使用恰当的手势。

　　2.引导同桌参观教室，使用引领、指示、请坐、鼓掌等手势。

第五章　仪表整洁　服饰得体

一个人的卫生习惯、穿衣戴帽、修饰搭配时刻反映着个人修养。俗话说"三分长相,七分装扮",在人的风度美中,仪表修饰是其中举足轻重的要素。

第一节　讲究卫生

看一看:

在新产品推介会上,VIP客户李先生被安排在距离主讲人最近的嘉宾席。李先生所在的集团公司是这种新产品的潜在大客户,作为负责人的他也想趁此机会更深入地了解相关信息。尽管主讲人津津乐道,可李先生的注意力却总被他伸出鼻孔的鼻毛占据,他试图转移视线,目光下移的结果是看到肩头上一层白花花的头屑,作呕的感觉让李先生如坐针毡,一上午过去,除了头脑中反复出现的"黑鼻毛、白头屑"两个画面,什么内容也没有听进去。

想一想:

1.是什么原因使李先生如坐针毡,你有过相关经历吗?

2.良好的卫生习惯对仪表风度有什么帮助?

一、良好的卫生习惯

清洁卫生是仪表美的关键,是礼仪的基本要求。不管长相多好,服饰多华贵,若满脸污垢、胡子拉碴,浑身异味,那必然破坏一个人的美感。因此,每个人都应该养成良好的卫生习惯。

(1)入睡、起床要洗漱,经常洗头、洗澡,勤换内衣、袜子,不留长指甲。

(2)注意口腔卫生,每天至少刷牙2次,每次不少于2分钟。饭后漱口或喝茶。吃了葱、蒜等有异味的食物,可以嚼一嚼泡过的茶叶;口香糖有助祛除口腔异味和残渣,但不要在与人交往时咀嚼。

(3)修饰好仪容仪表再出门,不要在人前"打扫个人卫生"。例如,照镜子、剔牙齿、掏鼻孔、挖耳屎、修指甲、搓泥垢、补妆容等,这些行为都应该避开他人进行,否则,不仅不雅观,也是不尊重他人的行为。

(4)不随地吐痰,不对着人咳嗽、打喷嚏;不在公共场合很响地发出身体的声音,如打嗝、打哈欠等。

二、正确的清洁方法

(一)清洁面部

清洁面部可以洗去皮肤油脂、空气污染、卸妆等的残留物,去除新陈代谢产生的老化物质。需要注意的有:

(1)每天洗脸的次数并非越多越好。过于频繁的清洗反而会破坏皮肤的酸碱平衡。通常在清晨起床和晚上就寝前各洗一次脸即可。

(2)用手指肚由内朝外画圈滑动清洗。取出适量洁面乳,在手心加水揉搓起泡,用手指肚轻轻地由内朝外画圈滑动清洗,手指不可过分用力,以免增加肌肤的负担。从皮脂分泌旺盛的 T 字区开始清洗,额头中心、鼻翼及鼻梁两侧要仔细清洗,下颌底部、脖子、耳后等也不能忽略。

(3)洗脸最好用温水。过烫的水会带走肌肤水分,导致肌肤老化,冷水则不利于扩张毛孔、去除污垢。因此,最好使用温水,以泼水的手法将洁面乳清洗干净,最后再以冷水轻轻拍打以收缩毛孔。

(4)用毛巾吸干水分。洗脸后将干毛巾轻贴在脸上吸收水分,不可用力揉搓,以免伤害肌肤。

(5)随身携带纸巾以保持面部清洁。当脸上有汗水或污渍,不应当用手甚至衣袖去擦,而要使用纸巾。皮脂分泌旺盛的人,还可以用吸油纸按去面部多余的油分,使脸庞保持干净、清爽。

(二)清洁头部

发型修饰的基础是整洁。遵循"三不"原则:不能有异味,不能出绺,不能有头皮屑。要达到这样的要求,应养成周期性洗发的习惯,一般每周洗 2~3 次即可。油性头发至少 2 天洗 1 次,干性头发间隔时间可稍长一些,避免带走更多皮脂。洗发应按以下步骤:

(1)洗发前用梳子将头发梳理通顺,先梳发梢,再从头顶往下梳,把头皮上的脏污和鳞屑(死细胞)弄松,同时起到用梳子按摩头皮的作用。

(2)用温水湿润头发,先将头发冲洗一遍,这样可使头发上的灰尘、脏污及头皮屑略微减少,从而减少洗发水的用量,以降低对头发及头皮的损伤。

(3)洗发水先倒入手心揉搓起泡后再涂在头发上,用指腹按摩头皮,不要用指甲抓抠,否则会损伤头皮。

(4)清洗头发的时间应是洗发的两倍,否则洗发水中的碱性成分残留在头皮和头发上,会产生分叉、头皮屑等现象。

(5)头发洗净之后,再使用护发素等营养产品,除非是标注了免洗的产品,否则仍然要彻底冲洗干净。

(6)用干毛巾包裹湿发,抹干水分。切忌拧、搓头发,因为此时头皮及头发都很脆弱,极易受损。

(7)使用电吹风时,一定要距头发 20~25 厘米以上,不要直接吹头皮,更不要将头发吹得干透,一般至 8 成干即可。

（三）清洁身体

人的皮肤表面有一层薄薄的"皮脂膜"，它是由分泌的油脂、汗液和皮肤细胞碎屑构成的，对皮肤起着保护作用，并让皮肤看上去有光泽。冬季皮肤干燥、缺水、瘙痒，就源于这层皮脂膜受到了破坏。正确洗澡应该既清洁皮肤，同时又不破坏皮脂膜。

（1）水温。保持在 38～45℃，比体温略高，不感觉烫。水太烫会破坏皮脂膜，造成皮肤微小的损伤，加重瘙痒。

（2）时间。如果是天天洗澡，每次 5～10 分钟就可以，不要超过 20 分钟。

（3）沐浴露。尽量选中性或弱酸性的，不要用碱性的香皂、肥皂。判断酸碱性，看商品说明就可以。冬季洗澡，如果不是特别脏，可以不用沐浴露。

（4）保湿。浴后一定要在皮肤没干透的情况下搽乳液，除了腋下、腹股沟，其他部位都要抹。小腿、腰、臀和前臂皮脂腺最少，最容易发生瘙痒，要多抹或反复抹。由于浴后乳液保湿作用只有一两天，因此即使不洗澡也要记得涂抹。

三、适度使用香水

香水是人的气质外衣，远远地便会释放出一种吸引人的能量，让人无法忘记。香水是一种赢得好感的神奇物品，但在使用香水时如果不注意一些细节和场合，反而会起到相反的效果，使得魅力大打折扣，所以我们必须掌握其中的学问，巧妙地用好它。

（一）气味选择

较浓气味的香水，应在冬天或在盛装的宴会上使用。炎热季节或白天上班时，适合使用气味较淡的香水。

工作场合里应用淡雅清新的香水，这样才不会给人以唐突的感觉；在运动、旅游时，应使用运动香水；而在私下亲密的时刻，浓烈诱人的古典幽香会让整个气氛更富于情调，这时绝不会让人有尴尬和失礼的感觉。

香水的种类	香水的浓度	香气持续时间	适用场合
香精 （Parfum）	15%～25%	5～7 小时	适用于夜晚外出、晚会等隆重正式的场合
香水 （eau de Parfum）	10%～15%	5 小时左右	适用于白天的会面或外出
淡香水 （eau de Toilette）	5%～10%	3～4 小时	上班及日常使用都很适宜
古龙水 （eau de Cologne）	3%～5%	1～2 小时	一般在沐浴后或运动前使用

（二）使用方法

（1）喷香水时，喷口应与身体保持约 10 厘米的距离，使喷出的香水呈雾状，这样可使香水香味均匀分布，而不会集中在某一处。

（2）香水应避免直接喷洒在白色的衣服上,因为多数的香水都含有色素,直接喷洒在白色衣服上,会导致香水中的色素残留在衣服上,影响到衣服的外部美观。

（3）用香水时,不要直接对着肌肤喷洒,尤其是会直接暴晒的地方,如脸部、脖子、头发等,因香料碰到阳光紫外线的时候,会产生化学变化,导致皮肤黑色素的沉着,也不要喷洒在易出汗的部位,香气一旦混合了汗味就会产生一股奇怪的味道。

（4）香水可涂在脉搏跳动接近皮肤处,比如手腕内侧、耳根、颈侧、脚踝。另外,较隐蔽又容易扩散出香味的服装上某些部位,如衣领、口袋、裙摆内侧,以及着西装所佩插袋巾的下端都很适合。

（5）使用香水一定要适量,通常以自己身体以外一米为限,如果超出这个范围还能被闻到,那就是过量了。

做一做:

1.对照一下自己平时的清洁方法,哪些是恰当的,哪些是需要改进的。

2.请说一说使用香水的正确方法。

第二节　穿戴规范

看一看:

郑伟是一家大型国有企业的总经理。有一次,他获悉有一家德国著名企业的董事长正在本市进行访问,并有寻求合作伙伴的意向。他于是想尽办法,请到德方朋友牵线搭桥促成双方的洽谈。

让郑总经理欣喜若狂的是,对方也有兴趣同他的企业进行合作,而且希望尽快见面。到了双方会面的那一天,郑总经理对自己的穿着刻意地进行了一番修饰,他根据自己对时尚的理解,上穿夹克衫,下穿牛仔裤,头戴棒球帽,足蹬旅游鞋。无疑,他希望自己能给对方留下精明强干、时尚新潮的印象。

然而事与愿违,郑总经理自我感觉良好的这一身时髦"行头",却偏偏坏了他的大事,导致失去了与德国企业合作的机会。

想一想:

1.为何郑总经理的穿着会直接影响合作的成功与否?

2.请你为郑总经理提供着装的建议。

服饰作为美的一种符号,在人际交往中越来越受到人们的关注。意大利影星索菲亚·罗兰说:"你的着装往往能看出你是哪一类人,它们代表着你的个性。"服饰不但可以美化个人形象,还可展示穿戴者的气质、修养和个性,同时传递着地位、职业、身份、阶层、价值取向等丰富的信息,被认为是社交场合中的"第二肌肤"。

一、服饰礼仪的原则

（一）TPO 原则

TPO 是英文的时间（Time）、地点（Place）、场合（Occasion）三个词的缩写，是指人们在着装搭配时，应当注重的三个客观要素。

1.时间原则

服饰的选择要与社会发展相吻合，具有时代性和时尚感。既要考虑每天的不同时段，也要适合春、夏、秋、冬的季节更替。由于时间不同，温度各异，所以要根据实际情况合理选择，避免"美丽冻人"、大汗淋漓等状况出现。在特定的时间，如工作、娱乐、休息、社交时，应有恰当的服饰相得益彰。

2.地点原则

与环境相协调的服饰，能让人达到视觉与心理的和谐感。在公务环境中，应选择正统、稳重的款式；旅游观光时，要顾及当地的传统和风俗习惯，如在阿拉伯国家，女性游客不宜穿得过于短小和暴露；上街购物时，休闲便于行走的装束更令人舒服；若在家待客，则可选择舒适大方的穿着。

3.场合原则

特定的场合，人们都有约定俗成的惯例，具有深厚的社会基础和人文意义。如出席正式会议，男性应选择西服、中山装，女性则穿套裙；参加音乐会、舞会等社交活动，男性应穿中山装或燕尾服，女性宜着旗袍或晚礼服，并佩戴华贵的饰品；在球场、跑马场，宽松透气的运动装、裁剪合身的骑马装更能衬托矫健身姿。

（二）整体协调原则

1.与自身特点相协调

选择服装首先应该与自己的年龄、体型、肤色、性格、身份和谐统一。青少年着装应着重体现青春气息，以大方、合身为宜，清新、活泼最好，"青春自有三分俏"，繁复的服饰反而会破坏青春朝气。年长者，身份地位高者，选择服装款式不宜太前卫，款式经典而质地讲究更显得体。

2.色彩搭配相协调

服装的色彩是着装成功的重要因素。全身着装颜色搭配最好不超过三种，尤其男性更应严格遵循。以其中一种颜色为主色调，颜色太多会显得乱而无序，不协调。黑、白、灰是服装配色中的万能色，可以和任何颜色相配。着装配色和谐的几种常用办法：一是色彩统一，即上下装同色，俗称套装，用饰物点缀可避免呆板的印象；二是深浅呼应，利用同色系中深浅、明暗度不同的特点进行搭配，一般采取上浅下深的方式，如米色风衣搭深咖长裤，整体效果既生动又协调；三是利用补色搭配，如黄色和蓝色、绿色和紫色、红色和绿色，在强烈的对比中相映生辉，只要运用得当，能产生令人耳目一新的亮丽效果。

二、不同场合的着装

（一）公务场合

公务场合对服装款式的基本要求是：庄重、保守、传统。适合选择裁剪得体、质地上乘、

面料挺括、样式经典的服装,如套装、套裙、职业装等。(图5-1)

(二)社交场合

人们除了工作之外,还有不少在公共场合与人交往、共处的需要。如朋友聚会、家庭拜访、生日宴会、新年舞会等都是典型的社交场合。其服饰的基本要求是:个性、亮丽、时尚。应选择款式新颖、花色美观、配饰讲究、凸显风采的服装,如时装、礼服、各种民族服饰等。(图5-2)

(三)休闲场合

居家、健身、旅游、娱乐、逛街等都属于休闲活动。其服饰的基本要求是:舒适、方便、自然。应选择宽松适度、透气性强、面料柔软、款式简单的服装,如家居服、T恤、牛仔服、运动装等。(图5-3)

图5-1　　　　　　　　　图5-2　　　　　　　　　图5-3

三、扬长避短的方法

现代社会,服饰早已超越了蔽体保暖的功能,更多地满足于人们爱美的需求。身材高挑,肤色也好的人,可谓"浓妆淡抹总相宜"。而大多数人,则有必要掌握服饰搭配的方法,以巧妙地扬长避短,使身材趋于匀称,打造美观的视觉效果。

(一)颈短

对于又短又粗的脖子,最好不要穿高领或立领衫,因为领口直接顶到下巴会使脖子更短。也不宜穿深色圆领衫,因为深色衣料与白白的颈部皮肤会形成一个鲜明对比,短上加短。更不要戴厚实的围巾或在脖颈上系花。如果一定要穿高领或立领衫,选择与肤色相近的肉色、米色、白色比较好。其实,浅色V领衫会令短颈看起来像长了一截,是最适合的。

(二)个矮

首先是颜色的选择,上下装的色彩对比绝对不能过于强烈,否则会把人从视觉上拦腰砍成两半,看起来就更矮了!所以矮个子要尽量选择色彩统一的搭配。其次,不要选择喇叭裤、阔腿裤等款式,类似于五、六、七分裤会将腿"截断",让本来矮小的身材变得更加矮小。对于个子矮小的女性来说,可以多穿短裙、迷你裙、短裤和紧身裤这样的服装,不过应该注意,袜子和裙子的颜色也不要对比太大。而男性则适合选择西服套装,尺码合身的同色上下装,下装以长裤为佳。最后,在花色选择上,以纯色、竖条纹或小型图案更适合。

(三)腰长腿短

对于腰长腿短的身材,穿衣服很烦恼,如何穿会好看点儿呢?

(1)将上衣的重点放在领口,吸引人们的注意力往上移,比如穿荷叶领或戴七彩丝巾、系领带等,再穿上暗色长裤便可以。

(2)穿高跟鞋,这样可间接加长双腿。

(3)穿高腰 A 字裙,或娃娃衫配紧身长裤,男性将上装下摆扎起来。

(4)强调腰部的修饰,系宽皮带或佩戴漂亮的腰部饰品。

四、饰品搭配的技巧

饰品往往起着"吸睛"的作用,如何选择与搭配大有学问。一般情况下,身上的饰品最好不要超过三件,多了就显得过于烦杂,因此应牢记"以少为佳",同时注意其风格、颜色、材质要与服装和谐统一。

(一)首饰

1.耳环

选择耳环应当考虑脸型、头型、发式、服饰等。例如,长脸形特别是下颌较尖的脸型应采用面积较大的扣式耳环,以便使脸部显得圆润丰满;脸形较宽的方脸形人,宜选择面积较小的耳环。服饰色彩比较艳丽时,耳环的色彩也应艳丽些,同时要考虑二者间色彩的适当对比。

2.项链

选配项链应考虑体型、脸型、脖子的长度以及衣服的颜色等。例如,体型较胖、脖子较短的人宜选择较长的项链;相反,身材苗条修长、脖子细长的人则最好选择粗一些的短项链,否则细长的项链会使人更显单薄和纤弱。

3.戒指

戒指总是和婚恋联系在一起,所以不能随便佩戴。戴在食指上表示求婚,中指上表示已在热恋中,无名指上表示已订婚或结婚,小指上表示独身,而大拇指通常是不戴戒指的。一只手上最多戴两枚戒指;订婚戒指和结婚戒指,可都戴在无名指上,也可分别戴在中指和无名指上。

4.胸针

胸针多佩戴于胸前,可以强调胸部线条的优美。穿套裙时,将其别在上衣的领子边,可在庄重之中平添一分妩媚。胸针既不能和胸花、徽章等同时佩戴,也不能和项链尤其是带坠式项链同时佩戴,否则只会分散他人的注意力,影响整体装扮效果。胸针也是男性的常用饰物,能体现佩戴人的品位,提升个人魅力。

（二）配饰

1.手包

手包的材质很多,有金属、漆皮、塑料、串珠、刺绣、布制品等。精美的手包使人赏心悦目,可以在动态中显示出独特的魅力。手包是女性出席正式场合时的重要配饰,女性选择日常手包的原则是:大小适中但容量大,分区合理,化妆包、钱包、工作笔记、手机、名片夹、钥匙甚至雨伞、丝袜、纸巾等都能装进去。男性的手包以牛皮材质为佳,最好选择款式简单大方的黑色或棕色皮包。

2.丝巾

丝巾别具一格的风采,足以使佩戴人成为一道流动的风景,引来欣赏的目光。调动丝巾色彩的效果,可增添着装的生动性;恰当运用丝巾的形状,可改善脸型或体型的不足;丝巾佩戴在不同的部位,可修饰脖颈、肩部、头部、腰部,甚至成为帽子与手包的装饰。奥黛丽·赫本也感叹:"当我戴上丝巾的时候,我从没有那样明确地感受到我是一个女人,美丽的女人。"

3.领带

男性身上唯一有丰富色彩的装饰就是领带,它使男性着装不再单调、沉闷,而且使人更具个性。尽管领带有多种面料,但真丝才是最恰当的选择。最适合搭配西装的色彩是蓝色、灰色和红色,图案方面,纯色或斜纹、小方格、圆点等予人稳重、生动、大方、典雅的印象,切忌选用夸张、卡通、动物等图案。

4.腰饰

腰饰主要由腰带和腰链组成,布料、皮质、金属、宝石、丝巾都可成为腰饰的材料。腰饰的恰当运用,可协调身体比例、提升精神面貌、丰富服装风格、增添时尚个性,是服装搭配中非常重要的因素。风衣、大衣的腰带体现潇洒,裙装的腰饰多种多样,裤装的腰带体现庄重干练。男性的腰带适合采用牛皮材质,与手包和皮鞋的颜色保持一致,腰带扣形状大方,图案简洁。女性腰饰的选择非常广泛,对于腰粗腹圆的身材,应当避免使用腰饰。

做一做:

1.身材矮小的人,适合穿上白下黑的服装吗,为什么?

2.案例分析:王莉毕业后,要去参加一个公司文员职位的面试,作为她的朋友,请为王莉设计一款面试时的着装。

第六章　表情亲切　面容宜人

有人说："人的面部就是一张人生的履历表,喜、怒、哀、乐各种情绪或心境都会表现在脸上。这个人是历经沧桑,还是一帆风顺;是身心健康,还是满怀怨愤;甚至于是否有良好的生活习惯,只看他的脸,便可略知一二了。"

面部形象的展现有先天的因素,但是,一个人后天的气质、风度等变化必然会反映在脸上。怎样才能使自己的面容于人于己都感觉愉悦、舒适?我们的笑容、眼神以及容貌和发型的修饰将会成为关键。

第一节　笑容美好

看一看:

笑

林徽因

笑的是她的眼睛,口唇,

和唇边浑圆的旋涡。

艳丽如同露珠,

朵朵的笑

向贝齿的闪光里躲。

那是笑——神的笑,美的笑;

水的映影,风的轻歌。

笑的是她惺忪的鬓发,

散乱的挨着她的耳朵。

轻软如同花影,

痒痒的甜蜜

涌进了你的心窝。

那是笑——诗的笑,画的笑:

云的留痕,浪的柔波。

选自《新月诗选》(1931 年 9 月)

　　大千世界万事万物中，人是最美的；在人千姿百态的言行举止中，笑是最美的；而所有的笑容中，真诚、适度的微笑是最美的。微笑表现着人际关系中自信友善、亲切和蔼、礼貌融洽等最为美好的感情因素，它如同磁石一般具有天然的吸引力，能使人相悦、相亲、相近，是美不可言的社交语言。

一、"解读"微笑

　　微笑是人们对某种事物给予肯定以后，内在心路历程在面部的呈现，是人们对美好事物表达愉悦情感的心灵外露和积极情绪的展现。微笑是上苍给每个人最公平的恩典，无论学历高低、地位差别或年龄老少、个性强弱、容貌如何，只要自己去挖掘，都可以拥有它。

（一）健康的人拥有美好的笑容

　　微笑被誉为"解郁之花，忘忧之草"，其前提是施予者本身的身心健康。很难想象一个精神萎靡不振或者病恹恹的人脸上会露出令人愉快的笑容。当我们身体不适，心情烦躁的时候，微笑便会像缺少阳光和水分的花草一般，变得枯萎，失去生机。因此，保持健康才能展现最为美好愉悦的笑容！

> **微笑是一种"情绪语言"，它来自身心健康者。**

（二）自信的人拥有美好的笑容

　　人的外表美，特别是风度和气质美，很大程度上取决于这个人心理素质的优劣。一个缺乏自信，在他人面前唯唯诺诺、只懂得依附顺从的人，即使有笑容，也会是忐忑不安、谄媚讨好的，无法令人产生愉快的情绪。微笑是自信的反映，要想展现美好的笑容，请先走出自卑的阴影吧！

（三）真诚的人拥有美好的笑容

　　礼仪训练专家说："美好的笑容并非在于你笑出了六颗或是八颗牙齿，重点应当是自然与真诚。""笑脸"和"笑的脸"给人的感受是不一样的，从内心发出的笑脸能传递"从心里接受对方"的信息，而"笑的脸"则是心中不以为然，却又不得不笑的表情，这种生硬、做作的表情会使看到的人难以接受。

　　微笑的美在于文雅、适度、亲切自然，符合礼貌规范。所谓"诚于中而形于外"，必须要诚恳和发自内心，如同扑面春风，能消除冷漠，温暖人心，获得理解和支持。切不可故作笑颜，假意奉承，给人以虚伪及不可信任之感。

二、微笑的五官要领

要使微笑闪耀出动人的光彩,需要面部肌肉、眉眼、嘴和下颌的协调配合。

(一)面部肌肉

紧绷绷的面部肌肉反映出心里的紧张、呆板、拘束,这时即使做出笑的表情,也会给人讪笑、假笑甚至皮笑肉不笑的感觉。因此,微笑时面部肌肉应该适度放松,两颊的笑肌均匀上抬。

(二)眉眼

所谓"眉开眼笑",要有一个动人的笑容,眉眼部的放松与配合也是很关键的。我们应当眉头舒展,眼神柔和、自然、亲切地注视对方。(图 6-1)

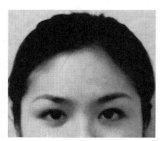

图 6-1

(三)嘴唇

微笑时嘴角两侧均匀上翘,能表现开心、赞成的积极心态。并非每个人都适合"笑不露齿",我们可以根据自己的脸型、唇型以及牙齿的状况决定最佳的上下唇开启程度,但嘴角向下或者双唇紧闭是应当避免的。(图 6-2)

(四)下颌

微笑时,下颌可微微后收,使视线保持平视,给人以诚恳、谦逊的印象。(图 6-3)

总之,当面部肌肉放松,下颌微收,嘴角微微上扬,眼神中充满笑意,亲切地注视对方时,这种笑容显示了对生活的自信和满足,是最能引起他人好感,也是最为理想的表情。

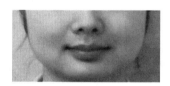

图 6-2

三、训练方法

(1)找一面可容纳自己面容的镜子,说"cheers",或者发汉字"茄子"的音。

(2)拿一支不太粗的笔或筷子,用牙齿轻轻横咬住它,对着镜子记住这时面部和嘴部的形状,加以保持。

(3)先对着镜子做出唇齿最美的笑容,然后用书本遮住鼻子以下部分,尝试让自己的眼睛充满笑意。

图 6-3

(4)经常进行快乐的回忆,并努力将心情维持在最愉快的状态。

(5)面部表情活力操。为了保持肌肉的活力和青春,每天做一些脸部肌肉运动是很有必要的。表 6-1 的几组练习不仅可以恢复脸部肌肉的弹性,使表情更加明朗生动,还可以促进新陈代谢,保持肌肤的健康。

表 6-1

步 骤	练习部位	练习目的	练习方法 （每组动作重复 3~5 遍）
前头肌练习	额头	预防额头横向皱纹出现	1.眯着眼睛,保持 3 秒钟; 2.睁大眼睛,同时眉毛慢慢向上提,保持 5 秒钟; 3.恢复到自然表情。
皱眉肌练习	眉宇之间	保持眉间肌肤张力	1.慢慢锁紧眉头,保持 3 秒钟; 2.眯起眼睛,慢慢把两边眉毛向斜上方提起,使纵纹消失,保持 5 秒钟; 3.还原到自然表情。
眼轮肌练习	眼睛周围	预防眼角皱纹出现,保持眼睛明亮	1.两眼直视前方开阔处,保持 10 秒钟; 2.下眼皮慢慢向上提; 3.眯起眼睛,保持 5 秒钟。
上鼻翼提肌练习	鼻翼两旁至鼻根部的"八"字形肌肉	保持美丽挺拔的鼻形	1.唇微张开,眉毛保持不动,慢慢向上提引上鼻翼,保持 5 秒钟; 2.恢复到自然状态,把唇合上; 3.嘴慢慢向下撇,使鼻下部往下拉,保持 5 秒钟; 4.恢复到自然状态。
颊骨肌练习	双侧脸颊	加强肌肉弹性,保持生动面容	1.合唇,两端的口角慢慢向上提起,保持 5 秒钟,然后还原到自然状态; 2.鼓起两颊,保持 10 秒钟,慢慢恢复到自然状态。
口轮肌练习	以嘴中心为圆心,嘴到下巴为半径的圆圈所覆盖的部位	防止嘴部周围肌肉松弛,保持姣美唇色	1.嘴巴最大限度张大,似发"啊"音,保持 5 秒钟; 2.慢慢使嘴唇向前送,似发"喔"音,保持 5 秒钟; 3.口部放松,唇往嘴里缩,似发"木"音,保持 5 秒钟。

做一做：

1.阅读诗歌《微笑》,分组交流微笑在我们的学习和生活中有哪些作用。

微微一笑并不费力,但它留下的结果却是那样的神奇。

微微一笑虽然只需几秒,但它留下的记忆却很难逝去。

您 得到一个笑脸觉得是一个福气,

您 给予一个笑脸也没有损失分厘。

没有谁 富有得连笑脸都拒绝看到,

也没有谁 贫穷得连笑脸都担当不起。

微笑是最廉价的礼品,微笑是最有力的武器,

微笑能给我们家庭带来和顺美满,

支持我们在工作中万事如意,

更能给我们传递友谊。

对疲劳者她犹如是休息,

对失意者她仿佛是鼓励,

对伤心者她能给予安慰。

因此,解郁之花忘忧之草的美名它当之无愧。

微笑,买不来 借不到 偷也 偷不去,

她只能在给人之后才显出她的意义,

这,就是微笑的真谛。

2.每位同学克服自卑、害羞、胆怯的心理轮流登台,微笑着向大家问好。

第二节　善用眼神

看一看:

　　黄磊是新兴通讯公司的人事部经理,一次受邀请参加一个世界著名公司的人际关系培训班举办的结业典礼,他打算在了解讲师的素质后再决定自己是否参加培训。黄磊坐在前排右边,看着那些结业的学员用积极热情的语言,振奋地表达自己的体会,而那位主讲老师的脸上始终挂着自信的笑容,那双眼睛也像是对着每个人在微笑。这双眼睛与他的脸温暖和谐,充满了笑意。黄磊想:他的心也应该在笑吧!眼睛是心灵的窗口,一个心灵也在微笑的人必定是一位优秀的人际关系讲师,他一定能帮助自己解答很多不明白的事情。黄磊当即就报名参加了这个公司的培训班。

想一想:

　　眼神的力量远远超出我们用言语可以表达的内容,请谈一谈你在这方面的亲身体会。

　　眼睛是"心灵的窗户",眼神是面部表情的核心。人们可以用眼神这一含蓄的无声语言,传递有声语言难以表现的意义和情感。

　　一个良好的交际形象,目光应当坦然、亲切、友善、有神,能恰当地把握注视的时间,正确地运用注视的方式,根据不同的场合、对象及目的恰当选择注视区间,并与体姿、语言等形成呼应,以加强沟通交流的效果。

> **与人交谈时，下列眼神各自传递了什么信息呢？**
>
> A.眼睛眨个不停　　　a. 命令
>
> B.双目大睁　　　　　b. 鄙视
>
> C.频频左顾右盼　　　c. 吃惊
>
> D.斜着扫一眼　　　　d. 敌意
>
> E.瞪眼相视　　　　　e. 疑问
>
> F.逼视对方　　　　　f. 心中有事
>
> （参考答案：Ae、Bc、Cf、Db、Ed、Fa）

一、注视的时间

与他人交谈时,目光接触的时间要保持适中,不要死盯不放,也不要左顾右盼。一般情况下,可以用50%~70%的时间注视对方,另外30%~50%的时间注视对方脸部以外的5~10厘米处,这样显得自然而又有礼貌。

当我们无意中与别人的目光相遇时,不要惊慌躲闪,马上避开,可以先自然对视1~2秒,再缓缓移开,否则会显得拘谨、小气,也是不礼貌的。

二、注视的方式

生活中有各种各样的注视方式,每种注视方式既表达了不同的心理特点,也给被注视者带来不同的心理感受。让我们一起来体会,怎样的注视方式才是我们应该多用的吧!

"正视"	两眼直接注视对方,目光有神又不失柔和,表示自信、专注、尊重、坦诚。
"环视"	在与多人同时交往时可以眼观"六路",用目光有意识地顾及每一个人,表示一视同仁的重视与认真。
"盯视"	长时间目不转睛地注视对方某处,有侵犯或挑衅之意,会给对方造成压迫感,是一种很不礼貌的注视方式。
"虚视"	眼神涣散、不集中,目光四处游移,容易给人心神不定、不够坦率和诚实的感觉。
"旁视"	与人交流却眼望别处,容易被对方误解为心不在焉或者害羞、心虚,是不尊重他人的注视方式。
"扫视"	对对方上下反复打量,反映惊讶、好奇的心理,也是没有礼貌的表现。
"睨视"	斜着眼睛看向对方,这极为失礼,会让对方感到被轻视。
"无视"	目光疲软,视线下垂,不时看向自己的鼻尖,这种目光透射出悲伤或冷漠之感,往往会使交往陷入僵局。

图 6-4

图 6-5

图 6-6

很显然,我们平时应当多采用"正视"的目光,展示良好的气度风范。而在同时与多人交流时,为顾及在场每一个人的感受,最好学会运用"环视"。其余的几种注视方式,都是我们应当避免的。(图 6-4—图 6-6)

三、注视的区间

所谓注视区间,就是视线所及的范围。在人际交往中,注视对方什么位置,要依据不同场合、不同对象以及准备传达什么信息、营造什么气氛而定。一般可以分为:

(一)公务注视区间

公务注视区间是进行业务洽谈、商务谈判、布置任务时采用的注视区间。范围:以两眼为底线,前额上部为顶点所连成的三角区域。注视这一区域可制造严肃、居高临下的效果,给对方以压制的心理影响。(图 6-7)

(二)社交注视区间

社交注视区间是人们在社交场合采用的注视区间。范围:以两眼为上线,以下颌为顶点所连成的倒三角区域。注视这一区域最容易形成平等感,营造良好的社交氛围。(图 6-8)

图 6-7

图 6-8

（三）私人注视区间

私人注视区间是关系比较亲密的人，比如至爱亲朋在交谈时采用的注视区间。范围：主要是双眼、嘴部和胸部以上范围。注视这些区域能激发感情，表达爱意。

四、与语言、体姿配合

友善的眼神令人如沐春风，而在实际交流过程中，我们如果能借助适当的体姿或语言与眼神配合，表现对谈话的理解与专注，和对方形成一定的交流呼应，将会产生很好的效果。

（1）见面时，首先要睁大眼睛，不论是熟悉的人或是初次见面，也不论是偶然还是约定见面，都要面带微笑，以闪烁光芒的目光正视对方片刻，显示出喜悦和热情，随后再借助致意、问候的动作和语言加深印象。对于初次见面的人，同时还应微微点头，行注目礼，表示出尊敬和礼貌。

（2）与人交谈时，保持目光的接触，这是对话题有兴趣的表示，利于形成融洽的交谈气氛。注视并非紧盯，瞳孔焦距应呈散射状态，同时辅以真挚、热诚的面部表情。千万不要长时间回避对方目光，左顾右盼、频频看表、眼皮下拉都是不恰当的。

（3）交谈中，随着话题、内容的变换，用不同的眼神、手势、语言、表情做出及时恰当的反映，或惊或喜，或微笑或沉思，会使整个交谈更加融洽、和谐、生动、有趣。

（4）交谈和会见结束时，目光要抬起，表示到此为止。道别时，仍要注视着对方的眼睛，流露惜别之情。

（5）在集体场合发言时，首先要环视全场，表示"我要讲了，请予注意"。在近距离的空间，如电梯、地铁等场所，避免与人对视。当别人尴尬时，不要去看他。交谈间隙或停止谈话时，不必正视对方。

五、训练方法

（1）多欣赏优秀的文学艺术作品，体验丰富的情感。

（2）在与人交流时，相信自己的眼睛会说话，你的思想及你的心态正在通过眼神流露出来。

（3）对镜模仿动物的眼神。男性的眼神像鹰，刚强、坚毅、稳重、锐利、亲切、自然；女性的眼神像凤，柔和、善良、敏捷、大气、亲切、自然。

做一做：

1.两人一组，轮流运用各种不同的眼神，让对方说出感受。然后共同练习正确的注视时间、方式和区间。

2.分场景对注视进行练习：

（1）在门口迎接来家里做客的朋友。

（2）商务谈判过程中阐述本方的观点。

（3）过年了，一家老小欢聚互道祝福。

第三节　面容清爽

看一看:

  张渺渺经过层层选拔,终于成为振兴集团的一名办公室文员。她很珍惜这来之不易的机会,所以每天早上第一件事就是花大量时间精心修饰容貌,希望让他人眼前一亮,从而肯定自己的能力和水平。时尚杂志、网络资讯,只要有了新的潮流指标,她都一一尝试。今天烟熏妆,明天晒伤妆,没过几天又把嘴唇涂得惨白,说是追求自然。如此一来,同事经过她的办公室,都好奇地探头探脑;客户前来办事,看见她就惊诧莫名。过了不到半个月,总经理就劝她另谋高就了。

想一想:

  1.张渺渺为什么会丢掉工作?

  2.你对自身的仪容修饰有何见解?

  仪容美,包括面部美、头发美、肌肤美等,是我们留给他人的第一印象,也可能成为改变人生的第一步。人的容貌虽然是天生的,但学会运用相关原则和技巧对容貌进行修饰,可以达到"扬长避短"的效果。

一、修饰原则

(一)干净

  "面必净"是仪容美的第一要求。现在的生活环境空气污染大,再加上皮肤自身新陈代谢产生的污物,最好坚持每天早晚使用洗面奶,并用温水洗净。在不同的季节,要用水、乳、霜、露等护肤品分别进行护理。对于油性和混合性皮肤,应注意保湿控油,及时用吸油纸蘸去面部油污。

(二)自然

  容貌修饰不仅要美丽、生动,更要真实,不矫揉造作。无论是天生姣好,还是略有不足的容貌,应给人自然大方、和谐之感,千万不要把自己的脸当作"调色盘",弄得五彩斑斓;也不要为了所谓的美白或者遮掩小瑕疵、小痘痘而涂抹厚厚的脂粉,搞得像戴了层面具似的。尤其是青少年,风华正茂,身体各种机能包括皮肤正值最佳状态,在平时的学习、生活中可做适当的皮肤护理,但最好不要化妆,以减少化学成分对身体的危害,同时也尽展"清水出芙蓉,天然去雕饰"的自然美感。

(三)协调

  "适合别人的不一定适合自己,一度适合自己的不一定每次都适合自己",这句话是我们追求仪容美时应当牢记的。容貌的设计和修饰必须讲求整体配合,首先是化妆部位色彩搭配得当,符合个性特点;其次脸部化妆还要与不同的发型、发色、服装、饰物相得益彰。此外,化妆要适合自己的年龄、身份以及所处场合,不协调的妆容是不可能给人以美的享受的。

（四）礼貌

注重容貌修饰是尊敬他人的表现，要达到这一目的，需要遵循礼貌的原则。包括不要在他人面前修饰容貌，比如当众照镜子、描眉毛、涂口红等，都极为失礼；不要借用别人的化妆品，这样既不卫生也让人为难；不要对他人的妆容品头论足，因为民族和文化传统的不同，肤色以及个人审美的差异，每个人在容貌修饰上的品位和效果就可能不一样，非议他人的妆容不仅失礼，还会伤害他人。

（五）美化

借助适当、适度的化妆、美容和护肤技巧对面容进行修饰矫正，达到美化的效果，是我们进行容貌修饰的目的。因此，化妆应表现出个性美，根据自身脸部（包括眉、眼、鼻、颊、唇）特征，利用各种技巧，一方面突出五官最美的部分，使其更加美丽；另一方面掩盖或矫正有缺陷或不足的地方。切忌"千人一妆"，为追赶所谓的"潮流""时尚"而进行简单的模仿。

二、女性面部化妆

化妆是生活中的一门艺术，适度而得体的化妆，可以体现女性端庄、美丽、温柔、大方的独特气质。

（一）标准脸型

"五官端正"是仪容美的基础，即面部的耳、眉、眼、鼻、口的比例要达到"三庭五眼"的标准。（图6-9）而化妆修饰的最终效果，也就是要借助化妆技法，使自己的面容符合这一标准。

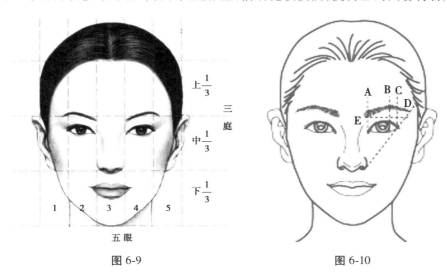

图6-9

图6-10

（二）化妆程序

（1）洁面护肤。在没有清洁过的脸上化妆，好比在脏兮兮的画布上作画，技巧再高明，色彩再鲜艳，也会给人不洁的感觉，因此，化妆的第一个步骤便是洁面。洁面之后涂上面霜或乳液，可以起到滋润皮肤、隔离彩妆的作用。

（2）上粉底。选择接近自己肤色的粉底液或粉底霜，采用由内向外放射状的手法，轻而快的在面部涂抹。面部底妆以"薄、匀、全"为佳，尤其不要忽略发际、颈部、耳朵等处，以免给人生硬感。

（3）定妆。用粉扑或大号化妆刷蘸取少量散粉，在额头、鼻子和易泛油光的部位轻点刷匀，然后扫落多余散粉，这样可以增强粉底附着力，使妆容持久，还能增加肌肤光泽度。

（4）画眉毛。选择与头发颜色相近的眉笔或眉粉，力度放松，顺着眉毛的生长方向一点一点地描画。眉头最粗，颜色稍淡；往眉峰逐渐过渡，眉尾处细而浓，眉梢淡淡。最后用眉刷顺势轻刷一下，使整个眉毛形状整齐、色彩自然。（图6-10）

（5）上眼影。先以浅色眼影在眼睛到眉毛之间的眼窝处大范围打底；然后在靠近眼眶的眼褶处画上较深色的眼影，渐渐往上晕开，下眼睑处搭配较明亮的颜色，会让眼睛看来更大，更有神；最后在眉骨、下眼睑下以淡色或是带有珠光的眼影打上高光，加强立体感。需要注意的是，不管是单一色系还是两种以上的颜色混合使用，都要使眼影看起来干净又自然，切记愈靠近眼睛的部分颜色愈深，两色交叠之处也要以渐渐晕染的方式，不能有明显的界线。

（6）画眼线。紧贴睫毛根部的眼线可以扩大眼睛轮廓，并给人"睫毛更加浓密"的视错觉。基本画法如下：画上眼线时用无名指把眼皮轻轻向上拉，眼睛向下看，由眼尾向眼角贴着睫毛根部描画，再用食指将眼角向鼻部方向拉，从眼角描画至眼尾，使眼线自然连为一体；画下眼线时用无名指轻拉下眼皮，然后再紧贴睫毛从眼尾到眼角描画下眼线；用手把棉棒头压扁，从眼角至眼尾将眼线推匀，使线条自然清晰。

（7）涂睫毛。浓密、卷曲的睫毛能提升眼部的神采。首先应使用睫毛夹固定睫毛的形状。用手指将眼皮轻轻上提，眼睛向下看，用睫毛夹依照睫毛根部、中间、前端的顺序分别施力，每个部位可停留3秒钟，力度也由强至弱，避免用力太猛使睫毛变得一节一节的。然后尽快涂上睫毛膏。上睫毛可横拿睫毛刷，用"Z"字手法从根部刷向末梢，涂下睫毛应竖拿睫毛刷，一根一根地涂抹。最后趁睫毛膏未干前用小梳子将睫毛梳顺，使睫毛根根分明，没有污渍。（图6-11）

图6-11

（8）上腮红。腮红除了可以增加脸部肌肤的红润感，制造出好的气色外，使用腮红时，依照不同的脸型使用不一样的刷法，还可起到修饰脸型的作用。上腮红前，首先对着镜子笑一下，脸颊鼓起来的部分就是我们要上腮红的部位。取少许腮红后，先将腮红刷上的干粉轻轻抖落在手背上，再刷上脸，确保腮红分量恰当。腮红有很多种画法，而先从颧骨轻轻向上刷至发际，再往下来回刷动的画法，是最基本也是效果最自然的画法。

此外，如果根据脸型描画腮红，可以参考以下的技巧：

①方形脸。由颧骨的顶端位置斜向下刷，可离鼻子稍近些。

②圆形脸。可用斜形涂法拉长脸形，年轻女孩使用圆形涂法也很可爱，方法是由鼻翼至

颧骨向外打圈。

③长形脸。将腮红从脸颊部位开始至耳朵方向横向扫,制造缩短脸形的视觉印象。

④菱形脸。在整个突出的颧骨部位,微呈射线状扫上腮红,可产生收敛颧骨的效果。

⑤正三角形脸。从颧骨向太阳穴方向打圈,下面深,上面浅。

(9)涂口红。面部修饰的最后一步,就是怎样描画出轮廓清晰、形状自然的嘴唇了。年轻女孩通常习惯使用唇彩、唇蜜,颜色淡雅,同时也可使双唇看上去有光泽,所以日妆多用。而色彩浓郁的口红比较适合晚妆,营造高贵华丽之感。涂唇蜜或口红最基本的要领是:嘴唇微闭放松,先涂唇内侧,再涂外侧,最后张嘴呈"O"字形,涂嘴角部分;上唇比下唇色彩深一些,唇周较唇中部深一些;涂完后,用嘴唇轻含面巾纸迅速抿一下,马上松开,这样,唇膏就能与唇部肌肤紧密融合,自然持久,不易掉色。此外,平时我们最好多使用无色的唇膏滋润保护唇部,避免涂抹口红时嘴唇干燥起皮。

三、男性面部修饰

相比女性的化妆程序而言,男性的面部修饰要简单得多。最首要的是清洁,尤其是年轻男性,皮肤油性大,易生粉刺、痤疮,正确的清洁方法可以减少毛孔堵塞,可根据情况使用一些具有去死皮、补水、控油、防晒等功效的保养品,使皮肤清爽、健康、自然。

除此之外,男性要经常修剪鼻毛和胡须。刮胡须宜选择在早晨,因为此时皮肤和毛孔都处于放松状态,操作顺序应从鬓角、脸颊、脖子到嘴唇周围及下巴,剃完后,用温水洗脸,再用凉水冲一遍,以利于张开的毛孔收缩复原,之后涂些滋润液、霜等,以安抚皮肤,减少刺痛。切忌用手或镊子乱拔胡须,以免引起毛囊炎、毛孔外翻等皮肤病。

做一做:

1. 小测试:你是哪种肤质?

每个人的皮肤都有不同的特点,正确判断自己的肤质有助于我们选择合适的洗护及化妆用品。按照习惯,我们把皮肤类型大致分为干性、中性、混合性、油性,以及敏感性五种。

(1)脸部的毛孔(　　)。

    A.几乎看不见　　B.细小　　C.T区比较明显　　D.可以清楚地看见

(2)脸部是否经常长粉刺、面疱?(　　)

    A.很少或从未有　　　　　　　　　　B.偶尔

    C.有时会出现在T区内或者下巴上　　D.经常

(3)到了中午,脸部皮肤看上去(　　)。

    A.暗淡,有皮屑或细纹　　　　　　　B.清新,既不暗淡也不油亮

    C.T区内比较油　　　　　　　　　　D.整个面部都比较油

(4)到了中午,脸部皮肤经常会感到(　　)。

    A.紧绷,有点干燥　　　　　　　　　B.不紧绷也不油腻

    C.T区内有点油　　　　　　　　　　D.不紧绷,很油腻

(5)脸部的水油状况是（　　　　）。

　　A.需要增加湿润度　　　　　　　　　B.维持现状就可以了

　　C.较油及干燥部位都需要调整　　　　D.需要控制油脂分泌

评分方法：A,B,C,D各选项的得分依次为1,2,3,4分。

总分5~7分：干性皮肤。保养要点：补充油脂，加强保湿。

总分8~12分：中性皮肤。保养要点：维持水油平衡。

总分13~17分：混合性皮肤。保养要点：控制T区油脂分泌，消除其余部位干燥现象。

总分18~20分：油性皮肤。保养要点：控制油脂分泌，注重保湿。

此外，敏感性皮肤的特点通常是脸部表皮较薄，红血丝比较明显，易受气候、花粉或化学制剂的影响。对此应减少去角质产品的使用，在选择新的保养化妆用品时要先局部试用，以防过敏。

请对自己的肤质进行描述＿＿＿＿＿＿＿＿＿＿＿＿＿＿＿＿＿＿＿＿。

2.（女）请用10分钟时间完成一个漂亮的生活妆，反复练习直到效果满意为止。

　　（男）请用10分钟时间对自己的面部进行修饰，反复练习直到效果满意为止。

3.根据你身边某位女性朋友的特点，说说你打算怎样为她化妆。

第四节　发型大方

当今社会，头发的功能已不单纯地用来区分人的性别，通过发型，我们可以推断出对方的职业、身份、所受教育程度、生活状况及卫生习惯，更可以感受出其身心的健康程度和对生活、对事业的态度。所以，要树立与众不同的自我，应该"从头做起"。

一、女性的发型选择

> "黄金搭配法则"
> 脸型与发型互相弥补

（一）与脸形协调

1.椭圆脸最标准

椭圆脸是女性最完美的脸型，无论采用长发还是短发都可以，都应尽可能把脸显现出来，突出脸型的美感，而不宜用头发遮盖过多。

2.圆脸要拉长

圆脸常会显得孩子气，所以发型不妨老成一点，目标是"拉长"脸型。头发要分成两边而且头顶蓬松，两边头发略盖住脸庞，不露耳朵，这样脸看起来才不会太圆。也可将头发侧分（如四六分），短的一边略遮住脸颊，较长的一边可自额顶做外翘的波浪，这样可"拉长"脸型。需要注

意的是,圆脸忌讳刘海、中分或梳成马尾,这只会使脸显得更大、更圆。(图6-12)

3.方脸做调整

方型脸的特点是棱角突出、下巴稍宽,显得倔强,缺乏温柔感。因而,在选择发型时,宜掩盖棱角感,增加柔和度。头发可向上梳,露出部分额头,头顶不要压得太平整,轮廓蓬松些,使脸显得稍长。波浪形的卷发也可以改善方脸的形状,卷曲的长发部分遮住下颌两侧,能够增加脸部的柔美。另外,还可用不平衡法来缓解,因为每个人的脸长得并不匀称,某一边要比另一边漂亮,可以选择将头发尽量往相对漂亮的一侧梳,从而转移他人对于脸型方正的注意力。但是千万不要剪成平直或中分的发型,否则效果会适得其反。(图6-13)

4.长脸要缩短

一般来说,自然、蓬松的发型能给长脸增加美感。所以,留点刘海,两边修剪少许短发,可以减小脸的长度而增加宽度感,也可将头发梳成饱满柔和的形状,使脸有较圆的感觉。(图6-14)

5.三角形脸与倒三角形脸

三角形脸的特征是上窄下宽,在选择发型时应平衡上下宽度,可用波浪形卷发增加上部分的分量,掩饰较为丰满的下部分,发界可采用中分或侧分。不宜将额发向上梳,以免暴露额头太窄的缺陷。耳旁以下的发式不应再加重分量,也不宜选择紧贴脸颊两侧的发型。

倒三角形脸恰好相反,可以选择掩饰上部、增宽下部的发型。发型可采用大量蓬松的发卷,并遮掩部分前额。最忌往上梳高的发型,这样只会突出细小的下巴,使整个脸部更不平衡。(图6-15)

图6-12　　　　　图6-13　　　　　图6-14　　　　　图6-15

(二)与发质协调

由于发质的区别,同样的发型并不一定适合每个人。根据自己的发质选择适宜的发型,可以将头发打扮得更美丽。

1."自然卷"的头发

这种发质如果将头发剪短,卷曲度就不太明显,反而会有散乱感,留长发才能显示出其自然的卷曲美,所以只要善于利用,就能做出各种漂亮的发型。

2.服帖的头发

这种发质的特点是发量适中,发丝服帖,修剪时最好能将发根稍微打薄一点,使颈部若隐若现,这样能给人以清新明媚之感。

3.细少的头发

这种发质的人留长发,并将其梳成发髻较为理想,因为这样不但梳理容易,也能比较持久。

4.直硬的头发

这种发质不太服帖,在做发型前,最好能稍微烫一下,使头发能略带波浪,稍显蓬松。修剪时避免复杂的花样,以简单大方的发型为佳。在做卷发时最好能用大号发卷,使看起来比较自然。

5.柔软的头发

柔软的头发比较服帖,容易整理,不论想做哪种发型都非常方便,俏丽的短发比较适合展现个性美。

(三)与体型协调

1.高瘦型

这种体型的人容易给人细长、单薄、头部小的感觉,要弥补这些不足,发型要求生动饱满,避免将头发梳得紧贴头皮。一般来说,高瘦身材的人比较适宜留长发、直发,头发长至下巴与锁骨之间较理想,且要使头发显得厚实、有分量,应避免将头发削剪得太短薄,或高盘于头顶上。

2.矮小型

个子矮小的人给人小巧玲珑的感觉,在发型选择上要与此特点相适应,以秀气、精致为主,避免凌乱、蓬松或过长,否则会使头部与整个形体的比例失调,给人头大身体小的感觉。选择盘发,可以产生身材增高的错觉。如果烫发,应将花式做得小巧、精细一些。

3.高大型

该体型给人一种力量美,但对女性来说,缺少苗条、纤细的美感。为适当减弱这种高大感,总的原则是简单、明快,线条流畅。发式上应以大方、简洁为特点,不要太过蓬松。一般可选择直发,或者是大波浪卷发。

4.矮胖型

矮胖者通常显得很健康,选择运动式发型可以营造与之相呼应的健康美。此外应考虑弥补缺陷,矮胖者一般脖子显短,因此应尽可能让发型向上梳理,显露脖子以拉长线条,不要留披肩长发,同时也要避免两侧蓬松或过宽。

(四)与年龄协调

年轻人性格开朗,活泼爱动,与之相协调的发型应具有线条简单、轮廓丰满的特点,而不应过于复杂,以突出年轻人的动态美。中年人性格及爱好都趋向沉静,因此发式不宜过于新潮,而应讲求整洁、柔和。老年人的发型要求通常不甚严格,但一般来说,长发会使发福的形体显得更加臃肿,因此年长者不宜留长发,还有,披散在颊边的垂发会使人显得憔悴而衰老。因此,老年女性最适合的发型是花型大而简单的短发,给人以利索、精神的感觉。如果留长发,应盘低发髻,给人以高贵、典雅,而又温婉可亲的印象。

(五)与服饰协调

发型与不同身份、场合的服饰搭配,可以起到相得益彰、锦上添花的效果。比如,女士穿礼服时,可将头发挽在颈后结成低发髻,显得端庄、高雅;穿运动装或休闲装时,可将头发自然披散或束发,给人以活泼、潇洒的感觉;而工作中着职业装时,无论直发还是烫发都要梳理得大方、服帖,不能过于蓬松,以免被他人误解为不修边幅,影响形象。

二、男性的发型选择

男性由于留发较短,发型变化不及女性多,但通过修剪、吹风或烫发、梳理,也能形成多种美观大方、具有男性魅力的发型。

下面介绍几种男士发型的主打类型:

(一)帅气型

年轻男性在发型方面不应太古板,不妨借鉴一下威廉王子的发型:修剪适中,稍带散乱,有些孩子气,但没有给人不修边幅的感觉,反而在西装革履中散发出青春的朝气。(图6-16)

(二)成功型

美国前总统克林顿的发型具备的是另外一种风格,它能较好地体现自己的领导风范,比较适合性格沉稳或者年龄稍微大一点的男性。(图6-17)

(三)清爽型

此款发型俗称"板寸头",有着干净清爽、打理方便的优点,比较适合脸型较大或者性格洒脱的男性。(如6-18)

图6-16　　　　　　　图6-17　　　　　　　图6-18

总体来说,男性的发型应以线条流畅、简洁大方为主要特点,前不过眉,后不及领,侧不掩耳。同时也要结合自己的脸型、发质、年龄、身份等因素作适当考虑,展现阳刚、大气的美感。

做一做:

1.请对你现在的发型进行描述＿＿＿＿＿＿＿＿＿＿＿＿＿＿＿＿＿。

你选择这个发型的原因是＿＿＿＿＿＿＿＿＿＿＿＿＿＿＿＿＿＿＿。

2.你的脸型是＿＿＿＿＿＿,发质是＿＿＿＿＿＿,年龄属于＿＿＿＿＿＿,体型属于＿＿＿＿＿＿,身份是＿＿＿＿＿＿,根据以上要素,你适合的发型是＿＿＿＿＿＿。

3.为你身边的朋友设计一个合适的发型,并说明理由。

第七章　用语文明　谈吐不俗

俗话说得好："会说话的令人笑,不会说话的令人跳。"语言是心灵的一扇窗户,一面镜子,它能反映出一个人的修养与文明程度。多用、善用文明用语,有利于塑造个人及组织的良好形象。

美国著名的语言心理学家罗西·萨尔诺夫曾说道："说话艺术最重要的应用,就是与人交谈。"交谈是人们日常交往的基本方式之一,符合礼仪的交谈是人们交流思想、联络感情、沟通信息、消除隔阂、增进了解、协调关系、促进合作、建立友谊的一种重要手段。

第一节　文明用语

看一看:

一海外客商到某公司商谈合资办厂事宜。公司经理在会客室专候,并准备了烟茶水果。客商进了公司大门后,迎候在门厅的经理秘书和客商握过手,说："我们经理在上面(指二楼会客室),他叫你过去。"客商一听,当即一愣:他叫我过去? 我又不是他的下属,凭什么叫我? 于是这客商转身,说："贵公司如有合作诚意,叫你们经理到我住的宾馆去谈吧。"说完拂袖而去。

想一想:

1.客商为何拂袖而去?

2.怎样的说法可以让客商欣然前往?

一、使用文明用语的意义

鲁迅先生曾说："语言有三美,意美在感心,音美在感观,形美在感目。"简洁的"三美"点出了语言和谐的要义。古语讲:"言为心声。"文明用语,能反映人们潜在的思想道德水准、文化修养水平,进而展现社会的和谐程度。社会进步以文明程度来衡量,文明用语又是文明程度的重要标志,它是人与人交流思想的窗口,沟通感情的桥梁。在构建和谐社会的进程中,提倡规范和推广文明用语,无疑是必要、必需的。

二、常用文明用语的种类

（一）问候语

问候语是在见面的时候起到寒暄作用的文明用语。常见的问候语有："您好！""您早！""早上好！""晚上好！""大家好！""见到您真高兴！"等。问候用语要亲切，熟人见面互相问候能促进彼此友好的关系；陌生人初次相识互致问候能使彼此关系融洽起来；工作人员对宾客问候一声能表现出对客人的热情和友好。

（二）征询语

征询语是主动询问对方的需求和意见，以示关心和尊重的文明用语。如"我能为您做些什么吗？""您还有什么需要我做的事情吗？""您不介意的话，我可以看一看吗？""我没听清楚您的话，您再说一遍好吗？""让我来帮你一下吧！"这些话都表示出对他人的关心和尊重。

（三）感谢语

感谢语是在对方帮助了自己或表示出帮助意愿，以及接受对方的馈赠或款待时，对他人表示感谢的文明用语。如"谢谢！""麻烦你了，非常感谢！""谢谢您的帮助！""太感谢您了！"如在感谢时再说明原因，就更能表明真诚的态度，效果也会更好，如"谢谢您对我们工作的支持，否则我们无法按时完成任务。""谢谢您送我的花，我非常喜欢。""谢谢你借给我的书，真是雪中送炭呀！"

（四）道歉语

道歉语是在无法满足对方提出的要求，或妨碍了对方，给对方增添了麻烦时用的文明用语。如"很抱歉！这件事确实没有办法做到。""真对不起，让您久等了！""对不起，打扰了！""对不起，请稍候！""请原谅！""很抱歉，打扰您了！"等。该道歉时应及时道歉，并用歉意的目光注视对方，这样才能表明诚意。

（五）应答语

应答语是在对方呼唤、感谢自己或者提出某种要求、表示歉意时用的文明用语。如别人呼唤自己时，可以用"行，请您稍候"或者"好，马上就来"；别人感谢你时可用"您不必客气，这是我应该做的"或者"不用谢，照顾不周的地方请您多多包涵"；对方提出某种要求时可以回答"您请吩咐""我明白了，我会尽力满足您的要求"；别人对你表示歉意时可说"没关系""您不必介意"等。这些礼貌应答语中包含着一种谦虚和真诚，对方听了会感到很愉快。

（六）赞美语

赞美语是对他人的行为表示赞赏和肯定的文明用语。如"你干得很好""太棒了！""你真了不起！""你手真巧！""这太美了！""您的气色看起来好多了。""你进步很大。""太好了！"等。赞美他人，可以激发、鼓励和帮助他人建立自信和自尊，从而带来愉快、亲密的合作关系。说这类话既要热情，又要坦诚，切忌言不由衷。口不对心的溢美之词，小题大做的阿谀之语，非但不能令人愉快，还会引起别人的反感。生活中有些人不爱赞美别人，认为赞美了别人就贬低了自己，其实这是一种心理误区，应该克服。

（七）慰问语

慰问语是在对方付出劳动后表示关心、体贴的文明用语。如"您辛苦了!""让您受累了!""给你们添麻烦了!"等。这些简单的话语包含了对他人的体贴与理解,体现了对价值的肯定,能让对方感到温暖。

（八）欢迎语

欢迎语是在他人到来时使用的文明用语。它的代表性用语是:"欢迎光临!""欢迎再次光临!""欢迎您!""欢迎您来这里用餐!""再次见到您,真是十分高兴!"等。说欢迎语要热情真诚,让人有宾至如归的感觉。

（九）告别语

告别语是在交谈结束,与人作别之际使用的文明用语。道上一句"再见!""请走好!""您慢走!""晚安!""明天见!""祝您旅途愉快!""祝您一路平安!""欢迎下次光临!""希望不久的将来还能在这里欢迎您!"等,可以表达惜别之意与恭敬之心。

（十）祝贺语

祝贺语是在对方取得进步、获得表彰或遇到高兴之事等情况下使用的文明用语。说祝贺语要发自真心。它的代表性用语是:"祝您节日快乐!""祝您身体健康!""祝您前程似锦!""祝您新婚快乐!""祝您生意兴隆!""祝您演出成功!""祝贺你考上理想的大学!""祝您好运!"等。

在人际交往中,要根据不同的场合和需要,灵活准确地运用文明用语,以便恰当表达情感,促进交流。

三、使用文明用语的要求

（一）语言规范

在交往中,不使用粗话、脏话、黑话、荤话、怪话、气话等,给人以讲文明、有素养的印象。

（二）语言准确

在交谈时,语言必须准确,否则不利于各方之间的沟通。要注意的问题主要有:

（1）发音标准。其含义有二:一是不能读错音、念错字,让人见笑或误会;二是发音要清晰,让人听得一清二楚,而不是口齿不清,含含糊糊。

（2）少用土话。在公共场合,应用标准的普通话,尽可能不用方言、土语,否则,就是不尊重对方。在多方交谈中,即便有一个人听不懂,也不要用方言、土语交流,以免使其产生被排挤、冷落之感。

（3）慎用外语。在普通性质的交谈中,应当讲中文,讲普通话。若无外宾在场,则最好慎用外语,以免产生卖弄之嫌。

做一做:

1.请根据以下场景收集文明用语,看谁收集得最多,质量最好。

（1）学生对老师的文明用语。

(2)学生对家长的文明用语。

(3)同学之间的文明用语。

(4)公共场合的文明用语。

2.请为自己设计身份并创设情景,模拟表演,尽量多用、善用文明用语。如护士文明用语。

护士甲和乙面对患者和患者家属(家属手提行李)

甲:"李小姐,祝贺您康复出院,脱去病号服您气色显得更好了,真为您高兴,再一次祝贺您!"

乙:"希望您能按照医生指导的方法坚持锻炼和调养,您会恢复得更快更好的!"患者及家属致谢。

甲乙一起:"请多多保重!"

3.诵读小诗

"神奇"的字

你可知道,你可知道,世界上有些字万分神奇。只要你和它们交上了朋友,你的生活也就会变得神奇。当我第一次用它们和妈妈说话,啊! 妈妈的眼神这样惊喜。她紧紧地搂住了我,睫毛上竟凝聚了晶莹的泪滴。当我第一次用它们向老师提问,老师立即松开了紧皱的双眉。她那样激动地帮我解题,完全失去了平时讲课的流利。当我的同桌向我举起拳头,因为我用坏了他的钢笔,我只轻轻地说出了它们,他竟立即平息了怒气。当我在公共场合得罪了人,我也赶快把它们送出口去。叔叔听了客气地说:"不要紧!"阿姨温柔地回答:"没关系!"你不相信,不相信么? 看,你的眼里充满了猜疑。其实这是几个极为平常的字,它们是:请、谢谢、对不起!

4.请认真体会下列语句所表达的语意,试着归纳句型与语言美的关系。

(1)那支钢笔给我用!

(2)请把那支钢笔给我用一下!

(3)这么简单的题还不会做,你不觉得丢人吗?

(4)这道题其实很简单,来,我们一起来解决它!

(5)小红,把地上的纸捡起来!

(6)小红,请把地上的纸捡起来吧!

(7)把凳子挪开,我要过去!

(8)请你把凳子挪一下,让我过去,好吗?

(9)这件事情肯定是你弄错了!

(10)这件事可能是你弄错了吧。

第二节　谈吐得当

看一看：

　　刘朋天生是个大嗓门，不但爱讲话，而且声音特别大，尤其在人多的场合，谈到陈年旧事，往往进入忘我的境界，说得唾沫横飞，滔滔不绝，不能察觉失态。朋友好心纠正刘朋大声讲话的毛病，刘朋当场指责朋友："我天生就是这样，为什么要改？"每次与朋友发生争论时，刘朋总是大声地嚷嚷，总想将无理也变成有理。朋友们无奈地说："你这哪里是讲道理啊？声音这么大，分明是要吵架！"于是，以后有聚会大家都不愿意请刘朋来参加。

想一想：

　　1.你从这个故事中获得了什么启迪？
　　2.与人交谈还有哪些礼仪应该注意呢？

一、控制音量

　　音量要适中，太大令人震耳欲聋，太小让人听来费劲，原则上，能够使交谈的另一方听清自己的话语即为适度。在交际场合大声讲话，是很不礼貌的行为，适当放低声音会比高嗓门顺耳有礼。

二、调整语调

　　语调体现说话人的心境、态度和情感，起着强化说话内容的作用。同一个词，同一句话，语调不同，表达的意思也会不同。与人交谈时要注意调整语调，尽可能使语调柔和自然。林肯曾说："哪怕是对自己的一点儿小的克制，也会使人变得强而有力。"充分说明了谈话中语调得体、声音自然的重要性。

　　恰当的语调应该是起伏而不夸张，自然而不做作，但可以肯定的是，富于感情变化的抑扬顿挫比生冷平板的语调更加感人。因此，在社交场合中，要善于控制语调，其基本要求有以下几点：

　　（1）口齿清楚，有节奏感。

　　（2）语气语调温和，让对方感觉到你的声音是带着微笑娓娓而谈，这样的语调让人感到舒服与和谐。

　　（3）用愉快的语调交谈，能显示说话人的职业风度及可亲的性格。

　　（4）交谈时面带微笑，可使声音听起来更热情。

　　（5）语调平稳安详，不可时而细语似水，时而"高嚎如狼"，更不能时而悲泣难抑，时而狂笑不止，这都是不懂得自控自制的表现。

三、把握语速

语速,即讲话的速度。在讲话时,应对其加以控制,使之保持匀速,快慢适中。在交谈中,语速过快、过慢或忽快忽慢,都会影响效果。讲话速度过快,好像机枪扫射一样,会令人应接不暇,跟不上反应。发音速度过慢,如挤牙膏似的"嗯、嗯""啊、啊",也会使人着急,甚至丧失谈下去的兴趣。因此,在谈话时,唯有使自己发音的速度适中,正常情况每分钟讲 120 个字左右,才是最适宜的。

四、选择话题

卡耐基有句名言:"打动人心最高明的办法,是跟他谈论他最珍贵的事物。"这说明交谈时选择合适的话题非常重要。所谓话题,是指人们在交谈中所涉及的题目范围和谈论内容。在人际交往中,学会选择话题,就能使谈话有个良好的开端。

(一)适宜的话题

(1)约定的主题。交谈双方事先已经商定的主题,它适用于正式交谈,如研究工作、讨论问题、征求意见等。

(2)轻松的主题。令人轻松愉快、身心放松、饶有情趣的话题,适用于非正式交谈,如休闲娱乐、体育运动、旅游观光、风土人情、名胜古迹等。

(3)高雅的主题。内容文明优雅、格调高尚脱俗的话题,适用于各类交谈,如文学、艺术、哲学、历史、地理、建筑等。

(4)时尚的主题。以此时、此刻、此地正在流行的事务作为谈论的中心,如股市动荡、控制房价、通货膨胀、拉动内需、区域经济等。它同样适用于各类交谈。

(5)擅长的主题。这样的主题,容易使交谈的双方很有兴趣,可找到很多可谈的内容,并且可做深入交流。

(二)不宜谈论的话题

1.涉及对方隐私的话题

现代社会,人们保护隐私的意识逐渐增强,特别是涉及收入、年龄、婚姻家庭、健康状况、个人经历等方面的内容不要随意谈论,更不要刨根问底。

2.不愉快的话题

西方有句名言:"笑时,世人与你同笑;哭时,只有你一人独泣。"大多数人都喜欢轻松、愉快、积极的话题,而不喜欢沉闷、悲观和消极的话题。因此,在社交谈话中,不要轻易谈论病痛、死亡等话题。

3.容易引起争论的话题

政治、宗教信仰、价值取向等属于敏感的话题,最好不要参与交流,以免引起不必要的争论,伤及和气。

4.非议他人的话题

在交谈中非议他人,不仅容易制造是非,无中生有,也会贬低自己在别人心目中的形象,"来说是非者,必是是非人",这样的话题应该避免。

5.荒诞离奇、耸人听闻和黄色淫秽的话题

谈论这些话题,让人觉得低俗,格调不高,有失自己的身份。

6.国家秘密和行业秘密

说话要有分寸,不能乱说有违国家安全法、保密法的内容,不能涉及国家秘密与行业秘密。

五、及时呼应

古人曾有感而发:"智者善听,愚者善说",在交谈中,"听"比"说"更重要,认真聆听,及时呼应,是对"说"者最起码的尊重。

(一)表情专注

在倾听时,要正视对方,全神贯注,聚精会神。不要用心不专,或撇开对方做另外的事情,"身在曹营心在汉"的表情是不尊重对方的表现。交谈双方目光接触的时间应该占交谈总过程的一半以上,但也不要一直盯着对方,这样会使人不自在。

(二)动作配合

在交谈中,身体应尽量正对他人,除了脸和上体,膝盖和脚尖也最好朝着交谈者的方向。在自己与对方的观点一致时,可用微笑、点头等动作表示同意、支持或肯定。如有分歧,应耐心听他人陈述,待自己发言时再说出看法。切忌拍桌子、摔东西,更不能无视风度,拂袖而去。

(三)语言合作

在对方"说"的过程中,不妨以"嗯"声或"是"字,表示自己一直都在认真地倾听。在对方需要理解、支持时,应以"对""没错""真是这么一回事""我有同感"来具体加以呼应。在对方发言后,可简要重述,以确认对内容的理解是否正确。如没听清楚,可请对方重述一遍,不要因此影响后面的交流。对不明白的地方,可直接向对方请教。在可能的情况下,最好在自己讲话时,适当引述对方刚刚所发表的见解。这些具体做法,都是用语言同对方进行呼应。

做一做:

案例分析

案例1:

秦昆老师是一所高校有名的教授。有一天,一位外校的同学来找秦教授,请秦教授做他校外的论文评阅人。因为当时规定,论文答辩时要请一个校外专家来指导。

这位同学一进门,见秦老师的屋里坐了好几位老师在商讨问题。他也搞不清楚哪位是秦教授,就张口问道:"谁是秦昆呀?"秦老师听到这位同学直呼自己的名字,脸色微微一变,但还是有礼貌地对他说:"我就是,找我有什么事吗?"

那位同学大大咧咧地说:"噢,你就是秦昆呀,我可早就听说过你了,我是某某教授的学生,我的论文你就给我看一下!"

秦教授到底是有涵养的人,看到这位同学这么没有礼貌,只是随口说道:"那你就放那里吧!"

这位同学就把自己的论文往秦老师的桌上一扔,对秦老师说:"你快点看呀! 后天我们要论文答辩,你可别耽误我的事!"

秦老师这么有涵养的人也忍受不了了,火气顿时上来,他对这位同学说:"这位同学请留步。请问一下是谁找谁办事呀? 你的论文拿走,我没有时间给你看!"(摘自《能说会道》)

问题:

(1)请分组模拟表演上述情景。

(2)如果你是那位同学,你该如何表现呢? 请相关人员配合,再次模拟表演。

(3)谈谈前后两次模拟表演的感受。

案例2:

刘大过生日那天,请了好友张三、李四、王五、赵六来作客。张、李、王陆续都来了,可直到开席时,还不见赵的影子。刘大站在门口懊恼地说:"该来的还不来!"张三恰好站在他身旁,一听这话,袖子一甩就走了。李四从客厅里出来问刘大:"这是怎么一回事?"刘大也感到莫名其妙,着急地说:"哎呀! 不该走的又走了。"李四一听,气呼呼地拔腿出了门。刘大更糊涂了,对着李四的背影喊:"我说的不是你!"王五听了,调头就走。这时赵六赶过来了,刘大对赵六说:"你来得真不是时候",赵六一听这话,转身走了,只剩下刘大望着满桌的酒菜发呆。

问题:

(1)请根据上述情景,分角色模拟表演。

(2)请分析刘大过生日留不住客人的原因。

第三节　善用电话

看一看:

王利是广州开元文化传播公司新聘的总经理办公室秘书,具体负责电话接打、文件处理和档案管理。一天,王利无精打采地来上班,一副若有所思的样子,电话铃响过四遍,她才拿起话筒,没好气地说:"喂,你找谁?"电话是一位客户打来的,他想找总经理了解一下,他们企业的宣传册是否已设计好,王利让他直接打电话给总经理。

过了一会儿,总经理来电话,告诉王利,凡是找他的电话,了解基本情况后,可以通过内线电话,征询一下他的意见,以免过多打扰他的工作。王利这时才从恍惚中回过神来,有点儿不好意思,她对总经理说:"对不起,我知道怎么做了。"

没多久,又有一个电话打进来,王利拿起话筒,说了一句:"你打错了。"便放下话筒。办公室李主任告诉王利:"接到打错的电话,不可以一挂了之,这样很不礼貌。"

正说着,电话铃又响了,王利在第二遍铃声后拿起话筒,原来又是找总经理的。这次她未按"保留键"就让对方稍候,放下话筒后直接用内线电话询问总经理。总经理说:"现在不行,请他等会儿再来电话。"于是,王利回答对方说:对不起,总经理不在,等会儿再来电话行吗? 殊不知,对方早已听到实情,自然心里很不痛快。显然,王利这次又错了。

接着，总经理开会去了，王利感觉松了口气，坐下稍微休息了一下，电话又响了，双方对话如下：

王利："您好，这里是开元文化传播公司。"

对方："您好，我找你们总经理。"

王利："我是总经理秘书小王，我愿为您服务。"

对方："我想和你们经理谈谈，向贵公司订购的一批书的折扣能不能从5折降到4.5折。"

王利："不好意思，总经理正在开会。我们公司一直都是新书打5折，4.5折不行。"

对方："这样啊，那就算了，目前我们的资金比较紧张，我们不想订了。"

王利："我们也没有办法啊。"

对方："谢谢，再见。"

王利："再见。"

刚放下电话，铃声又响了，王利没好气地说："开元文化传播公司，请讲。""我是钟灵，请转告李主任，我明天9点下飞机，请他派车来接，同时带上编号为TG5193的那份合同，我有急用。千万别忘了。"这个电话的声音有些含糊不清，显然是用手机从远距离打来的。李主任从会议室走过来拿一份资料，顺便问道："小王，钟经理有没有来过电话？"

王利："她来过电话。"

李主任："她说了些什么？"

王利："她说要你接机，好像还要带份文件。"

李主任："哪个航班？几点？哪份文件？"

王利红着脸低下头："这个，我记不清了……"

想一想：

1.请指出王利在接打电话中正确和错误的地方，如果你是王利，你会怎样处理这些电话？

2.使用电话有哪些礼仪需要遵守？

电话已成为人们联络感情、沟通信息的重要方式，也是人们处理日常事务最常用的工具。因此，掌握接、打电话的方法和技巧是十分重要的。

一、接听电话的技巧和方法

（一）及时摘机

"响铃不过三"，在电话第二声铃响之后、第三声铃响之前应及时摘机应答，这样既体现对主叫方的尊重，也能展示讲求工作效率的良好形象。如果因故不能及时摘机应答，应在摘机后主动向对方说一声"对不起，让您久等了"，以示歉意。

（二）自报家门

电话接通后首先说话的应该是被叫方："您好！"然后主动向对方自报家门，以便对方判断电话拨打是否准确，如"您好，销售部办公室，我是张燕。""您好，我是×××。"

（三）确认对方

主叫方未作自我介绍，被叫方应当用礼貌的方式了解对方的身份和来电意图。"请问您是……""您好，请问怎么称呼您？"

（四）电话记录

当事人不在，需要留言时，要作好电话记录。养成左手拿电话，右手记录的习惯。随时牢记5W1H技巧，所谓5W1H是指：①When 何时；②Who 何人；③Where 何地；④What 何事；⑤Why 为什么；⑥How 如何进行。在工作中这些资料都是十分重要的。无论是打电话，还是接电话，都应作好电话记录。电话记录既要简洁又要完备，应备有固定格式的电话记录凸，如表7-1所示。

表7-1　电话记录表

来电单位		来电人	
		电话号码	
来电时间	年　月　日　时　分	接电话人	
来电内容：		处理意见：	

（五）及时提问

在接听电话的过程中，对不清楚、不明白的内容，要向对方及时提问。

（六）复述内容

日期、数量、金额、专有名词、人名、地点等要素都要进行复述。"我再重复一遍好吗？"一般的通话内容可作简要复述，重要的通话内容应作详细复述。

（七）告别挂机

一般情况下，道别后应当由主叫方先挂机，被叫方在确认对方已经挂机后，再轻轻放下听筒，并检查是否确实挂断。如果对方也在礼貌地等待，则可以客气地说："请问还有别的事吗？"

二、拨打电话的技巧和方法

（一）通话准备

1.调整情绪

在拿起话筒前，要调整并保持愉快的情绪，确保声音甜美、柔和，以给人留下最好的感觉和印象。

2.选择时间

一般来讲，应尽可能选择对方方便的时候打电话。切忌在周一早上上班之初、周五临近下班之际、午休时间、吃饭时间、非工作时间进行公务联系，打国际长途电话要考虑时差的影响。

3.拟好内容

通话前应事先打好腹稿,考虑说什么,怎么说,重要事项要准备书面提纲。

（二）准确拨号

打电话前先找好电话号码并确认无误,摘机后立即拨号。拨号时精神集中,以免拨错。耐心等待线路接通,至少要让电话铃响6次以上,确认对方无人应答时再挂断。

拨打长途电话时,国内按地区号+对方电话的顺序拨号;国际长途的拨号顺序是:国际识别码+国家区号+城市区号+对方电话号码。

（三）确认身份

"您好,请问是××公司吗?""您好,请问是李主任吗?"

（四）问候介绍

电话接通先问候对方,在确认对方是自己要联系的单位或人员后,应先做自我介绍。自我介绍的内容主要是自己的单位名称和姓名,然后客气地寻找要接听电话的人。如"您好,我是××集团总经理办公室的××。请问××在吗？麻烦您请他接听电话。"

（五）陈述内容

按事先准备的内容,简洁、准确、清楚、完整地向对方陈述,对方如有疑问,要耐心解答。

（六）复述内容

对重要的内容要进行复述,确保信息的准确。

（七）告别挂机

告别一般是由主叫方先提出,可以这样说:"请问您还有什么问题吗?"对方表示无问题了,便可以结束通话。固定电话放下听筒应先将耳机一头朝下,按住叉簧,切断通话,然后放下话筒另一端。

三、通话过程中的问题及处理方法

（一）线路中断

通话过程中线路中断时,拨打电话的一方应主动重拨,接话方则应静待一两分钟后方可离开。重拨越快越好,接通后应先表示歉意,尽管这并非是自己的过错。即使通话即将结束出现线路中断,也要重拨,继续把话讲完。否则,就像交谈中弃人而去,是很失礼的事。即使你的话讲完了,对方可能还需要交流。要是在一定时间内打电话的一方仍未重拨,接电话一方也可拨过去,并且可以这么说:"刚才您是否讲完了,还有其他问题（事情）吗?"

线路中断常发生于"持机稍候"和等待转接电话时,虽然令人恼火,但接通后也不可暴露任何不满。因为也许是由于对方不了解电话系统操作而出的差错,并非出于故意。但作为请人稍候和转接电话的一方而言,应主动表示歉意并迅速接通对方所需要的电话。

（二）接通时受到干扰

如果接电话时室内已经有人或通话中有人进入，可先对话筒说声"对不起"，然后有礼而坚定地对进来的人说："我待会再去找你"，示意其退出。在上司打电话时，如果有急事必须汇报，可以将问题写在便条上递交，然后再退出。

（三）没有时间谈话

当忙于事务时，是否接听电话，权衡的关键在于来电的重要程度。这时对方并不知道你的处境，所以在接电话时不妨向对方直言，这样做并不失礼。比如，可以告诉对方："我正在打今天下午要用的报告，待会儿给你回电话，好吗？"这样对方了解你不想接并非出于不尊重，同时也可使他有所选择，或是同意以后再通电话，或是三言两语讲完来电。

如果当时的确很忙而又深知来电话者讲话啰唆，则告诉对方迟些时候回电话，这样对双方都比较合适，而且不失礼貌。

（四）很难对付的电话

有的人讲话听不清或很难懂，应在通话开始时就向其说明。

对喜欢在电话里大发脾气的人，可以适当地让对方发泄心中的怒气。回话人的语调要安详、沉稳。

有的人东拉西扯，谈不到点子上，应注意将内容引上正题。有的人像牛皮糖，不管是否会干扰别人，总是在电话里说个没完，或三番五次地打电话来，对付这种人，说话要直截了当，不能过于婉转。可以说，自己正在忙，有空便回电话，或者说："谢谢你多次来电，只是我们已经选好了办公用品的供应商。"

做一做：

1.模拟练习：

下午2点15分，电话铃响了，小李拿起话筒："您好，市第三农药厂办公室，请问您找谁？"

"您好！我是市政府办公室秘书小张，有一个紧急通知。"听到这里，小李赶紧拿出笔和纸做记录。原来，根据气象台消息，由于台风的影响，今天晚上将有大暴雨，降水量可能达到30年之最，市政府要求各部门积极做好抗灾工作，确保人民群众和国家财产不受损失。放下电话后，小李思索了几分钟，又拿起了话筒……

问题：

请根据上述情景，代案例中的小李拨打电话，分角色模拟实训。

实训结果测评：

电话实训项目评价表

评价关键点	评价（请根据实训效果在相应的栏目内打"√""×"）
电话铃响2~3声拿起话筒	
问候对方并自我介绍	
接听电话态度良好	
边对话边记录	
复述重要的电话内容	
通话结束后,等对方挂断电话,再轻轻放下电话	
冷静处理投诉电话、无理电话、无聊电话	
拨打电话前作好充分准备	
措辞得当,有礼貌	
自报公司名称及本人身份	
在对方要找的人不在的情况下,作好留言记录	
复述对方要点	
通话中微笑交谈,注意谈话的语调、音量、语速	
礼貌道别,挂机	

总评:

2.在以下情境中模拟接听电话:

(1)接领导不在时的电话。

(2)对方怒气冲冲时的电话。

(3)正在接电话时,另一个电话铃又响起。

(4)通话过程中受到干扰。

(5)被问及公司机密。

(6)对方喋喋不休时。

第八章　举手投足　温文尔雅

　　在现实生活和工作中,你有过赶乘电梯的经历吗? 在你追赶电梯的时候,有人为你按过开门键吗? 他人不同的行为,让你的心理感受有何不同呢? 美国心理学家艾帕特·梅拉别恩从许多实验中得出了这样一个公式:感情的表达=7%的语言文字+38%的语音语调+55%的表情动作。显而易见,传情达意时无声语言比有声语言所占的比重更大。"眉来眼去传情意,举手投足皆语言。"我们应努力使自己的行为举止文明、优雅、敬人,做一个拥有好人缘的人。

看一看:

　　只见他和姑妈她们笑脸相迎,姑妈也不介绍,他也不自我介绍,就好像他们之间是熟悉的,抢在姑妈前一步从她手里将旅行包接去,然后又退了一步,让姑妈和她并肩走在前面,出了检票口,又赶上一步,走到一辆轿车前打开车门,让姑妈和她先坐进去,他才上了车,并关上车门,吩咐司机驰向江南饭店,在预定的房间里,点了几道可口的菜。

(节选自小说《归宿》)

想一想:

　　1.你认为小说《归宿》中的"他"会给"她"留下好印象吗? 为什么?

　　2.这段文字是通过哪方面的描写来塑造人物形象的呢?

第一节　上下楼梯

　　"静悄悄地上下楼,脚步轻轻无声响;不争不抢不乱跑,整整齐齐靠右行。"在诵吟这首小诗时,诗里诗外告诉我们上下楼梯的方位、姿势、速度和空间位置。

一、上下楼梯的方位

　　无论上楼还是下楼,均应靠右单行行走,左侧是留给有急事的人通过的。如果楼梯较宽,并排行走也不要超过两人。(图8-1)

图 8-1　　　　　　　　　　　　　　　图 8-2

二、上下楼梯的姿势

上下楼梯时,身体竖直,脚步轻稳。上楼时,脚跟可放在阶梯外,下楼时,用前脚掌先着地。身体重心不往下坠,一般不用手扶栏杆。(图 8-2)

三、上下楼梯的速度

不管有多么急的事情,都不应推挤他人,也不要快速奔跑。如果有人在前面,可轻声致歉:"谢谢,请借个路!"然后从其左侧快速通过。(图 8-3)

四、上下楼梯的空间位置

与身前、身后的人保持一定距离,以防碰撞。不要长时间站在楼梯上或楼梯转角处进行交谈,以免妨碍他人通过。(图 8-4)

图 8-3　　　　　　　　　　　　　　　图 8-4

第二节　进出电梯

一、进出电梯的顺序

电梯到达后,遵循先下后上,依序出进的原则。与同级、同辈或不相识者同乘电梯,进入时要讲先来后到,出门时则按由外而里的顺序,不可争先恐后。

二、进入电梯的位置

在电梯内,应朝门的方向站立,人多时侧身面对他人。先上的人站在电梯门的两侧及后壁,最后上的人站在中间,一般不站在进门处,尽量让出通道。(图8-5)

三、为同乘者提供方便

(1)先进入电梯者,应主动按住开门按钮,等待即将到达者,防止电梯夹人。主动帮助距离远的人选择楼层,后进入电梯者可轻声请别人帮助按键。

(2)电梯行进期间有人要出电梯时,离门口近的人应主动让出通道,必要时可先出电梯,腾出空间让后面的人走出来后再回到原位。

图8-5

第三节　出入房门

一、用手开、关门

进入房门前,用弯曲的食指和中指轻敲门三下,或轻按门铃。(图8-6)进出房门时,用手轻推、轻拉、轻关。在左侧的门把手,应用右手拧开;在右侧的则使用左手。(图8-7)若手里拿着东西,可以放下后再开门或关门,也可以请别人帮忙,但不能用身体的其他部位代劳,如用肘推门、用脚踢门、用臀拱门、用膝顶门等都是极不文雅的。(图8-8—图8-10)

图8-6

图8-7

图 8-8   图 8-9   图 8-10

二、注意面部朝向

进门时,如果已有人在里面,应尽量面朝对方,将手放在身后掩门。(图 8-11)出门时,如果房间有人,走出房门后应先转身,面朝门内的方向后再带上门。(图 8-12)

图 8-11   图 8-12

三、注意出入顺序

出入房间时正巧他人与自己方向相反出入房间,应侧身礼让。具体做法是房内之人先出,房外之人后入。

第四节　引领服务

一、引领者的方位

引领者尽量走在客人的左前方,与来宾保持两三步距离,侧身正面朝向客人,面带微笑。(图 8-13)

二、引领者的姿态

身体竖直,上身稍向右转,左髋部朝着前进的方向,左肩稍前右肩稍后,并配以恰当的手势。(图8-14)

图8-13　　　　　　　　　　　　　　　图8-14

三、引领者的举止

(一)引领客人进出房门

在门开着的情况下,应请客人先进出房门;若门关着,应主动替对方开门或关门。具体情况视门的开关方向而不同。(图8-15)

图8-15　　　　　　　　　　　　　　　图8-16

(1)朝里开的门。引领者应先打开房门入内,侧身扶住房门,再请客人进入。

(2)朝外开的门。如果门是朝外开的,引领者应打开房门,请客人进门后再入内。

（3）旋转式大门。如果陪同上级或客人走的是旋转式大门，引领者应先过去，在另一边等候。

（二）引领客人出入电梯

与客人同乘电梯，应视电梯类别而定：对有人管理的电梯，应后进先出；对无人管理的电梯，应先进后出。旨在控制电梯，以方便尊者进出。

到达楼层后，一手按住"开门"按钮，另一只手做出请的动作，同时说："楼层已到，您先请！"（图8-16）客人走出电梯后，自己立刻步出电梯，并热忱地为其引导行进的方向。

（三）引领客人上下楼梯

引导尊长、客人上楼梯时，出于安全的需要，应走在他们的后边，如果客人不认识路，则走在尊者前面为其带路。（图8-17）

下楼梯时应走在尊长、客人的前边。内侧永远留给服务对象。（图8-18）

图 8-17   图 8-18

引领者在接待服务时，一定要姿态、表情、语言并用，做到手势运用规范，同时配以"您请""请走这边""请各位小心"等提示语。

第五节　握手鞠躬

一、握手礼

人类文明发展到今天，无论哪个民族，哪种信仰的人，见面时都要使用各种各样的见面礼。其中，最常见、使用最为广泛的见面礼是握手礼。

（一）握手的时机

握手可以传达恭喜、欢迎、祝贺、慰问、鼓励、问候、感谢和告别等丰富的信息。应邀参与社交活动，如宴会、舞会之后，与主人握手，以示谢意；与来宾握手，表示欢迎和道别；他人向自己表示恭喜、祝贺时，握手可表示感谢；当得到支持、鼓励或帮助时，握手代表着衷心感激。

（二）握手的先后次序

1.双方握手的次序

在正式场合决定伸手先后顺序的因素是个人的职位、身份、地位；在非正式的休闲场合则优先考虑个人的年龄、性别、婚否等因素。一般坚持"尊者先伸手的原则"，将是否握手的主动权留给尊者。具体而言，由女士、长辈、上级、身份高者、已婚者或早到者先伸手。

2.多人握手的次序

一个人需要和多人握手时，可以采用的顺序有三种：一是由尊而卑的做法。例如，同对方公司的经理及助理见面，应当先与经理握手，再与助理握手。二是分不清对方的尊卑次序时，可以按照由近及远的方式进行。三是按顺时针方向进行，比如宴请时候的握手，就可从主宾开始，然后顺时针进行。当多人同一人握手时，应依照顺序，轮到自己的时候再伸手。

（三）握手的动作要领

1.握手的手位

手掌与地面垂直，手尖稍稍向侧下方伸出，四指并拢，虎口张开。（图8-19）

2.握手的时间

一般为3~5秒钟，上下摇晃2~3下。

3.握手的力度

握手时轻重适度，握力在两千克左右为最佳。

4.握手的姿势

起身站立，身体竖直，面带微笑，目视对方。双方相距75厘米左右，上体以髋关节为转折点前倾15°，伸出右手。与高的人握手时距离可适当远一点，与矮的人握手时距离可适当近一点，这样更让人感觉亲切。（图8-20）

图 8-19

图 8-20

5.握手的语言

握手的同时适度寒暄能增加好感，比如对远道而来的客人说："欢迎光临"，对第一次认识的朋友说："很高兴认识你"，这会产生更友好、活跃的交际效果。

（四）握手的禁忌

握手时，应避免心不在焉，左顾右盼；不要坐在座位上或使用左手；戴着手套、帽子、墨镜会让人心生隔阂;两只手同时与不同的人相握或用湿的、脏的手与他人握手都是极不礼貌的。

二、鞠躬礼

鞠躬礼源于中国先秦时代。两人见面,弯腰曲身待之,是为鞠躬礼。现在,鞠躬已成为一种比较常见的礼仪。

(一)鞠躬的时机

在庄重、正式的场合,朋友之间,熟人之间、主客之间、上下级之间、长晚辈之间,为了表达尊重之意,都适合行鞠躬礼。

(二)鞠躬的次序

一般情况下,应由男士、晚辈、下级或晚到者向女士、长辈、上级或早到者先行礼。级别、辈分相当时,受礼者应以行礼者大致相同的鞠躬还礼,但是,上级、长辈、女士还礼时,可以欠身点头或在欠身点头的同时伸出右手答之,不必以鞠躬还礼。

(三)鞠躬的动作要领

在正确站姿的基础上,以髋关节为转折点,身体上部前倾15°~90°,具体的前倾幅度视行礼者对受礼者的尊重程度而定。行礼时,目光随身体前倾而自然下移至两米以外的地面(受礼者的脚尖处),而后随身体直立恢复平视;双手位置与站立时相同。(图8-21、图8-22)

图 8-21　　　　　　　　　　　　　图 8-22

(四)鞠躬的禁忌

行礼时不可戴帽,如需脱帽,脱帽所用之手应与行礼方向相反,即向左边的人行礼时用右手脱帽,向右边的人行礼时用左手脱帽。行礼时,不要一直看着受礼者,也不要斜视和环视。一边行礼一边问候是不恰当的,会给人敷衍应付的印象。

第六节 递接物品

一、递接物品的基本原则

(1)递接物品要用双手。

(2)轻拿轻放,尽量不制造噪声。

(3)举止要尊重对方,不要用扔、丢、甩或拖、抢的方式。

(4)双方注视并说适当的话语。

二、递接物品的具体方法

(一)文字类物品

递送有文字的物品时,应注意使文字正面朝向对方,为对方提供更多方便,以示尊重。如学生把作业交给老师时,应将作业的正面朝向老师,并用双手递上。接过老师递给自己的物品时,同样要用双手,并对老师说声"谢谢"。递交文件、名片或图书杂志,颁发奖状等均适宜采用这种方法。(图8-23)

图 8-23

图 8-24

(二)刀剪类物品

递送笔、刀、剪之类尖利的物品时,需将尖端朝向自己,而不要指向对方。有把手的物品宜将便于拿捏的部位留给他人。(图8-24)

(三)茶水类物品

递送茶水应左手托底,右手握住杯把或扶杯壁,双手递上,并说"请用茶",注意手指不要扣在杯沿上。将茶杯放在客人面前茶几的右上方,将杯把指向客人的右手边,并说"请慢用";(图8-25)如果主人敬茶,应站起身用双手接过,说"谢谢"。

图 8-25

(四)酒水类物品

递送酒水、饮料时,应先用左手托底,右手握在距瓶口 1/3 处,将商标朝向客人,待客人过目后,再开瓶斟倒。

第七节　进出轿车

一、上下车的顺序

上下轿车先后顺序的基本要求是:请尊长、女士、来宾先上车,后下车。具体而言,包括以下几点:

(1)由主人驾驶时,应后上车,先下车,以便照顾客人上下车。

(2)由专职司机驾驶时,坐在前排者,大都应后上车,先下车,以便照顾坐于后排者。

(3)乘坐专职司机驾驶的轿车,并与其他人同坐后一排时,应请尊长、女士、来宾从右侧车门先上车,将车门关上后,自己再从车后绕到左侧开门上车。下车时,自己先从左侧下车,再从车后绕到右侧打开车门照顾他们下车。如果车停在闹市,左侧不宜开启,从右门上车时,应当里座先上,外座后上。下车时,则应外座先下,里座后下。

(4)为了上下车方便,坐在折叠座位上的人,应当最后上车,最先下车。

(5)坐三排九座车时,应是低位者先上车,后下车。高位者后上车,先下车。

二、举止的规范

(一)谦虚礼让

上下轿车时,要相互礼让;不要争抢座位,更不要为认识的人抢占座位。

(二)动作优雅

上下轿车时应采用背入式和正出式。即上车时,在车门前双腿并拢微屈身,女性稍微将一下裙摆,避免走光;重心下移,臀部先落座,之后上半身进入车内;坐下后,再把双腿并拢上提,一起收进车里,然后把身体摆正。下车时,正面面对车门,双脚先着地,再将上体头部伸出车外,同时起立出来。(图 8-26)

图 8-26

(三)顾及安全

照顾尊长、女士、来宾,上下车时为他们开门、关门。在开、关车门时,不要用力过大,以免惊扰他人;自己上下车开、关门时,要先看后行,以免疏忽大意,伤及他人。

第八节　就餐品饮

就餐品饮,既可能展示良好的礼仪修养,也有可能暴露不雅。只有掌握必要的礼仪分寸,才能塑造宜人的形象。

一、文明用餐

(1)先请尊长、女士入座后,再在自己的席位处从座椅的左侧入座。(图 8-27)入座后,坐姿端正,不要用双手托腮支于桌面,或将双手夹于两腿之间,也不要将两手前臂平放席桌上,可以将双手的腕部靠于桌沿或放在椅子的扶手上,前胸距餐桌约 20 厘米。(图 8-28)

图 8-27

图 8-28

（2）用湿毛巾擦嘴角和双手，将餐巾全部打开或对折后平铺在腿上。（图 8-29—图 8-31）

图 8-29　　　　　　　　　　　　　　　图 8-30

图 8-31　　　　　　　　　　　　　　图 8-32

（3）待主人发出邀请后再开始用餐。主人致辞或同席者发言时，应注视对方，适当呼应，不要只顾埋头苦干，有失斯文。敬酒或接受敬酒，应起身碰杯，杯口低于对方可表示谦虚和敬意。（图 8-32）

（4）夹菜时，应从盘子靠近或面对自己的盘边夹起，不能用筷子在菜盘子里翻来倒去地"寻寻觅觅"。不挥舞筷子，不同时拿筷子和汤匙。

（5）一次不要送过多的食物进嘴，咀嚼时注意不发出异常的声音。吐出的骨头、鱼刺、菜渣，要用筷子或手取接出来，放在自己面前的渣碟里，不能直接吐到桌面或地面上。

（6）一边嚼食，一边大声谈笑是缺乏教养的。在安静的环境就餐，不要旁若无人，猜拳行令，高声喧哗。不过度劝酒、劝菜，不用自己的餐具为他人夹菜。如果要咳嗽、打喷嚏，应用手或手帕捂住嘴，并把头转向后方。不要很响地打嗝或发出其他不适宜的声音，如果不禁，可说声"不好意思"。吃饭嚼到沙粒或嗓子里有痰时，要离开餐桌去吐掉。

（7）吃西餐时，左手执叉，右手拿刀；将食物切成适合的大小送入嘴里，面包用手撕后再吃，不可直接用嘴咬；（图 8-33）喝汤要用汤匙，不要端起碗来喝，汤舀起来，不要用嘴吹凉或一次分几口喝，更不要发出声响。（图 8-34）吃水果时，通常要上洗手钵，吃完水果后，勿将整双手伸进去，只需将手指洗净，再用餐巾擦干。

图 8-33

图 8-34

图 8-35

（8）餐后漱口或喝茶，能减少口腔异味，也可避免食物残渣造成尴尬。如需剔牙，应用牙签，并略为侧身，用手或手帕掩口。（图 8-35）

二、优雅品饮

我国自古就有"客来敬茶"的民俗礼仪。唐朝刘贞亮赞美饮茶除了可健身外，还能"以茶表敬意"。

（一）上茶

沏茶时应依据客人的喜好决定茶叶的多少，注意水不要太满，以斟满杯子的八分为宜。用茶盘端茶，左手托着茶盘底部，右手扶着茶盘的边缘，上茶时面带微笑，从客人的右后方奉上，茶杯放在客人的右前方，杯耳朝右。并说："这是您的茶，请慢用！"按照职位的高低顺序或顺时针依次奉茶。续水要及时，揭开杯盖后，注意盖口朝上放置。

（二）喝茶

如茶水很烫，可揭开杯盖让其冷却，不要一边吹，一边喝，更不要发出很响的声音。即使很渴，也不要一次将杯里的水全喝干。遇到浮在水面的茶叶，可用杯盖拂去，或轻轻吹开，喝到茶叶，可取出放进烟灰缸，不要直接吐出来。

（三）饮咖啡

依个人口味将方糖、伴侣放入杯中，用咖啡匙搅拌均匀。饮咖啡时，用右手执杯把，左手托咖啡碟，慢慢啜饮。（图 8-36）注意不要用小匙舀着喝，也不宜大口吞咽。饮咖啡时可以吃一些点心，但饮咖啡时应当放下点心，吃点心时则应放下咖啡杯。

图 8-36

（四）喝饮料

用吸管喝饮料,注意不要发出很响的声音,也不要一边咬着吸管,一边与人交谈。应将杯子端起来喝,而不要弯腰俯身用嘴去就杯子。

做一做：

1.请根据实际情况为自己的行为举止作评价分析。

【自我评价】

评价内容	优秀	良好	及格	不及格	策略
上下楼梯					
进出电梯					
出入房门					
引领服务					
握手鞠躬					
递接物品					
进出轿车					
就餐品饮					

2.请根据以下场景练习鞠躬礼仪。

(1)上课时师生互致问候。

(2)演讲时上台行礼。

(3)迎接客人。

(4)表示感谢。

(5)致以歉意。

(6)送别客人。

3.创设情景进行礼仪展示,尽量将本章所学知识与专业工作情景相结合。如护理专业学员创设情景,做以下练习。

练习1——站姿、手势

一名孕妇走到导医台前。

护士:您好! 我是门诊的导诊护士。请问我能帮您做些什么吗?

患者:请问妇产科在哪里?

护士:请您向前直走,到2号诊室。

患者:好的,谢谢。

护士:不客气!

练习2——蹲姿,递接物品

走廊里,一名孕妇的围巾掉在了地上,正好路过的护士帮她捡了起来,并且微笑着递给了她。

孕妇:谢谢。

护士:不用谢。

练习3——介绍礼仪,引领礼仪

有患者来,站立微笑:您好,我是妇产科护士某某,今天由我来接待您,请您先把病历交给我。(双手接并用笔登记)

另两人上,行点头礼,护士介绍:这位是王丹,是您的责任护士,等会儿她会详细地为您介绍入院后的有关事项,这位是您的主治医师张教授,她会为您做详细的检查和治疗。

医生点头:请您放心,我们会尽全力为您制定最好的治疗方案。"

王护士:请随我来,您的房间在二楼三号五床。

练习4——夹持病历

护士手持病历来到病房。

护士:请问您感觉好些了吗?

患者:好多了。

护士边问边作记录。

练习5——端治疗盘,推手术车

有家属焦急地来回踱步,等待自己的亲人从手术室出来。

护士甲端治疗盘,从手术室出来。

家属:护士,请问手术怎么样?

护士甲:手术正在进行,情况正常,请耐心等待。

护士乙端水杯给家属:阿姨请喝水。

家属接水杯,坐下。

护士甲推车出手术室,家属起立迎上。"阿姨请放心,手术非常成功。"

第三篇

社会交往篇

对现代人来说，社会交往的范围更广，人与人之间接触的频率也更高。如何在各种社交场合展示不凡气质、翩翩风度，让自己社交如愿、事业有成不仅非常重要，而且也很有必要。掌握各种场合下应遵循的礼仪规范，使行为举止符合礼仪要求，是现代人的必修课。

第九章　三人为师　礼遇在先

古语道："三人行,必有我师焉,择其善者而从之,其不善者而改之。"说的是,我们要借鉴他人的长处完善自己,以别人的缺点警示自身。因此,要以尊师之心与人相处,善于以身边的每个人为师,通过借鉴与学习,使自己不断进步和提高。

第一节　校园礼仪

看一看:

李文是一名高职学院的学生,担任系学生会主席。她勤勉踏实,品学兼优,深得老师赏识、同学信赖。有一天晚上,她听到隔壁寝室有小猫的叫声,持续不断,影响了同学们的休息。她循声而去,找到一只关在笼子里的小奶猫,正在嘶嚎。李文好言相劝养猫的同学赶快把猫弄走,寝室不准养宠物,同学答应尽快送走。第二天晚上,还是听到猫叫了大半夜,于是她把同学养猫的事反映给了老师。老师出面,责成学生当天之内必须把猫送走。虽然养猫的同学责怪李文打小报告,但李文也得到老师和其他同学的支持。

想一想:

1.养猫的同学违反了什么礼仪?

2.如果你是李文,会怎样劝诫养猫的同学?

校园生活,既是学习知识、培养兴趣的场所,也是陶冶情操、培养品格的园地。良好的校园风气,有助于素质养成和人品塑造,会让人生启程更顺利。而良好校风的形成,基础就是规范的校园礼仪,需要每一个学生从自身做起,讲文明,懂礼貌,见行动。

一、与老师交往的礼仪

尊师重教,是中华民族的传统美德,是每个人基本的道德品质。善于和老师沟通,是取得进步的重要途径。学生与老师交往以尊重老师为前提,具体主要表现在以下几个方面。

(一)课堂礼仪

课堂是师生交往的主要场所,学生对老师的尊重体现在以下几个方面。

(1)仪表。服装、配饰整洁大方,符合学生身份。不着奇装异服,不穿拖鞋、背心进入教室。

（2）候课。预备铃声响，学生进教室，以良好的情绪和精神状态，准备好学习用品，坐姿端正，等候老师上课。不带食品进入教室。（图9-1）

（3）行礼。老师宣布上、下课，班长喊"起立"，全体学生应迅速起立站直，向老师行注目礼。老师问候或道别以后，学生齐声回应"老师好""老师再见"，行鞠躬礼后坐下或离开。起立、入座动作要轻，不得让桌椅发出大的响声。（图9-2）

图9-1   图9-2

（4）听课。每一节课，老师都会精心备课。因此，学生应集中精神，积极思考，不开小差，不搞小动作，跟上老师的提示和思路。不仅听课效率事半功倍，也是尊敬老师的具体表现。（图9-3）

（5）发言。有问题要问或回答老师提出的问题，先举手示意，经老师允许后起立发言。态度认真，声音响亮，姿态端正，发言完毕经老师允许再坐下。（图9-4）

图9-3   图9-4

（6）质疑。老师讲课中可能会出现知识讲授不准确、不严谨甚至出现错误，对老师讲述的内容有异议，最好下课后单独找老师交换意见，共同讨论。如需在课堂上提出，一定要注意态度和方式。质疑或是和老师商榷问题时，态度要诚恳，谦虚恭敬。

（7）作业。老师布置的作业，是课堂教学的延续，同样倾注了老师的苦心。学生应按时、认真、独立地完成各种作业，并且认真体会老师在作业上悉心批阅之处，这也是对老师的一种尊敬。

（8）其他。上课迟到先在教室外以适当的音量喊报告，切忌哗众取宠、满不在乎，待老师允许后再安静、快速地进入教室，未经允许，不可擅自推门而入。（图9-5）不随意翻动老师讲台上的物品资料等,课后主动擦黑板,或者关闭电源开关。

图 9-5

(二)课外礼仪

尊敬老师不仅仅表现在课堂上,平时在校园、办公室,以及任何地方与老师相遇,都要以礼相待。

图 9-6   图 9-7

(1)校园里。在校园与老师相遇,主动打招呼问好。(图 9-6)相遇时让老师先行,如道路(楼道、走廊)狭窄宜侧身恭候一旁,主动给老师让道。(图 9-7)电梯相遇,请老师先入先出。

(2)进办公室。进入前先在门外站立喊"报告",得到允许后方可进入;向老师问候后,走到距老师约一米处,轻声对话;离开时向老师行鞠躬礼或打招呼告别,先后退两步再转身离去;若进来时门是关着的,出门时随手轻轻把门带好。

(3)老师家访。老师家访是对自己的关心,要热情欢迎。有礼貌地将老师迎进家门,将老师介绍给家长,请老师入座,沏茶倒水;老师和家长交谈时,学生可根据情况,陪同还是回避;老师告辞时,向老师致谢,并送老师出门,与老师道别。

（三）其他礼仪

（1）对学校所有教职员工都要尊敬，以礼相待，一视同仁。

（2）尊重老师的人格和习惯，对老师的衣着相貌不品头论足，指指点点，更不能给老师起绰号。

（3）对老师有意见，应采取合理的方式沟通，或者请求他人帮助化解。不要当面顶撞，更不要散布对老师不满的情绪，发泄无礼的言辞。

师生间只有保持一种和谐友好的气氛，才有益于教学工作，有益于双方的身心健康发展。

二、与同学交往的礼仪

同窗之谊是人类最美好的感情之一，同学是人生最重要的财富。学会处理同学关系，将有助于提高我们的情商。与同学交往，应以友善为基础，具体做到以下几点。

（一）相互尊重

尊重同学人格，平等交往。对同学的相貌、体态、衣着不品头论足，不嘲笑有生理缺陷的同学，不给同学起带侮辱性的绰号，不伤害他人的自尊心。

（二）礼貌相待

同学相处，使用文明用语。见面互致问候；同学之间以学名相称，不宜用"喂""哎"等不礼貌用语；希望得到帮助，须用"请""谢谢""麻烦你"等礼貌用语；借用同学用品，应先征得同意后再拿，用后及时归还，并要致谢。

（三）和睦共处

同学交流，语调要平和，态度要诚恳，不可装腔作势。谈吐举止要有分寸，开玩笑讲究尺度，有意见分歧，也要心平气和，求同存异。禁止用不文明的言语辱骂同学，更不能粗暴地动手打架。对违反校纪校规的事，要有正确的是非观，果断拒绝，并规劝同学，不可同流合污。

（四）互帮互助

"尺有所短，寸有所长"，老同学照顾新同学，成绩好的同学热心帮助其他同学共同进步；寻求帮助的同学更要虚心求教，学会独立思考，不盲目依赖。当同学需要帮助时，先弄明情况，量力而为，不可视而不见，置之不理。

（五）谦让有序

楼道内行走要靠右慢行，不要打闹、奔跑、猛拐；进出校园或其他的活动场所时，要互谦互让，有秩序地进行，不可乱拥乱挤。无意碰撞或踩到别人，应赔礼道歉。在学习或休息时间，不随意干扰同学。

（六）相互体谅

遵守学校管理规定，不吸烟，不喝酒，不养宠物，不带外人进入宿舍。自己的物品妥当摆放，不侵占他人地盘。在宿舍，要控制自己的言行，尤其在熄灯后避免发出声音，影响别人休息。遵守宿舍公约，爱护清洁卫生，做好值日工作。

做一做:

1.在学校里尊重老师,你能够做到的有＿＿＿＿＿＿＿＿＿＿＿＿。你没有做到的有＿＿＿＿＿＿＿＿＿＿＿＿。

2.在学校,你和同学或老师发生过矛盾吗? 请举例说说你是怎样看待和处理的?

第二节　职场礼仪

看一看:

小王中专毕业后,由于具有一定的专业技能,外形条件较好,很快就找到了工作。可是,她却一直在不停地跳槽,两年不到,她已经换了八个单位。她认为单位里有些人太古怪、难以相处,她不愿和这些人打交道。她想:总有一天,我会找到满意的单位以及很好相处的同事。

想一想:

1.不停地跳槽对小王的职业发展有好处吗? 为什么?

2.与同事和睦相处取决于哪些因素?

在职业生涯中,每个人都不可避免地要和领导、同事打交道。掌握职场礼仪,有利于和领导、同事建立正常、和谐的工作关系,更好地发挥工作才干,实现自己的价值,这也是一个人事业成功的基本保证。

一、与领导交往的礼仪

领导关系是职业活动中十分重要的人际关系。良好的领导关系可以为职业发展带来很多机遇。与领导交往,尊重是基本原则,执行是职业操守。

(一)彬彬有礼

见到领导要面带微笑,主动打招呼问好。

进领导办公室要先敲门,得到允许后再进入。如遇领导与他人交谈,但有急事需要马上请示时可以说:"对不起,打扰一下。"如果领导正在低头批阅文件,切忌探头探脑、东张西望。离开领导办公室时应先后退两三步,然后再转身出去,将门轻轻带好。

领导到你工作的地方来,应马上起立致意,待领导就座后再坐下。领导离开时应主动开门,并说"再见"。

(二)执行为本

作为下级,尊重并执行领导指令是职业操守,确保有令必行,及时有效率地完成任务。有不同意见,可以用平和的语气提出来,如果不被采纳,应继续执行领导的决策。领导说话时不要插嘴,挨批评时不要急于辩解,领导说完后再进行适当解释。

（三）提高能力

加强业务学习，提高自己的办事能力，在工作过程中，能充分发挥主观能动性，提升团队整体业绩，这样的员工易获得领导的认同感。领导不仅希望下属执行力强，更希望下属有自己的观点和主张，是一个有头脑的人。如果在考虑问题时眼界能更开阔一些，站的角度更高一些，给领导提供更多信息或者避免一些失误的判断，更能得到领导的赏识和肯定。

（四）把握尺度

与领导交往既要密切，又要保持适度距离。交往过频，会使同事觉得你讨好领导，有套近乎之嫌；频率过低，沟通太少，信息不通畅，领导对你了解不全面，不利于开展工作。

领导再亲切，与之相处再融洽，也不要得意忘形。无论在什么场合，与领导说话都要有分寸，不要随便开玩笑。永远记住，领导就是领导，不是家人。

（五）维护形象

树立领导的权威，维护领导的尊严是下级应尽的职责。不要在公开场合唱反调，损害领导威信。也不要在背后议论领导，更不能散布对领导的不满情绪。

维护领导应建立在合乎原则的前提下，不要变成了溜须拍马、阿谀奉承。

二、与同事交往的礼仪

同事各式各样，相处的具体方式不尽相同。学会与同事相处，营造良好的工作环境和氛围，是每一个职场人都必须掌握的一门技巧。

（一）尊重守信

每天与同事第一次见面要招呼问候；工作时间不随便进别人的办公室、工作场所，进他人办公室前需先敲门。

对同事交办的事要认真对待，尽力而为。如自己办不到也要诚恳讲清楚，不失信于人。所谓"路遥知马力，日久见人心"，只有真诚守信，同事才愿意与你共事。

（二）精诚合作

同事之间既有分工，更需协作，是互帮互助的关系。工作中，尽可能相互提供方便，乐于与同事分享经验和成果，不要小肚鸡肠，斤斤计较。只有发扬团队精神，齐心协力，才能共同完成好工作任务。

（三）与人为善

设身处地为同事着想，宽厚待人，善于发现优点，谅解不足，不要求全责备。同事间能力有大小，水平有高低。当自己在某方面强于别人时，不要表现出优越感，也不要用教训人的口气说话。别人有事请教，语气要真诚，态度要友好。

良好的工作氛围，可以有效减轻工作压力，提升职业幸福感。

（四）公平竞争

同事之间所处工作环境相同，利益基本一致，竞争是正常的。但是切记要靠真本事说话，不在竞争中玩小聪明，背后耍心眼，做损人不利己的事情。公平、公开竞争，才能使人心服口服，让人尊敬。

（五）言谈有度

同事之间闲聊,有助于相互了解,加强沟通,增进感情。但无论是内容还是时间上,都要适可而止,以不影响工作为前提。如出现不同看法,若非原则问题,可以沉默退让,也可转换话题,尽量避免争论不休。不搬弄是非,不议论同事隐私,男女之间不要乱开玩笑。

（六）账目清楚

俗话说:"亲兄弟,明算账。"同事再要好,如有经济往来,账目必须清楚。公款往来,手续要齐全;私人消费尽量 AA 制,不要有意占别人便宜,有损人格。

职场生涯是一生当中最漫长,也是最重要的生命历程。我们在把握与人相处的基本礼仪时,更要重视遵守劳动纪律,努力在工作中取得成绩,塑造一个干练、有能力、受人尊敬的职业形象,这对职业发展前程至关重要。

做一做:

1.案例分析:

王凡从文秘专业毕业后,应聘到某公司办公室任文员。王凡很珍惜这份工作,对待工作积极负责。她的男朋友每天午休时间都准时打电话找她聊天,王凡对有这样一个重视自己的男朋友深感幸福,电话一聊就是一个多小时,经常笑得前仰后合,让同事们侧目。办公室的李姐含蓄地提醒她:"小姑娘,中午休息一下,下午才有精力好好做事。"王凡不以为然,只说自己精神好着呢。渐渐地,她发现自己成了办公室里不受欢迎的人。

请你为王凡分析一下不受同事欢迎的原因。

2.分小组编导、表演同事之间相处的情景剧,请观看演出的小组对相处方法的对与错进行分析、点评。

第十章　尊老爱幼　和孝并重

以"礼仪之邦"著称于世的中华民族自古就很重视家庭观念。从孝敬父母,尊重长辈,到关爱家人,善待亲友,各种名言典故比比皆是,无一不是在强调:家,是一个人社会化的起步,更是每个人成长发展的重要后盾。家庭关系和谐了,我们的心才可以安定下来;家庭关系融洽了,我们才有动力去飞去闯。因此,倡导尊老爱幼,营造家庭和美之风,不仅是文明社会的需要,也是我们每一个人都不能遗忘的基本道德。

第一节　家庭和谐

看一看:

守望的天使

三毛

圣诞节前几日,邻居的孩子拿了一个硬纸做成的天使来送我。

"这是假的,世界上没有天使,只好用纸做。"汤米把手臂扳住我的短木门,在花园外跟我谈话。

"其实,天使这种东西是有的,我就有两个。"我对孩子夹夹眼睛认真地说。

"在哪里?"汤米疑惑好奇地仰起头来问我。

"现在是看不见了,如果你早认识我几年,我还跟他们住在一起呢!"我拉拉孩子的头发。

"在哪里? 他们现在在哪里?"汤米热烈地追问着。

"在那边,那颗星的下面住着他们。"

"真的,你没骗我?"

"真的。"

"如果是天使,你怎么会离开他们呢? 我看还是骗人的。"

"那时候我不知道,不明白,不觉得这两个天使在守护着我,连夜间也不合眼地守护着呢!"

"哪有跟天使在一起过日子还不知不觉的人?"

"太多了,大部分都像我一样的不晓得哪!"

"都是小孩子吗？天使为什么要守着小孩呢？"

"因为上帝分小孩子给天使们之前，先悄悄地把天使的心装到孩子身上去了，孩子还没分到，天使们一听到他们孩子心跳的声音，都感动得哭了起来。"

"天使是悲伤的吗？你说他们哭着？"

"他们常常流泪的，因为太爱他们守护着的孩子，所以往往流了一生的眼泪，流着泪还不能擦啊，因为翅膀要护着孩子。即使是一秒钟也舍不得放下来找手帕，怕孩子吹了风淋了雨要生病。"

"你胡说的，哪有那么笨的天使。"汤米听得笑了起来，很开心地把自己挂在木栅上晃来晃去。

"有一天，被守护着的孩子总算长大了，孩子对天使说——要走了。又对天使们说——请你们不要跟来，这是很讨人嫌的。"

"天使怎么说？"汤米问着。

"天使吗？彼此对望了一眼，什么都不说，他们把身边最好最珍贵的东西都给了要走的孩子，这孩子把包袱一背，头也不回地走了。"

"天使关上门哭着是吧？"

"天使们哪里来得及哭，他们连忙飞到高一点的地方去看孩子，孩子越走越快，越走越远，天使们都老了，还是挣扎着拼命向上飞，想再看孩子最后一眼。孩子变成了一个小黑点，渐渐地小黑点也看不到了，这时候，两个天使才慢慢地飞回家去，关上门，熄了灯，在黑暗中静静地流下泪来。"

"小孩到哪里去了？"汤米问。

"去哪里都不要紧，可怜的是两个老天使，他们失去了孩子，也失去了心，翅膀下没有了要他们庇护的东西，终于可以休息休息了。可是撑了那么久的翅膀，已经僵了，硬了，再也放不下来了。"

"走掉的孩子呢？难道真不想念守护他的天使吗？"

"啊！刮风、下雨的时候，他自然会想到有翅膀的好处，也会想念得哭一阵呢！"

"你是说，那个孩子只想念翅膀的好处，并不真想念那两个天使本身啊？"

为着汤米的这句问话，我呆住了好久好久，捏着他做的纸天使，望着黄昏的海面说不出话来。

"后来也会真想天使的。"我慢慢地说。

"什么时候？"

"当孩子知道。他永远回不去了的那一天开始，他会日日夜夜地想念着老天使们了啊！"

"为什么回不去了？"

"因为离家的孩子，突然在一个早晨醒来，发现自己也长了翅膀，自己也正在变成天使了。"

"有了翅膀还不好,可以飞回去了!"

"这种守望的天使是不会飞的,他们的翅膀是用来遮风避雨的,不会飞了。"

"翅膀下面是什么?新天使的工作是不是不一样啊?""一样的,翅膀下面是一个小房子,是家,是新来的小孩。是爱,也是眼泪。"

"做这种天使很苦!"汤米严肃地下了结论。

"是很苦,可是他们以为这是最最幸福的工作。"汤米动也不动地盯住我,又问:"你说,你真的有两个这样的天使?"

"真的。"我对他肯定地点点头。

"你为什么不去跟他们在一起?"

"我以前说过,这种天使们,要回不去了,一个人的眼睛才亮了,发觉原来他们是天使,以前是不知道的啊!""不懂你在说什么!"汤米耸耸肩。

"你有一天大了就会懂,现在不可能让你知道的。有一天,你爸爸,妈妈——"

汤米突然打断了我的话,他大声地说:"我爸爸白天在银行上班,晚上在学校教书,从来不在家,不跟我们玩;我妈妈一天到晚在洗衣煮饭扫地,又总是在骂我们这些小孩,我的爸爸妈妈一点意思也没有。"

说到这儿,汤米的母亲站在远远的家门,高呼着:"汤米,回来吃晚饭,你在哪里?"

"你看,噜不噜苏,一天到晚找我吃饭,吃饭,讨厌透了。"汤米从木栅门上跳下来,对我点点头,往家的方向跑去,嘴里说着:"如果我也有你所说的那两个天使就好了,我是不会有这种好运气的。"

汤米,你现在不知道,你将来知道的时候,已经太晚了。

想一想:

1.文中的"天使"是指谁?

2."天使"为他们的孩子做了些什么?

3.你可以为自己的"天使"做些什么?

身为家庭的一份子,我们应当养成尊敬、关爱每一位家庭成员的意识和习惯。任何一个家庭之中,长者和幼童通常最为敏感及脆弱,需要我们付出更多的细心与耐心,因此,首先要从敬重长辈和爱护幼小做起,来维护家庭的和谐。

一、敬重长辈

敬重长辈是中华民族的传统美德,也是当今社会衡量一个人道德水平的标准之一。天底下没有一个父母不爱自己的孩子,长辈们的愿望就是自己的晚辈平安、幸福、成才。当我们贪婪地汲取父母长辈的爱时,请不要吝啬,也要用爱来回报他们。

（一）正确称谓

所谓"长幼有序"，不管是当面，还是背后，在提及长辈之时，务必使用尊称。不论长辈是否允许，都不应当直呼其名。另外，随意使用诸如"老头儿""老太婆""老东西"之类的谑称，是非常有失庄重的。

（二）知礼感恩

对于父母及长辈的辛苦操劳和养教之恩，为人子女、晚辈应时刻感恩，在此基础上做到：讲礼貌，守规矩，处处以礼相待。在任何情况下，都绝对不允许自己的一言一行失敬于长辈。早上起床后、晚上睡觉前、上学时、放学回家或外出时，应主动向长辈打招呼和表示问候。关怀父母，为父母分忧解难。

（三）听从教诲

长辈拥有丰富的人生阅历，这些亲身经历是一笔极其宝贵的财富。作为晚辈，一定要珍惜机会，虚心向长辈求教，以开阔视野，增长才干。对于长辈的批评指点，晚辈必须洗耳恭听，认真接受。无论从哪一方面来看，长辈对晚辈的管教，都是其爱心的具体表现。即便长辈的管教有所偏差，也不容许因此而否定其善意。当长辈管教自己时，一是要虚心服从；二是表示感激；三是尽可能地落实到自己的具体行动之上。不允许强词夺理，当场顶撞长辈，更不可不屑一听，扬长而去。

（四）体贴长辈

人到老年，通常最害怕寂寞孤独。对长辈的孝顺不仅体现为物质上、生活上的扶助和照料，还要时常探望长辈，关心他们的身体、工作等。即使忙碌难以抽身，也可以通过写信、打电话、发邮件或者委托他人探访的方式，在精神上给予他们慰藉，为其排解孤寂，切莫不闻不问。长辈过生日时，可为其买一份小礼物。当长辈生病时，精心照料，不嫌弃，多安慰。

（五）奉养长辈

首先是要减轻长辈的负担，不要事事让长辈操心，处处让长辈出力。长大成人之后，要尽快自力更生，不要成为吸食长辈血汗的"啃老族"。其次是要帮助长辈，有钱的出钱，有力的出力，重在尽力而为。此外还应照顾长辈，对自己的父母，要主动担负起赡养的职责。对上了年纪或无依无靠的长辈，在生活上要多加关心爱护。

二、养成习惯

（一）日常生活中养成

敬重长辈这一良好品德的养成非朝夕之功，必须从身边的点滴小事做起，将尊重长辈贯穿于日常生活的始终。首先了解有关敬重长辈的知识；其次要按照敬重长辈的要求为自己提出规定；再次可以将制定的规定放在醒目的地方，经常主动对照，检查自己的言行。

（二）特殊情况下练成

除了日常生活中严格按照敬重长辈的要求约束自己外,在某些特殊时刻也要认真对待,对长辈奉献爱心。如长辈过生日时,可用自己积攒的零花钱买一份小礼物、表演一个节目、道一声祝愿等。

（三）榜样示范后学成

榜样的力量是无穷的,古往今来,在敬重长辈方面有许多优秀人物和事迹,我们可以多了解、多学习,激励自己的意识和行为,促使自己向高层次发展。

（四）情感陶冶中积成

敬重长辈包含一种情感成分,就是对长辈的爱和感激之情。这种情感的养成可以通过教育,通过多看、多想来实现。同时还可以采取陶冶的方法,如欣赏有关敬重长辈方面的文学艺术作品,非常有利于这种情感的培养。

敬重长辈并不是一朝一夕的事,而是每个人一生都应遵守的道德规范。我们应该严格要求自己,养成敬重长辈的好习惯,成为一个敬重长辈的好学生、好公民。

二、爱护幼小

儿童是祖国的花朵、社会的未来。关心他们的生活,关注他们的成长,是维护家庭和谐美满的条件之一。再推而广之,由家庭到社会,由亲人到陌生人,学会爱护所有比我们弱小的人,更是每一个人的责任和义务。孟子云:"老吾老,以及人之老;幼吾幼,以及人之幼。天下可运于掌",要做一个成功的人,必须先做一个有爱心、有责任感的人。

（一）耐心关照

小朋友的自理和独立能力相对较差,对此,我们要有同情之心,爱护之情,以足够的耐心与细心予以帮助、照料。比如外出游玩时保护他们的安全,乘车时让他们先行,过马路时注意提醒,见到小朋友有困难时主动关心、帮助。又比如为他们讲解不懂的问题,尊重他们的想法,关注他们的喜好,用平等而不是命令的态度和他们交流,等等。

（二）当好榜样

对于年长于小朋友的我们来说,无论是能力、见识还是人生经验等方面,都胜过他们许多。正是出于这一原因,我们更要当好他们的正面榜样,引导他们积极进取,健康成长。当好榜样首先体现在我们自身的行为上,从自己做起,不欺负幼小,并且对别人欺负、危害幼小的行为进行批评和制止。其次是要以身作则,在思想、言行上作出有教养懂礼貌的表率,多鼓励小朋友自主自立、勇于上进,成为有理想、有学识、有能力的人。

有人说,"看见小孩,就好像看见了自己的过去;看见老人,就如同看见了自己的将来"。如果我们每一个人都能将心比心、设身处地地关爱家里的老人和儿童,关爱社会上所有的老人和儿童,一定可以营造幸福美满的家庭,创造出和谐文明的社会风气。

做一做：

1.亲情行为小测试。

序号	测评内容	自我评价		
		一贯	偶尔	从不
1	和父母讲话态度恭敬、语气亲切			
2	听从父母教导,不顶嘴,不强辩			
3	出门前说再见,回家后打招呼			
4	外出主动告知去向和回家时间			
5	父母生病时,主动问候,照顾			
6	主动帮父母做家务			
7	不向父母提过高要求			
8	主动向父母汇报生活、学习或工作情况			
9	记得父母的生日,并向其祝贺			
10	尊重其他长辈			

评分标准:选择"一贯"得10分,"偶尔"得5分,"从不"不得分。

100分——你是个孝顺、懂事的人,让父母放心及欣慰,你做得棒极了!

80分以上——总体来讲,你的表现还不错,有孝敬长辈的意识,在我们的测评中处于中上水平,希望你再接再厉,争取拿到亲情行为的满分!

60分以上——你可能有尊敬长辈、孝顺父母的意识,但落实到实际行动上的还不够。难道你不知道吗,家人是唯一无条件关心、支持你的人。不要再为自己的行为找借口了,为家人多花点心思吧!

60分以下——很明显,你没能通过我们的亲情行为测评。为什么会出现这样的情况,请你多多从自己身上寻找答案吧! 祝你进步!

2.敬重长辈不需要豪言壮语,也不需要惊天动地,它注重细节,注重生活中的点滴。有三个黑人孩子,他们每天早晨必做的功课就是在餐桌上埋头写对父母的感恩信。内容无非是"今天妈妈真漂亮","昨天的比萨饼味道不错","爸爸的驾驶技术棒极了"之类。看似简单,却表达了家庭成员相互之间的欣赏与关爱之情。请你以一颗感恩的心,尝试给家里的长辈写一封感恩信,字数和内容不限,只需真情实感。

3.学唱歌曲《感恩的心》,用心体会其中的情意。

4.回忆一下自己的童年经历,谈谈现在可以怎样帮助、照顾身边的小朋友。

第二节　邻里和睦

看一看：

谁的错？

俗话说，远亲不如近邻，但天气一热，人就特别容易上火，一点鸡毛蒜皮的小事就会让本来很亲密的邻里关系变得冷冰冰。这不，皮皮家就因为一点小事和邻居洋洋家发生了矛盾。

事情是这样的：因为天热容易滋生细菌，妈妈就要求皮皮每天手洗自己的袜子和内衣，可皮皮偷懒，从来不把内衣拧干就挂在阳台上。一天，楼下的洋洋妈站在阳台上叫洋洋回家吃晚饭，话音未落，她就感觉有滴滴答答的水灌进了自己的脖子，抬头往楼上一看，她马上明白了事情的原委。

劳累了一天的洋洋妈很窝火，她气汹汹地就找上楼去，皮皮妈本来还觉得有点内疚，但一看邻居这个不依不饶的态度，马上也板起了一张脸，两位妈妈就在楼道里吵了起来。

从此，两家人不但见面不说话，而且还互相猜忌，楼下大声放音乐了，皮皮妈就会觉得是针对他们家的。洋洋妈也觉得，自从吵架之后，楼上经常传来故意踩地板的声音……这么一来二去，两家人又发生了几次争吵，彼此间的关系，也就变得火药味儿十足了。

想一想：

1.造成这样的状况，到底是谁的错呢？

2.谁是获益者呢？为什么？

"忍一时风平浪静，退一步海阔天空"，这句话用在邻里之间的相处上，真是再适合不过了。要拥有和睦的邻里关系，一定要多站在对方的角度考虑问题，以他人利益为重，真诚相待，这样，必然能为彼此营造出愉悦、舒适的生活氛围。

一、适应环境

在社会城镇化高度发展的今天，人们已不能随意的挑选邻居。往往购买新房时，可以选择地理环境，却无法选择人文环境。也许你的邻居是个谦谦君子，也有可能是和你格格不入的冤家对头。因为与邻居之间家庭环境、性格脾气、社会阅历、文化素养存在的差异而干着急、乱抱怨，不如换个思维：既然不能让环境来适应自己，何不去主动适应环境呢？我们应该争做好市民，营造出一个"我为人人，人人为我"的邻里氛围。

二、以礼相待

邻里缘分就像一把锁，钥匙在你自己手中，就看你愿不愿意去打开它。平常生活中，无论是电梯里的一声问候，还是见面时的会意一笑，都是维护邻里关系的良机；在楼道里或狭窄的地方，主动给年长的邻居让路，请长者先行；遇到老人上下楼梯，及时上前搀扶；不在背后猜疑、议论他人；谈笑逗趣要把握分寸，尊重他人隐私。

三、互谅互让

古人云："让一让，三尺巷。"邻里之间相处最重要的一条就是要有宽容心，多为他人着想。住在楼上的人，不要在家里蹦蹦跳跳，制造噪声；浇花与晾晒衣服的时候，注意不要往楼下滴水；早出晚归，忌大声喧哗，避免行为不当产生的噪声；正在装修的住户，到了午休、晚上或休息日，应暂停施工；收看电视或使用音响时，不要将音量开得过大，以免影响邻居休息。对于邻居的不当之处不要斤斤计较，要宽宏大量，给予原谅。

四、友好往来

不抢占住宅的公共空间，主动清扫楼道等公共场所，自觉保持公共环境卫生。关心、帮助邻居，在路上遇到邻居提、搬重物，要主动让路，在力所能及的情况下，主动询问是否需要帮助；邻居有了困难尽力帮助解决，遇到危险、灾难，要勇于出面救助，邻居有喜庆之事，要予以祝贺。拜访邻居时，仪容仪表大方得体，不要穿着拖鞋、睡衣，头发蓬乱；选择好拜访时间，不妨碍他人休息；借用邻居的物品要有礼貌，双手接、递，归还时要表示谢意；要爱惜借用的东西，用完之后立即送还，万一损坏要主动赔偿，并赔礼道歉。主动参加一些联络邻里感情的活动，增进了解，和睦相处。

> **小歌谣：邻里之间常见面，相互尊重心相连。 尊敬老人如家亲，爱护幼小若自身。 乐于交往重感情，虽是邻里胜远亲！**

做一做：
1.回想一下，在与邻居相处的过程中，自己或者对方有哪些礼貌的言行？
2.课外阅读、思考。

美国人的邻里相处之道

邻居，这一古老的汉语词汇，有着丰富的文化内涵，是中国人世俗生活的重要关系词。而在美国，地段+邻居=社区。美国人具有强烈的社区意识，同时也非常看重邻居的素质。

中国的邻里街坊喜欢没话找话，借此套套近乎。如见面就问，"你吃了没有？"见人刚出家门就打听："你上哪儿啊？"在美国人眼里，这些都不是你该关心的事情。与美国邻居相处，最重要的一条就是尊重别人的隐私，不议论家长里短。路中遇到熟人，不要大呼小叫，只限于打个招呼，说声"hello"。尤其是见了你还不十分熟悉的邻居，不要见了面就"嘘寒问暖"。这是因为美国人喜欢个人独立，不愿与初次相识的人发展很深的私人关系，更不愿意承担义务。总之，"尊重隐私"在美国人看来，是一个人有教养的表现。所以，遇到邻居"穿金戴银"，你最多夸她两句："你看上去很漂亮！"千万不要打听这首饰是真是假，穿的衣服值多少价钱。

美国人除了不喜欢别人打听他们的私事,更不喜欢被外人打扰,他们从周一到周五工作,周末喜欢和家人待在一起。如果交情不深,千万不要在周末登门拜访邻居或朋友,除非受到特别邀请。一般邻居,即使住在同一楼层、同一街道,登门拜访也需提前打电话预约,不速之客将被视为是对他人的冒犯。除此之外,假如没有正当理由,或在不适当的时间(如早上7点以前,晚上10点以后)给别人打电话,也都是干扰了别人的正常生活。

美国人很少请人到家里来做客,邻里之间更不时兴"串门"。但是他们会经常举办邻居们的烧烤聚会,以此来相互认识、促进交流。许多美国人喜欢比较和炫耀他们后院的烤肉架,并以拥有独特的秘制烧烤菜谱而自豪。而每一次的邻居聚餐,大家都总是要到天空变成深蓝了,才意犹未尽地回到各自的家中。第二天早上,大家相互问好时的笑脸比以前灿烂了许多,彼此的心情也会变得更好。因此,烧烤聚会已经成为邻居间一种主流的社交活动,是和睦邻里关系的最佳方式。如果有美国邻居在周末请你去他家后院"烧烤",说明你已经真正融入他们的社区了。

(1)对比中国人和美国人的邻里相处之道,你发现了哪些不同之处?对你有何启示?

(2)自己家所在的小区或街道举办过哪些加深邻里间的理解、团结的聚会或活动?效果如何?

活动一 _____

效果:_____

活动二 _____

效果:_____

活动三 _____

效果:_____

(3)关于建立良好的邻里关系,你还有什么好的提议?

提议一 _____

提议二 _____

第十一章　遵守公德　共创和谐

　　很多时候,在面对近距离接触的人、事、物时,人们会非常在意自己给别人留下的印象,比如在家孝敬父母、帮助邻居,在学校尊师爱生、遵守纪律,工作后爱岗敬业、注重礼节等。诸如此类私人生活中的道德规范,我们称之为"私德"。而当人们身处公共场合,自认为身旁的人、事、物与已无关时,却往往会忽略应当遵守的礼仪规范。

　　"眼睛是相机,心灵是底片。"每个人的一言一行都会被他人记录,如果只注重"私德"而违背"公德",不仅妨碍他人,而且还将影响个人形象,甚至严重破坏国家的形象。

第一节　社会公德

看一看:

　　随着国民收入水平的提高和国际交流的日益频繁,我国公民出国旅游的机会越来越多,但与此同时,在出境游中因不文明行为而引发的问题也越来越多。国内外媒体纷纷指出:外出旅游表现出以下几种情况的,不用询问,一定就是中国人。

　　陋习一:公共场合嗓门大

　　公共场合大声喧哗已经成为中国游客的一大"标志"。马尔代夫2 000多个小岛上遍布度假村,但到目前为止,只有几个度假村愿意与中国的旅行社合作接待中国客人。究其原因,主要是受不了中国人的大嗓门,一个餐厅只要进去哪怕七八个中国游客,也马上会变得人声鼎沸,影响到安静进餐和小声谈话的其他客人。在法国巴黎一些著名景点,如巴黎圣母院、凯旋门、埃菲尔铁塔,总能见到成群结队的中国人,他们身穿西装,脚踏旅游鞋,相机在胸前乱晃,尽管看到用中文提示的"安静",他们还是吆五喝六,呼前喊后,争抢着最佳地点留影。

　　陋习二:不守秩序不排队

　　不遵守秩序和规则是中国游客的另一大缺点。法国迪斯尼入口处的栏杆设计成回字形,一些中国游客不排队,拉开栏杆就往里钻。去麦当劳买饮料,外国人讲个人隐私,前后都隔着一米左右的距离,中国游客一看到前面空那么多,就会一下子涌上去围住整个柜台。一位欧洲游领队告诉记者,游客入住酒店,大箱小箱包围了电梯口,电梯一到游客就一拥而上,这样里面的人出不来,外面的人也进不去。更司空见惯的是,一些内地游客抢上飞机和抢占行李舱位;乱穿马路;在地铁和商店里总是几个人并排站上自动扶梯,不知道应该留出左侧通道给那些有急事的人；在机场或旅游景点，只要有一个人排队，所有后来的同伴理所当然上前加塞儿。

陋习三：卫生习惯被诟病

此外，中国游客的卫生习惯和一些生活差异也一直被诟病。在一些欧洲国家，比较少见到中文指引，但厕所里却一般都有明确的中文指引"排队""冲水""洗手"等，游客来自世界各地，却只用中文标出了这些警示，完全是针对部分中国游客不讲卫生的坏毛病。而在意大利的一些大型商场门前，经常会有国人的"血拼族"坐在台阶上手捧着方便面，就着咸菜津津有味地吃着，吃完拍拍屁股就走，面条汤、咸菜袋、橘子皮、面巾纸扔了一地。在澳大利亚的大街上，一个10岁左右的男孩说要上厕所，他母亲让小孩转身就在马路边小便，路人纷纷指责这种行为，他母亲还振振有词："小孩嘛，有什么关系！"

陋习四：爱贪便宜很丢人

一个国内的旅游团去到泰国，在吃自助早餐时，一个老太太居然用自己的茶杯去灌橙汁，服务员看见了冲她说"NO"，她没有理会，继续灌，服务员上前伸手想关掉开关，被老太太一把推开，险些跌倒。去年欧洲游开放，首发团乘坐芬兰航空公司航班前往欧洲，途中，机上一改通常芬兰语、英文、中文的广播顺序，突然用中文广播，通知大家"请把餐具放回原处，服务员会前往收取"。原因很简单，不少中国游客因为"喜欢"上了机上的不锈钢刀叉，还把它们偷拿到了自己的兜中。另外，在韩国一些景区的餐厅内，饮用水和水杯都是免费的，中国游客拿着空矿泉水瓶灌了一瓶又一瓶，水杯也一气拿走一叠。在公厕里，手纸也是无限量提供的，不少游客一下就拿走一卷纸。

中国正在不断加深对世界的了解，世界也在不断地了解中国。海外华人和出国游客，正是中国与世界互相沟通的桥梁，决定着东西方沟通和了解的质量。虽然以上所描述的丑态在出国华人中不占主流，但他们的所作所为抵消了大部分海外华人的努力，破坏了中华文明的形象。中国迫切需要世界了解的，绝不是这些陋习，而是灿烂的中华文化和中国日新月异的发展和进步。

想一想：

1.以上行为陋在何处？请反思一下自己是否有过类似不文明的行为。

2.遵守公德和礼仪规范在社会交往中能带给我们什么？

一、社会公德的内涵

所谓社会公德，是全体公民在社会交往和公共生活中必须共同遵循的行为准则，是社会普遍公认的最基本的行为规范。它涵盖了人与人，人与社会，人与自然之间各方面的关系。社会公德水平的高低影响着社会秩序、社会风气、社会凝聚力，是一个社会文明程度的外部标志。

人与人：	举止文明
	尊重他人
人与社会：	爱护公物
	维护公共秩序
人与自然：	热爱自然
	保护环境

二、社会公德是社会交往的基础

中央电视台曾经联合央视国际和新浪网,在全国范围内进行了"最缺乏公德的行为"的调查活动,共 26 000 人参与了投票,调查结果见表 11-1。

表 11-1

排名	行　为	票　数	网民观点
1	向窗外扔污物	19 112	高空抛物比乱扔垃圾更加恶劣,堪称小区环境和楼下行人生命的"双重杀手"。
2	上公共汽车不排队,一拥而上	18 644	不排队上车的危害不仅在于破坏了乘车秩序,更可怕的是它摧毁了人们心中排队上车的想法。
3	旅游景点、名胜古迹上乱写乱刻	17 905	刻字留念逞一时之乐,却给中华文明造成永久的伤害,这是真正的败家。
4	宠物随地大小便,主人不清理	17 624	宠物粪便除了影响市容外,还增加了一些传染疾病的可能,不可小视。
5	行人翻栏杆、随意穿行马路	17 596	马路的对面对路人的确是一种诱惑,然而这种诱惑的背后却是一场生命的赌博,切莫把生命当儿戏。
6	下雨天开车溅湿行人	17 560	不管是有意还是无意,开车者在行人面前不能恃强凌弱,雨天行车慢为先。
7	公交车上,年轻人不主动给老弱病残孕让座	17 036	老弱病残孕没有座位,表面上是文明乘车环境欠佳,实际上却证明了某些人同情心的严重缺失。
8	传播垃圾电子邮件、手机短信	16 828	垃圾信息是对人们日常生活的严重骚扰,稍不留神还会陷入骗子布下的陷阱。
9	看电影、演出时,大声喧哗、走动	16 788	这些行为不仅让真正来看演出的人觉得很扫兴,而且是对别人劳动和创作的莫大不敬。
10	在马路上乱吐口香糖	16 571	口香糖经过在口腔中反复咀嚼,已经粘上口腔中的多种细菌,乱吐口香糖和随地吐痰一样恶心。

你是否喜欢这十种缺乏公德的行为? 你是否有过这些"榜上有名"的经历? 在社会生活中,如果某个人的言行举止总是不符合社会公德的标准,妨碍甚至侵犯到他人,可以想象,这个人不管走到哪里,都不可能受人欢迎;推而广之,如果我们都能讲文明、懂礼貌,多为他人着想,那么,我们都能成为社会交往中的"可爱"之人。

古人云:"勿以恶小而为之,勿以善小而不为。"良好个人品格的形成其实就取决于日常生活的这些"小事"。看似"小事",实关"大节",只有日复一日的道德实践,才能养成言行一致的文明素质;只有良好的社会风气树立起来,社会关系才会更加和谐,人与人之间的交往才会更加顺畅,我们的生活才会更加美好。

做一做:

1.请列举出你见过的十种不文明行为。

2.在社会生活中,你遵守了哪些公德:

_____

具体行为是(举例说明):

文明礼貌的表现有_____;

助人为乐的表现有_____;

爱护公物的表现有_____;

保护环境的表现有_____;

遵纪守法的表现有_____;

暂时没做到的是:

(1)_____ 表现为:_____ 改进时间:_____

(2)_____ 表现为:_____ 改进时间:_____

(3)_____ 表现为:_____ 改进时间:_____

第二节 公共礼仪

看一看:

该不该让座?

有一天,王云出去办事,上了公交车后坐在靠前车门的地方。刚过了一站,就上来一位老大爷,王云把座位让给了他。过了一会儿,这位老人下车了,王云又坐回了原来的位置。

没几站又上来一位老人,当时下车的人也不少,王云想后边可能会有空座,就没起来。可是这位老人在王云斜对面的座位旁边站着,王云回头一看已经没有空座,而座位上的年轻人玩着手机,根本没有让座的意思,于是又起来把座位让给了老人。这时却听到有人小声议论,说什么:"怎么就显着你了呢,傻不傻呀!"王云心里不像上次那么自然了,总有一种说不出的奇怪滋味。

后来老人下车了,王云坐了下来。车停靠站时,一前一后上来两位老人,当时王云差点又站了起来,但转念便否定了这个行为,因为王云感觉好多人盯着自己,好像自己的让座行为在他人眼中成了一种出风头的表现,终于没有第三次站起来。

想一想:

1.你如何看待王云的行为?

2.如果是你,会继续让座吗?为什么?

要成为一个社交场合中受人欢迎的人,应当从日常生活中的细节小事做起,随时随地关注自己的言行举止。在公共场合之中、众目睽睽之下,我们更要以实际行动来展示自己的道德风范和礼仪素养,成为讲文明、树新风的榜样。

一、"我是文明游客"

(1)参团旅游时,自觉遵守团队的时间约定。

(2)相互关心,相互礼让,主动照顾老人和小孩。

(3)不随地吐痰和口香糖,不乱扔废弃物,不在禁烟场所吸烟,维护景区环境卫生。

(4)保护生态环境和文物古迹,不乱刻乱画,不踩踏绿地,不攀折花木和果实,不追逐、投打、乱喂动物。

(5)听取讲解时保持安静,拍照摄像时遵守规定,拍照或合影时不争抢、不攀爬。

二、"我是文明观众"

(一)在影剧院观看节目时

(1)衣着整洁,不穿背心、拖鞋等,如遇其他特殊要求的,应自觉遵守。

(2)最好提前15分钟进场,对号入座;如果迟到,应先就近入座,或在外厅等候,等到幕间再入场;如果没有中间休息时间,则应适当弯腰,轻且快地入场,以免影响他人。

(3)观看演出时,自觉摘下帽子,以免挡住后排观众的视线;将手机关闭或调成静音状态,不高声评论,不谈笑喧哗;不吃带皮带壳和其他会发出声响的食物,咳嗽或打喷嚏时要用手帕捂住嘴,尽量压低声音。

(4)尊重演员的劳动,演出特别精彩时,可通过鼓掌、喝彩向演员表示敬意,但不能吹口哨、跺脚或怪叫,扰乱剧场气氛;不随便走动,一般不在中途退场。

(5)演出全部结束后,起立鼓掌,若演员出场谢幕,应再次鼓掌;如遇嘉宾上台接见演员,应在接见仪式结束后再离场;不要在演员谢幕前离场,也不要拥到台前围观。

(6)离开时用手将座椅轻轻放好,不要发出声响;有秩序地退场,不要推挤他人。

(二)在体育馆观看比赛时

(1)提前入座,不迟到;比赛进行中,不要因为自己看不见而站起来或随意在看台上来回走动,以免影响他人。

(2)遵守赛场纪律规定,适时鼓掌喝彩,向运动员友好地表达关注和敬意;观看棋类和牌类等比赛要保持安静,以免分散运动员的注意力。

(3)保持情绪冷静,不因己方运动员获胜而狂欢,也不因其失利而骂人、起哄甚至投掷物品。

(4)热爱祖国,也尊重他国,在升国旗、奏国歌时自觉起立、肃穆,不要走动和说话。

三、"我是文明读者"

(1)去图书馆借阅书籍要衣着整齐,不穿背心、拖鞋入内;依序进馆;不占座,不把自己的包放在旁边暂时没有人的座位上。

（2）不乱扔纸屑,不随地吐痰,不大声咳嗽,不抽烟,不吃零食或嚼口香糖;不与旁人说话或讲电话,遇到认识的人可点头或招手致意;不把桌椅弄出响声干扰他人,走路时尽量不发出声音。

（3）爱惜图书,轻拿,轻翻,轻放,不在书上注记或折页,不蘸口水翻书页;开架的书刊要一本一本地取下来看,不要同时占用多份;看完后按照要求放在规定的位置,以免影响他人阅读;借的书要主动及时归还。

（4）离开时,将书刊放回原处,桌椅复归到原位,废弃的纸张自觉扔到垃圾箱内。

四、"我是文明顾客"

（一）在商场购物时

浏览商品时保持安静,不大声说话;挑选物品时轻拿轻放,不买的商品放回原处,不乱摆乱放;遵守秩序,排队等候结账;购物车使用完毕后,应放到指定地点,不随意乱停乱放。

（二）在餐厅用餐时

不高谈阔论,不醉酒失态;遵循用餐礼仪;结账时不要提高嗓门大叫买单,或手握钞票挥来挥去,也不必跑到柜台前要求结账,而是当服务人员经过你身边时,轻声招呼:"请帮我们结账。"如果一时没有服务人员走近,不妨耐心地多等一两分钟。

（三）在酒店住宿时

随团体入住,应选派1~2人到前台办理手续,其余人员在大堂等候,不可拥堵在前台;进入客房后,自觉关闭房门,不在房间里喧闹或把电视音量开得很大而影响其他客人;也不要在走廊里追逐打闹;或穿着睡衣睡裤、拖鞋在走廊里走动、串门;爱护客房内的设施设备,节约水电,保持室内卫生;对工作人员的服务和问候应友好回应。

五、"我是文明乘客"

（一）乘坐公交车（轻轨、地铁）时

（1）排队候车,先下后上。

（2）让老弱病残孕和抱小孩的乘客先上车,遇到行动不便的人,要主动给予帮助。

（3）上车时主动投币或购票,不挤塞在车门口,主动向车内移动,主动给老弱病残孕和抱小孩的乘客让座。

（4）保持车内卫生,不抽烟,不随地吐痰,不脱鞋袜,脚不乱跷乱踏,不吃带有果壳的食物,不乱扔垃圾。

（5）提前做好下车准备,如车内拥挤,可礼貌地请前面的乘客调让,后下车的乘客应主动给先下车的乘客让道。

（二）乘坐出租车时

（1）招出租车最好站在车辆顺行一侧的路边,伸出右手招停。

（2）车停稳后再上下车,上车时,年长者或女士先上,下车时,年轻者或男士先下。

（3）自觉保持车内卫生,不向车外扔东西。

（三）乘坐火车时

（1）进站候车时，随身携带的行李不要占用旅客座位，也不要躺在座椅上睡觉。

（2）服从车站管理人员的调度安排，自觉排队上车，不争先恐后，推挤拥搡。

（3）进入车厢后，主动帮助老弱病残孕等特殊旅客，放置行李时要注意礼让，不要将自己的物品放满茶几。

（4）自觉维护车厢内的环境卫生，垃圾放入垃圾盘，吸烟应到吸烟区，不可长时间占用卫生间和盥洗间。

（5）自觉保持车厢的安静，不大声喧哗，不追逐打闹。

（四）乘坐飞机时

（1）按时登机，对号入座。

（2）登机后尽快将随身行李放入座位对应的行李舱，保持过道畅通，不将超大行李和有异味的物品带上飞机。

（3）进入机舱后保持安静，不乱动飞机上的安全用品及设施，主动关闭手机等无线电设备；需要找乘务员时，可以揿按呼唤铃，不宜大声喊叫；进餐时，主动将座椅椅背调至正常位置，以免影响后排乘客进餐；接受乘务员服务应致谢。

（4）保持舱内整洁卫生，晕机时可使用机上的专用呕吐袋；飞行过程中尽量不要脱鞋，以免异味影响他人；如果是长途飞行，脱下鞋后应在外面再罩上护袜。

（5）飞机未停稳时不要急于打开行李舱，以免行李摔落伤人。

（6）上下飞机时，对乘务员的迎送问候及时回应。

（五）使用电梯时

（1）乘坐自动扶梯应靠右侧站立，空出左侧通道给有急事的人通行；如需从左侧急行通过时，应向给自己让路的人致谢；照顾同行的老人、小孩踏上电梯，以防跌倒。

（2）乘坐厢式电梯要让老人、小孩、残疾人和客人先进；楼层按钮不能反复乱按，更不应用伞柄、木棍、尖刀、钥匙等器物戳指；电梯内不应大声喧哗、嬉戏，不乱蹦乱跳，不左右摇摆。

六、"我是文明市民"

（一）步行时

（1）步行要走人行道，在没有划分人行道的路段要靠路边走，过马路时要走人行横道或过街天桥、地下通道。

（2）道路狭窄或人群拥挤时，要主动让路，一般情况下，年轻人要主动给年长者让路，健康人要主动给病残人让路；如果需要他人为你让路，可说"对不起，请让一下"，不要用手去推拉或拍打对方。

（3）不翻越栏杆，不在马路上追逐打闹；遇事不要围观，这样既堵塞交通，也不尊重别人。

（二）骑（开）车时

（1）熟悉并遵守交通法规，走车行道，靠右行驶，不逆行。

（2）遵守交通信号灯指示，礼让行人；红灯不越线，黄灯不抢灯；遇到老人、小孩、残疾人等主动停车让道。

（3）骑车时不要双手撒把，同他人并行时不要勾肩搭背，也不要相互追逐；拐弯前应先做手势，不在别的车子或行人前面突然掉头拐弯；进出有人值守的大门，应下车推行。

（三）排队时

（1）遵守先来后到的次序，依次排列，依序而行。

（2）与前面的人保持间距，前后之间不应有身体上的接触，尤其在金融窗口、取款机等涉及个人隐私的场合，前后之间的距离应保持1米以上。

（3）不要插队，插队是无礼的表现。

（四）使用公共洗手间时

（1）排队如厕最好是在洗手间门外，而非"一对一"地守候。

（2）用厕时轻声关门，用完后主动冲洗，卫生纸应放入纸篓，不可乱扔。

（3）洗手后可使用纸巾或风干机，湿手不要边走边甩。

（4）节约用水，不浪费卫生纸、洗手液，不把公用物品据为己有。

（5）在卫生间门板上乱写乱画是无聊和低俗的表现。

（五）使用小区公用设施时

（1）休闲纳凉可自由穿着，但不宜过分裸露。

（2）自觉爱护花草树木和绿色环境，不攀折花草，捕鸟捞鱼。

（3）晚间文体活动不要对附近居民休息造成噪声干扰。

（4）带宠物者应注意不给他人带来影响，宠物粪便及时清理干净。

（六）上网时

当今社会，网络已成为公共生活的一部分，文明上网也成为社会公德的内容之一。我们如果在上网的过程中不注意自我约束，不讲道德，久而久之，会将这些坏习惯带入日常生活。中国互联网协会发布的《文明上网自律公约》，可以作为我们文明上网的行动指南：

自觉遵纪守法，倡导社会公德，促进绿色网络建设；

提倡先进文化，摒弃消极颓废，促进网络文明健康；

提倡自主创新，摒弃盗版剽窃，促进网络应用繁荣；

提倡互相尊重，摒弃造谣诽谤，促进网络和谐共处；

提倡诚实守信，摒弃弄虚作假，促进网络安全可信；

提倡社会关爱，摒弃低俗沉迷，促进少年健康成长；

提倡公平竞争，摒弃尔虞我诈，促进网络百花齐放；

提倡人人受益，消除数字鸿沟，促进信息资源共享。

无论在什么场合，遵守社会公德都包含了"尊重他人""多为他人着想""讲规则守秩序"等要求，只有头脑里装入了这些要求，才能展开文明行动。请记住这句话："播下一种思想，收获一种行为；播下一种行为，收获一种习惯；播下一种习惯，收获一种性格；播下一种性格，收获一种命运。"从今天开始，从自己开始，让我们都来遵守社会公德，全人类一起共创和谐美好的家园！

做一做：

对照所学知识,对自己平时的表现作出评价。

项 目	地点或方式	完全做到	部分做到	没有做到	改进措施
"我是文明游客"	风景区				
"我是文明观众"	影剧院				
	体育馆				
"我是文明读者"	图书馆				
"我是文明顾客"	商场				
	餐厅				
	酒店				
"我是文明乘客"	公交车				
	出租车				
	火车				
	飞机				
	电(扶)梯				
"我是文明市民"	步行				
	骑(开)车				
	排队				
	如厕				
	小区				
	上网				

第十二章　时间空间　排序讲究

在参加社交活动,出入公共场合,进行商务谈判时,遵守时间、空间的礼仪,掌握方位次序的规则,将有助于人们更好地体现出对他人的尊重,赢得对方更多的好感,从而成为在复杂人际关系中游刃有余、应对自如的高手。

第一节　时空礼仪

看一看:

　　1779 年,康德想要去一个名叫珀芬的小镇拜访他的一位老朋友威廉先生。于是,他写了信给威廉,说自己将会在 3 月 5 日上午 11 点钟之前到达那里。威廉回信表示热烈欢迎。

　　康德 3 月 4 日就到达了珀芬小镇,为了能够在约定的时间到达威廉先生那里,他第二天一早就租了一辆马车赶往威廉先生的家。威廉先生住在一个离小镇十几英里远的农场里。而小镇和农场之间,隔着一条河。康德需要从桥上穿过去。但马车来到河边时,车夫停了下来,对车上的康德说:"先生,对不起,我们过不了河了,桥坏了,再往前走很危险。"

　　康德只好从马车上下来,看看从中间断裂的桥,他知道确实不能走了。此时正是初春时节,河虽然不宽,但河水很深。康德看看时间,已经 10 点多了,他焦急地问:"附近还有没有别的桥?"

　　车夫回答:"有,先生。在上游的地方还有一座桥,离这里大概有 6 英里。"康德问:"如果我们从那座桥上过去,以平常的速度多长时间能够到达农场?""最快也得 40 分钟。"车夫回答。这样康德先生就赶不上约好的时间了。

　　于是,他跑到附近的一座破旧的农舍旁边,对主人说:"请问您这间房子肯不肯出售?"农妇听了他的话,很吃惊地说:"我的房子又破又旧,而且地段也不好,你买这座房子干什么?""你不用管我有什么用,你只要告诉我你愿不愿意卖?""当然愿意,200 法郎就可以。"康德先生毫不犹豫地付了钱,对农妇说:"如果您能够从房子上拆一些木头,在 20 分钟内修好这座桥,我就把房子还给你。"农妇再次感到吃惊,但还是把自己的儿子叫来,及时修好了那座桥。

　　马车终于平安地过了桥。10 点 50 分的时候,康德准时来到了老朋友威廉的房门前。一直等候在门口的老朋友看到康德,大笑着说:"亲爱的朋友,你还像原来一样准时啊。"

想一想：

1.康德为什么要这样做？他的行为可取吗？

2.时间观念与一个人的诚信度有什么关系？对塑造良好形象可产生哪些帮助？

一、遵守时间

（一）具有时间观念

现代社会，人们的生活、工作节奏都很快，每个人都应树立时间观念，既不浪费自己的时间，也不浪费别人的时间。有一次，拿破仑请他手下的几位将军用餐，时间到了，那几位将军还未到，拿破仑便一个人大吃起来。等那些人到达时，他已吃完了，他对他们说："诸位，聚餐的时间过了，现在咱们开始研究事情吧。"鲁迅先生说："无端地浪费人家的时间其实无异于谋财害命的。"可见，具有时间观念对人对己都很重要。

（二）充分利用时间

时间既是一个常数，公平地分配给每一个人，又是一个变数，善用则多，妄用则少。怎样充分利用自己的时间呢？

1.制订作息时间表

制订工作日志、周学习计划表、月工作计划表等。康德在哥尼斯堡大学任教期间，遵循严格的生活规律，他每天晚上八点钟睡觉，清晨 5 点钟起床，在 30 年中严格按照这一时间表活动，准确无误，以至于他每天早上外出散步时，当地的居民都以他出门的时刻为标准来校对时间，合理的时间安排最终使康德成为卓有成效的大哲学家。有了时间表，人们的生活、工作就会有条不紊，大大提高做事的效率。

2.现在就做（DO IT JUST NOW）

列宁是一位非常珍惜时间的人。有一次，一位同志向列宁汇报工作，列宁批准了他的计划，并问道："那么你们什么时候开始呢？"那位同志说："明天开始。"列宁却批评他说："为什么不今天开始呢？就是现在！"人的一生只有三天：昨天、今天和明天，古人云："我生待明日，万事成蹉跎。"我们唯一能掌控的就是今天，就是现在！

3.集腋成裘

"人不贵尺之璧，而重寸之阴"，鲁迅先生"把别人用来喝咖啡的时间都用在了写作上"。著名数学家陈景润能掌握英、俄、法、德四门外语，源于走路都在读读背背。充分利用零碎时间，可以大大提高学习、工作的效率，日积月累，会有惊人的成效。生活中、工作中，有许多零碎的时间很不为人注意，比如下班前 10 分钟、用餐前 15 分钟、等待乘车及乘车的时间等，虽然这段时间很短，但却可以充分利用起来做一些耗时较少的事情。例如：

（1）10 分钟可以做的事：拟订明天的计划，读一篇文章，浇花等。

（2）5 分钟可以做的事：打电话，做仰卧起坐、伸展运动等。

（3）3 分钟可以做的事：记记单词，思考下一步的工作，想一想工作的得与失等。

（三）合理选择时间

人们在相互交往中，少不了公务往来和走亲访友。若想成为受欢迎的人，多站在对方的角度考虑,合理选择交往时间是非常有必要的。

(1)一年四季中,春夏秋冬都可以找到往来的好时机,不过,夏季因天气炎热,穿戴举止都不太方便,应尽量减少交往活动。

(2)对于公务拜访,选择对方上班的时间最合适,但一定要避开工作繁忙的时间。最好不要选择星期一,因为新的一周开始,往往是最忙的时候;也不要选择星期五的下午,经过一周的工作,人的思想松懈了,工作效率会受到影响。

(3)如果是私人拜访,以不影响对方休息为原则,最好安排在节假日的下午和晚上。

(4)在节假日、凌晨、深夜,以及用餐和午休时间一般不便拜会。具体而言,如果在工作时间,应在上班后半小时左右,并避免在下班前半小时;如果约见安排在晚上,最好在19~21点,不要超过22点。

(5)若去异性朋友家里做客,尤其要注意以对方方便的时间为宜,过早、过晚或时间过长都是不恰当的。

(6)按照约定,最好提前5~15分钟到达,既不浪费自己的时间,又避免对方未作好准备而尴尬。如因故不能及时到达,应尽早通知对方,并讲明原因,无故迟到或失约都是不礼貌的。

(7)礼节性的拜访时间不宜过长,除非事先与主人约好了长谈,一般控制在半小时到一小时。

二、空间礼仪

在人际交往中,距离是一种无声的语言,它可以显示出人与人之间关系的亲疏远近。"亲则近,疏则远",人们在交际中通常有四种空间距离。

(一)亲密距离(私人距离)

两人之间的距离在0.5米之内,适用于恋人、夫妻、父母子女以及至爱亲朋之间。

(二)社交距离

双方距离在0.5~1.5米,适合于同事、一般朋友之间。这是人际交往中,人们或站或行运用最多的距离,因此又称常规距离。

(三)礼仪距离

也称尊重的距离,双方距离保持在1.5~3米。适用于打招呼、讲课、演讲、会见、会谈、仪式等比较严肃、庄重的场合。

(四)公共距离

双方保持3米以上的距离,处于这一距离的双方只需要点头致意即可,如果大声说话,是有失礼仪的。公共距离使双方互不干扰,各自都感到轻松自然,是在公共场合与陌生人相处的最佳距离。

做一做:

1.记录一天的学习、生活过程,运用《时间管理检测项目表》对自己的时间管理能力进行测评。

时间管理检测项目一览表

对象	序号	检查评价项目	分值	自评	他评	对策
管理者自身	1	是否有时间观念	20			
	2	是否利用零碎时间	5			
	3	是否有书面计划安排自己的时间并按其行动	20			
	4	是否考虑和做了不必要的工作	5			
	5	实耗时间与计划时间的差异	5			
	6	是否定量支出自己的时间	10			
	7	是否随时反省自己浪费时间的因素	15			
	8	是否有浪费别人时间的现象	5			
	9	是否能连续、集中地运用自己的时间	5			
	10	是否严格对下级进行时间管理	10			
总分						

2.平时的学习、生活、工作中你善于利用零碎时间吗？分组讲述你所了解的善用零碎时间的故事或自己的亲身经历，并总结概括出善用零碎时间的方法。

第二节　次序礼仪

看一看：

李静雅是恒盛商务信息公司总经办新来的秘书。一天，总经办郑晨主任让她落实安排湘源电子信息有限责任公司钱劲力总经理一行四人来访的工作。当李静雅陪同公司孙卓副总经理到机场迎接他们时，看到钱总从机场走出来，马上前去热情问候，然后带着他们来到公司安排的小车前。李静雅安排钱总坐在前排的副驾驶座位上，但钱总当时犹豫了一下，然后说他有些不舒服想坐在后排休息一下，便与孙总一起坐在了后排。可上车后，钱总与孙总一路谈笑风生，没有一点不舒服的迹象。李静雅这才意识到，刚才她可能在座次的安排上做得有些不妥。那么，在后面的会谈工作的会场布置及一系列接待过程中，还会出现一系列座次安排问题，李静雅不想再出现任何差错。她知道出席这次会议的人有恒盛公司的钱劲力总经理、赵林副总经理、公关部郭莉部长及秘书文明明，本公司的王建新总经理、孙卓副总经理、办公室郑晨主任及李静雅本人。

（王芬《秘书礼仪实务》，电子工业出版社）

想一想：

假如你是李静雅，你会如何安排这次会场布置及一系列接待工作中的方位次序？

一、次序礼仪的含义

次序礼仪是指人们在交往活动中，为了体现参与者的身份、地位、年龄等的差别，给予某些公众以必要的尊重，或者为了体现所有参与者一律平等，而按一定的惯例或规则对其进行排列的礼仪规范。一般而言，在公务活动中，尊位应留给客人或职务、身份高者；在社交活动中，则尊位留给长辈、女士或德高望重者。

二、次序礼仪的基本原则

(1)面门为上。在室内活动时，面对房间正门的位置是上座。

(2)居中为上。中央高于两侧。

(3)以右为上。一般的社交活动、商务交往乃至国际往来中，我们应遵守以右为上的国际惯例。而我国的传统习俗是以左为上，在我国政务活动中比较通行。

(4)前排为上。以行进方向或主席台等为参照物，靠前的位置为尊，越往后越次。

(5)以远为上。距离房间正门越远的位置越高，距离房门越近则位置越低。

(6)以安全、方便、舒适为上。根据实际情况，能带给人更好感受的位置为上位。

三、次序礼仪的运用

(一)宴会的桌次与座次

1.桌次安排

桌次即餐桌的高低次序，排列桌次时应遵循“居中为上，远门为上，近主为上，以右为上”等原则，即数桌围成众星捧月形时，以中间一桌为主桌；离门越远，桌次越高；越靠近主桌，桌次越高；与主桌等距离时，以面向正门的方向为准，右侧桌次高于左侧桌次。桌数较多时，应摆放桌次牌，以便寻找。(图 12-1—图 12-6)。

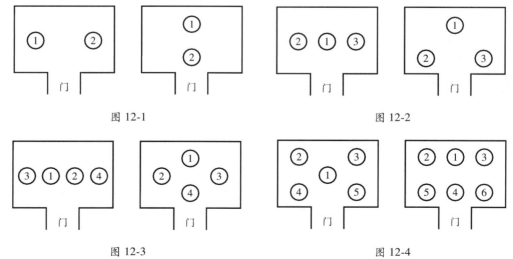

图 12-1

图 12-2

图 12-3

图 12-4

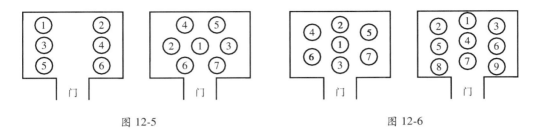

图 12-5   图 12-6

2.席位排列

（1）国外习惯男女穿插安排,以女主人为准,主宾在女主人右上方,主宾夫人在男主人右上方。

（2）在中餐宴会上,排列席位有下述四条规则:

①"好事成双"。要求餐桌上用餐者的具体人数宜为双数,因为中国人以双数为吉祥之数。

②"各桌同向"。除主桌之外的其他各张餐桌,都可以采用与主桌一致的排位方式,届时各张餐桌上的具体席位顺序应当基本相同。

③"面门为主"。一般情况下,主人之位应当面对餐厅正门;第二主人在第一主人对面就座。

④"主宾居右"。是指主宾一般应挨着主人,并在其右侧就座。除主人与主宾之外,双方的其他就餐者分别在主人、主宾一侧依其身份的高低顺序就座。

上述四条规则,通常会交叉在一起使用,而很少单独使用。

中餐席位排列图见图 12-7。

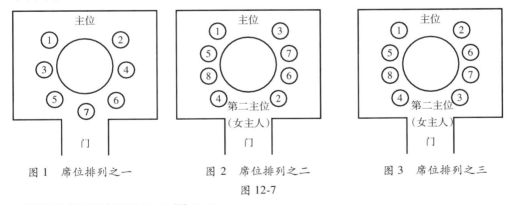

图 1　席位排列之一　　　图 2　席位排列之二　　　图 3　席位排列之三

图 12-7

西餐席位排列图见图 12-8、图 12-9。

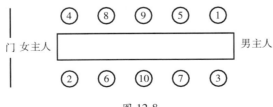

图 12-8

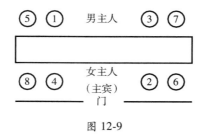

图 12-9

（二）会见的座次

一般来说，主要有以下几种方式：并列式、相对式和自由式。

1. 并列式

主、客双方并排面门而坐，门通常在主、客的正前方。会见时第一主人应请主宾坐在他的右侧（上座），宾主双方的其他人员则按其身份高低，按距离上座由近至远的次序排列就座，翻译或记录人员可在其两边或后侧就座。（图 12-10）

2. 相对式

主人与客人相对而坐。需要依据门的位置来确定会见的座次。

（1）进门后桌子横摆，离门远、面对门的一侧是上座留给客人。离门近、背对门的一侧为主人位。（图 12-11）

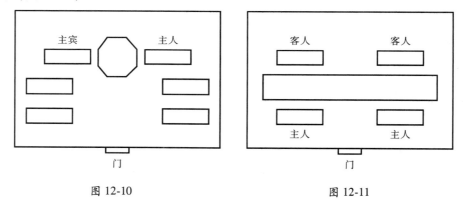

图 12-10   图 12-11

（2）进门后，桌子竖摆，即桌子的窄端面对门的时候，以进门后右手一边为客方席位，左手一边为主方席位。（图 12-12）。

如果在办公室接待来访者，那么离办公桌远、靠窗户近、比较安静的座位是上座。（图 12-13）。

3. 自由式

主客双方自由选择座位，不排座次，能较好营造出轻松的谈话氛围。这种安排方式通常用于人数较多，不便于排座次，或会见双方关系比较密切，不需排座时。

（三）会谈的座次

会谈是由主客双方或多方就共同关心的问题交换意见和看法，寻求解决办法的一种沟通形式。会谈的氛围一般比较严肃，座次安排更加规范。

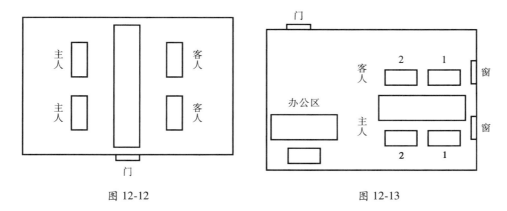

图 12-12　　　　　　　　　　　　图 12-13

1.相对式

相对式一般使用长方形或椭圆形谈判桌,宾、主各自列于桌子两侧,主谈人员居中,其他人员依职位高低由近而远按以右为尊原则,分坐于主谈人员两侧。根据谈判桌的摆放和门的方位,通常有两种座次安排方法。

（1）谈判桌的窄端面向门,进门后右侧为上,是客方席位;左侧为下,是主方席位。（图12-14）

（2）谈判桌横放,面对正门的一方是上座,为客方席位;背对正门的一侧为主方席位。（图 12-15）

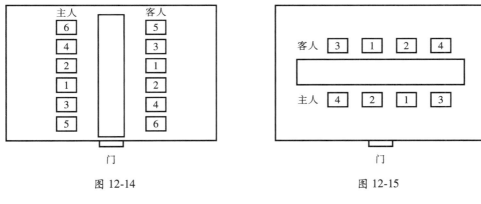

图 12-14　　　　　　　　　　　　图 12-15

2.主席式

这种形式适合三方或三方以上的多边会谈。在会场里设一个主席台,发言人轮流到主席台上发表意见、陈述观点。（图 12-16）

3.自由式

这种形式是与会各方（三方或三方以上）不排顺序,可以随意而坐。会场通常是圆桌式的会场布置,表明各方平等的关系。一般东道主坐于背靠门的下座,以示对客方的尊重。

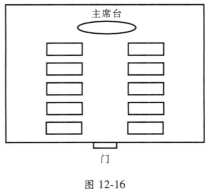

图 12-16

（四）主席台的座次

主席台上的座次顺序按"前排为尊""中间为尊""以右为尊"（商务礼仪、社交礼仪以右为尊；我国政务活动以左为尊）的原则来确定。（图12-17、图12-18）

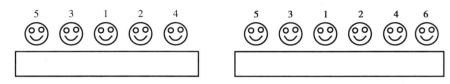

图12-17　政务次序　　　　　　图12-18　商务、社交次序

尊者的确定应该根据活动目的、内容以及主人的价值取向和客观需要而决定。例如，政治、行政活动可能以职位为标准；经济活动可能以资金实力为依据；纪念活动可能以长幼来安排。

主席台座次方案要送交有关领导审定，工作人员应当随时关注来宾人员的变化，不可出现人来无座或有座无人的现象。

（五）合影留念的位次

合影时，一般由主人居中，按礼宾次序，以主人右手为上，主客间隔排列，在可能情况下两端一般由主方人员把边。（图12-19）

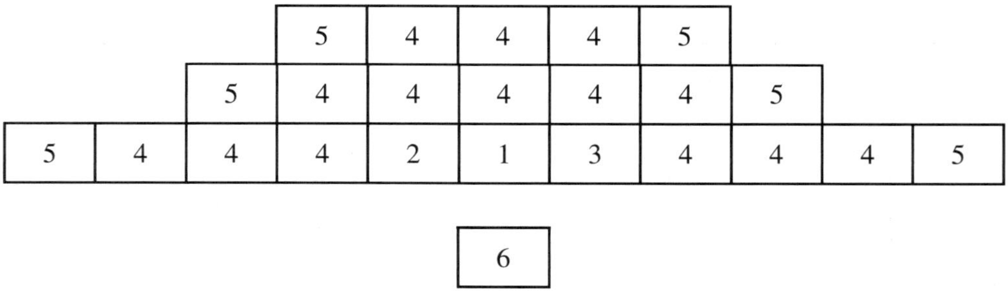

		5	4	4	4	5		
	5	4	4	4	4	4	5	
5	4	4	4	2	1	3	4	4	4	5

| 6 |

图12-19

1—主人　2—主宾　3—第二主宾　4—客方人员（或主客插排）
5—主方人员　6—摄影师

（六）行走的位次

行走次序是指人们在步行中的位次排列顺序。其一般原则是：

1.二人行

前后行：前为尊，后为次；左右行：右为上，左为下；沿路行：内侧为上，外侧为下。

2.三人并行

中为尊，右为次，左为下。

（七）轿车的座次

正式接待乘坐轿车时，一定要分清座次的尊卑，并在自己适合的位置就座。确定座次时主要考虑以下内容。

1.轿车的驾驶者

（1）主人驾车。前排为上，后排为下；以右为尊，以左为卑。如按从 1 到 8、地位由高及低编号（即 1 为地位最高、8 为最低，下同），次序见图 12-20。

图 12-20

双排座的后排中间座位因舒适程度稍差，因此后排座位重要程度不是从右至左依次递减；三排七座中间一排的位置为加座，故地位低于后排；而三排九座的中间一排因非加座且紧靠车门进出方便，故地位更高。

乘坐主人驾驶的轿车，如主人夫人跟随，则其夫人坐副驾驶座；如其夫人未随，则与主人关系最好的宾客坐副驾驶座以示相伴。

（2）司机驾车。后排为上，前排为下；以右为尊，以左为卑。次序见图 12-21。

图 12-21

现今流行的商务车，多将三排九座改为三排八座，将 2 号位取消，并将中间一排的空间设计得最大，就是给 1 号和 3 号座位（因 2 号位取消该位仅次于 1 号位）两个最重要的座位最舒适的享受。

2.嘉宾本人的意愿

嘉宾坐在哪里，哪里就是上座，即使嘉宾不明白座次，坐错了位置，也无需纠正。

（八）对等关系的排列

在需要体现双方或多方的关系是对等的情况下，可参考以下的方法排列次序。

（1）按姓氏笔画、笔顺排列。参与者的姓名或单位名称是汉字的，可用这种方法。以姓名或单位名称第一个字的笔画数,按由少到多的次序排列。当第一个字的笔画数相同时,则按第一个字的笔顺,依点、横、竖、撇、捺、弯勾的先后顺序排列。

（2）按字母顺序排列。在涉外或国际活动中,多按英文或其他语言的字母顺序排列。每次只能确定一个语种的字母进行排序,如第一个字母相同,则比较第二个,依此类推,直到排出次序。

（3）按组织者收到回执的时间先后排列。

（4）按团体抵达活动地点的时间先后排列。

做一做：

1.单项训练

（1）请给我国的政务活动中,五人座的主席台排列位次顺序;在商务活动中,请给十人座的主席台排列位次顺序。

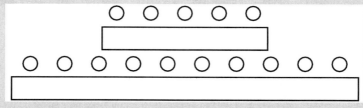

图 12-22

（2）请为下列的会谈安排主客席位和位次顺序。

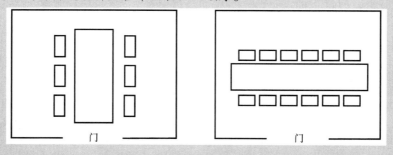

图 12-23

（3）请给下列的会客区安排座次顺序。

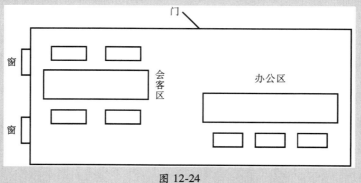

图 12-24

2.综合情景训练

（1）某职业技术学院迎来首届秘书节。学院决定由学生社团中的秘书协会牵头，筹办一系列庆祝活动，锻炼他们的组织协调、处理事务能力。协会会长系文秘专业大三学生李阳，他工作热情高，积极主动，组织编排了一系列精彩节目，吸引本专业及外专业的学生前来观看，借此扩大文秘专业在全院的影响，提高知名度。开幕式那天，李阳安排六名同学站在门口负责接待，邀请了文秘专业所在系部的赵主任、系学工处李书记、文秘专业教研室主任路教授及其他专业教师郑教授、钱教授、周老师、欧阳老师。另外，李阳还特邀了院学工处干事蔡老师（负责学生管理工作的年轻干事）参加。

请模拟演示这次秘书节开幕式的位次安排及接待过程。

实训要求：

分组训练。把全班学生分成若干组，一组13人左右。每一组再分成两个小组，一个小组扮演来宾，一个小组扮演秘书协会成员，负责接待工作。

形象要求。仪表得体，仪容恰当，仪态大方。

角色互换。每一组演示一遍之后，角色互换，再演示一遍，相互指正和点评。

（2）班级毕业合影，请设计相关合影人员并安排位次，学生分组分角色演练，如引领、座次安排等。

第十三章　招呼问候　暖人心头

音乐始于序曲,交谈始于问候。招呼问候是交谈的第一礼仪程序,可以打破界限,缩短交往距离,对于交谈者之间的话题有着情感导入的功能,因此,有人把它称之为人际关系发生、发展的起点。

第一节　礼貌称呼

看一看:

　　一位年轻人准备去风景区旅游。那天天气炎热,他下车后已走得筋疲力尽,口干舌燥,不知距目的地还有多远,举目四望,不见一人。正失望时,远处走来一位老者,年轻人大喜,张口就问,"喂,离青海湖还有多远呀?"老者目不斜视地回了两个字:"五里。"年轻人精神倍增,快速向前走去。他走呀走,走了好几个五里,青海湖也不见踪迹,他恼怒地骂起了老者。

（梁志刚,尹喜艳.商务礼仪[M].北京:北京大学出版社,2009.）

想一想:

　　1.你认为老者说的"WULI"是在告诉年轻人到青海湖的距离吗? 为什么?

　　2.称呼他人需要考虑哪些因素?

　　与人交谈对话首先要有礼貌得体的称呼,它不仅能体现彼此之间的身份、关系,同时也反映了一定的心理感受,对交往的效果大有影响。

　　某中学,老师正在上课,这时一位颤巍巍的老太太出现在教室门口。老师停下讲课,走过去问:"老人家,您找谁呀?""小子! 我是你姨!"老人此话一出,引起全班哄堂大笑。其实老人没说错,她的确是这位老师的远房亲戚,只是她老了,不常回娘家,所以老师就不认识她了。她喊他"小子",也没错,长辈嘛! 只是地点不对,年龄也不合适,他毕竟也是三十几岁的人了,已不是"小子"。这就是称呼不当闹出的笑话。

　　有一个关于称呼非常著名的故事:1984 年,在新中国成立 35 周年的时候,几个北大学生在游行队伍里打出一条横幅——"小平,你好!"。这条横幅后来成为一个象征,这个时刻也成为共和国历史上最激动人心的时刻之一。而据说当时,那几个学生是担了极大的心的。担心领导,特别是小平同志认为"小平"这个称呼是对他的不尊重,怪罪下来。没想到小平同志很高兴,他从这个亲切的称呼里看到的是人民的拥护与爱戴,显示了领袖的英明与宽广胸怀。这事便传为了佳话。

一、称呼方式

目前国际惯用的称呼方式主要有以下几种:

(1)一般称。这是最简单、最普遍,也是面对陌生人最常用的称呼方式。女性称"小姐",男性称"先生",是使用频率最高的。"小姐"应是对未婚女性的称呼,职业女性可统称为"女士",已婚女性则应称"夫人"或"太太"。如果不清楚其婚姻状况,可统称为"小姐",决不可仅凭对方的年龄或自己的猜测而随意称呼对方为"太太"。

(2)职业称。如"胡医生""肖老师""售货员"等。

(3)职务称。如"吴主任""马局长""张董事长"等。

(4)亲属称。如"李阿姨""刘爷爷"等。

(5)姓名称。即直接称呼对方姓名,比如,有个人叫"陈向天",叫"陈向天",多是在比较严肃的场合;叫"向天",那就亲近多了,一般是朋友或家人这样叫;如果只叫"天",那就更亲热,多半是恋人关系了。单纯只使用姓名的称呼方式一般是用于双方年龄、身份相仿时,或者好朋友之间,否则,就应在姓名后加上职务、职业等并称才恰当,如"高振云校长""王海老师""吴小英小姐"等。

二、注意事项

由于各地风俗习惯的差异,当用到姓名中的"姓"来称呼对方时,需要注意以下问题:

(1)汉族人的姓名排列方式是姓在前,名在后。西方人的姓名排列方式恰恰相反,大多是名在前,姓在后,如约翰·史密斯的姓是史密斯,名是约翰,称呼时不要混淆。

(2)中国人的姓名中有复姓的情况,如"欧阳""诸葛""司马"等,假如把"欧阳小姐"称作"欧小姐",或是把"司马图"称作"司先生",定会引起尴尬。

(3)有些汉字在作为姓氏时有它特殊的读音,对此要有所了解,以免出错。比如作为姓出现的"单",就应读"shan"而不是"dan";"仇"应读"qiu"而不是"chou";"区"应读"ou"而不是"qu"等。

(4)在我国的港、澳、台地区,女性结婚后,通常会在自己的姓之前再加上丈夫的姓。如前任香港特区政务司司长陈方安生,应称之为"陈太太",而不是"方太太",本姓方,夫姓陈,应叫陈太太,而不是方太太。

做一做:

4—6人一组为单位,将日常交往中不知如何称呼的情况集中起来,向其他小组提问,回答多且正确率高的小组获胜。

第二节　主动致意

　　致意，又被称作"袖珍招呼"，是指用礼节性的举止向他人表达问候，通常用于熟人见面、迎来送往或被引见时。礼貌的致意，会给人一种友好愉快的感受；反之，就可能会被看作缺乏教养、不够友善。怎样的致意才是正确的呢？

一、致意的规则

（一）讲究顺序

　　致意应当遵循一定的先后顺序。一般来说，在社交场合中，男性先向女性致意，下级先向上级致意，年轻的不管男女均应先向年长者致意。两对夫妇见面，女性先互相致意，然后男性分别向对方的妻子致意，最后男性互相致意。

（二）热情主动

　　发自内心的致意才能让对方感受到真诚，因此在行礼时应当精神饱满，眼神专注，表情轻松，使对方体会到你的关注和友好。反之，如果萎靡不振、目光涣散，甚至以呆滞的表情向他人致意，只会令人怀疑你的诚意，致意的目的也就无法达到了。

二、致意的方式

　　不同国家、身份的人习惯使用的致意礼节有所不同，比较常用的方式有以下几种。

（一）点头式

　　即颔首致意，大多适用于不宜交谈的场所，如在影院或会议进行中。如果与对方很熟悉但同一天内多次见面，有一面之交但不知对方姓名，或者遇上多人而又无法一一问候时，都可以点头为礼。行礼的方法是身体不动，面带笑容注视对方，下颌微收，头部向下轻点一下，幅度不要太大，也不要反复点头不止。在向上级、长者、女士点头致意时最好停下脚步。（图13-1）

（二）挥手式

在公共场合遇到相识的人，如相距较远，或者正在忙碌，无暇分身相迎，可以举起手轻轻挥动向对方致意。通常是面带微笑，目视对方，同时抬起右臂，指尖超过肩部，手指自然弯曲，掌心朝向对方，轻轻左右摆动几下，同时略略点头，在离开时可道"再见"，注意无须左右反复摇动。（图 13-2）

图 13-1　　　　　　　　　　　　　　　　　　图 13-2

> 欧洲中世纪时期，骑士们常常要在王公贵族面前比武。当他们高唱赞歌经过公主的坐席时，要同时举手齐眉做出"遮住阳光"的动作，意思是把公主比作光芒四射的太阳。后来这个动作成为军人接受检阅的礼节，而挥手致意也是由这个动作演变而来。

（三）欠身式

致意者可以站着也可以坐着，在目视对方的同时，身体上部微微前倾 15 度左右，以表示对对方的尊敬之意。如果处于坐姿，在上身前躬的同时，臀部轻起离开座椅。欠身致意适用的范围很广，有朋友入座，可用欠身代替起立来表示礼貌；当正在与朋友交谈，另有他人要参与进来，置之不理或中断谈话都欠妥，这时也可以欠身表示欢迎。动辄鞠躬握手，显得迂于正式拘谨，欠身致意正好解决了这类问题。

（四）脱帽式

与朋友、熟人见面时，若戴着有檐的帽子，则以脱帽致意最为适宜。即用距对方稍远的一只手脱帽子，将其置于大约与肩平行的位置，微微欠身，同时与对方交换目光。致意时动作不可马虎，态度也不能满不在乎，必须是庄重认真的，以充分显示对对方的尊重。

> 脱帽礼来源于中世纪的欧洲。当年，武士们作战要戴头盔，以防止敌人袭击。来者为了表示自己不是敌人，就首先要把头盔掀开，露出面孔。还有一种说法，武士们和妇女谈话，必须把头盔举起，这种习惯发展到近代，就成了脱帽礼。

图 13-3

（五）微笑式

微笑的方式，可以用于同不相识者初次会面之时，也可以用于向在同一场合反复见面的老朋友"打招呼"。此外，微笑致意还经常与其他致意的方式结合使用，给对方留下友好、热情的印象。

上述几种致意方式，在同一时间面对同一对象，可以用一种，也可以几种并用，依自己对对方表达友善恭敬的程度而定。相互致意时要注意文雅，不要一面致意一面高声叫喊，也不要一手致意一手插在衣裤兜里，嘴里叼着香烟致意更是不礼貌的。

做一做：

1.请说说每种致意方式分别适合什么场合？

2.两人一组，相互练习致意的各种方式，直到运用熟练。

第三节　问候回应

看一看：

有一天，我和朋友小王一起散步。走到一段下坡路时，小王好像有点心不在焉。我问他怎么了，他解释道："没事儿，我看到一个熟人。"下了坡，小王紧赶几步走到前面，向一位推着自行车的老人热情招呼问候，在路边简短地聊了五六分钟后，老人骑上车，缓缓地离去。小王告诉我："这是我刚工作时的师傅，他对我们这些年轻人特别关心。"我问："那你看见他在前面，为什么不早点儿打招呼呢？"小王说："我本想叫他一声，还想过去帮他一把呢，可那样做不妥。他血压高，正推着自行车下坡，我如果和他打招呼，他突然回头是有危险的。所以，等到了平路，我才能过去打招呼。"

想一想：

1.你认为小王会打招呼吗？为什么？

2.招呼问候的目的是什么？你平时是如何打招呼的？

问候寒暄，是社交场合人们见面时以天气冷暖、生活琐事及相互关心之类为内容的应酬话。这些问候并不只是简单的客套，它们听起来平易近人，令人舒心，能够表示慰问以及友好的态度，使对方感受到你的礼貌，也能够使见面时单调的气氛活跃起来，引导双方产生交谈的兴趣。在致意的同时伴以适当的问候，将会使人际交往显得更生动，更具活力。

一、问候的原则

（一）问候要主动

在表现交往中的真诚与友好时，应当有主动的意识。主动地向他人问候，是尊重他人的表示。一般情况下，男性应主动问候女性，年轻者应主动问候年长者，下级应主动问候上级。

（二）问候要得体

问候的方式、语言要考虑环境、场合等因素。在生活中，关系密切的人之间可以轻松随意地问候对方，如"去哪儿""忙什么"。而工作、社交场合中的问候就应当比较正式及慎重，如"久仰""很荣幸认识您"。

（三）问候要周到

在与多人相遇施以问候时，不可只理会自己熟悉的人或身份地位高者，应依位次一一顾及。如果只认识其中个别人，那么在招呼问候之余，目光也应兼顾其他人，并以微笑或点头示意。

（四）问候要因人而异

使用问候语应当考虑交谈对象的特点，以免令人尴尬或闹出笑话。对老年人可以询问"身体好吗"，对成年人可以问候"工作忙吗"，对小朋友可以问"几岁了"或"几年级了"之类的话。但如果对一位年轻女性问候"你又长胖了"，恐怕就会招来白眼了。而中国传统的问候语"吃了吗？"则可能被外国友人误解为你是在邀请他一同进餐，造成让双方尴尬的局面。

（五）问候不要涉及隐私、禁忌

问候若涉及对方的隐私或一些不愉快的话题，会被理解为有意窥探、挑衅他人，容易引起对方的反感。所以，问候应力求做到"七不问"，即不要问年龄、婚姻、住址、经历、工作、收入、信仰，尤其对西方人应当特别注意。而一见面就说"现在还在吃药吗？"或"您脸色真差"等话语，对方的不愉快可想而知。

二、问候的方式

不同的情况有不同的问候方式，应根据时间、场合、对象以及实际情况选择最恰当的方式。

（一）简洁式

最简洁明了，通用性最广泛的问候用语是"您好"，它在表示问候的同时又包含了对他人的祝福。因此，微笑着道一声"您好"，这种不强调具体内容的问候语适用于一切场合，使用频率非常高。

（二）时段式

根据碰面的时间,互相道一声"早上好""下午好"或是"新年快乐""给您拜年了"等,也是一种比较简单、实用的招呼方式。对于初次见面的朋友,真诚地道一声"认识您很高兴",有助于打开友谊之门。而对于久别的朋友,可以问道"好久不见,近来好吗?"以表示关切之意。

（三）夸赞式

在碰面时抓住对方的闪光点及时称赞,如"您穿这件衣服真漂亮!""您看上去容光焕发"等,能够使对方心情愉悦,从而赢得对方的好感,拉近相互间的距离。

（四）称呼式

如果比较熟悉,按平时的称谓称呼,也可算是问候,如"吴叔叔""陈姐"等。称呼之后如果想多说几句话,可以加点诸如"今天的风真大""这段时间挺忙吧"之类的话。如果没什么话说,可以微笑着点点头或者招招手。

遇到关系比较近的人,最好一边用礼貌的语言问候,一边上前握手,表示见到对方很高兴。但是,即使是最好的朋友,也不要在双方相距很远时高声叫喊,而在公共场所手舞足蹈地大声问候就更为不妥了。

三、积极回应

问候是相互的。被人问候,绝不可自认为理所应当,爱理不理,只有及时回应,才是礼貌的表现。

通常,被问候者可以用同样的方式"投桃报李"以示答谢。比如遇到别人向自己致意,马上用对方所采取的致意方式回敬对方;对方问候"您好",可回应一声"您好",对方说"认识您很高兴"时,可以回答"谢谢! 我也很高兴认识您"。

寒暄之后,如果还想多谈一会儿,应该靠边一些,避开拥挤的行人,不要站在来往人流中进行攀谈。总的来说,路上遇到熟人,谈话时间不可过长。如果有很多话要说,可以找一个适合交谈的场所,或另约时间、地点继续交谈。

做一做:

1.模拟练习以下场景,为自己设计适合的招呼问候方法。

场　景	态　度	目　光	表　情	问候方式	可选话题
在校园里遇到老师					
在楼道里遇到邻居					
逛街时遇到以前的同学					
开会时遇到同行的朋友					

2.课外阅读。

善意的问候能得到多少回应

日前,某学院的"十指公关小组"进行了一项名为"人际关系初体验"的调查活动。他们的做法是:对陌生人说"你好",并记录下他们的反应,反应分为"友好""诧异"和"其他"。数据收集是在校园内进行的。通过3天对近300个样本的调查,最终分析得出以下结论:

每个人一天心情最好的时间是在早晨。如果一个人在早上同陌生人问好,收到的友好的回应要占到72.9%。而到了晚上,友好的回应下降到了33.33%。多数人表示诧异。大概是"一天之际在于晨"吧。清晨一般是一天当中最美好的时候,空气清新,环境宁静,经过一夜的休息,昨日的疲倦已经不在,浑身上下轻松了许多,而人自然也会和善许多。

调查还显示,男人比女人更好相处。在近300个样本中,男性的友好回应达七成,而女性只占26.47%。当调查结果公布后,更多的人表示这是因为男性比女性更容易保护自己,所以他们不惧怕问候背后会有什么非善意的表达。其次,也有人认为男性心胸开阔,想问题也不甚深入,而女性则会由这个简单的问候联想到很多不好的方面。

另外,调查结果也显示:年龄与人的心理状态大有关联。问候过程中,老人的友好回应率为100%,年轻人占58.99%,而中年人中则有多于三分之一的人采取不理睬的态度。这并不是年龄本身有多大的心理作用,而是与年龄紧密相关的生活经历影响制约着人们的行为。

老年人,尤其是六十岁之后的老年人,面对陌生人的问候,几乎所有人都会面带微笑,很友好地回应。他们早已历尽沧桑,阅尽人间春色,开始渴望别人的注意与重视,以确定自身价值的存在,故对外界有了新的需求,因此与老年人打交道并不是件难事。

学生生活经历少,他们总是愉快的时候多,不快的时候少,所以容易以自然的微笑和轻松的态度来对待旁人。其次,学生处于易冲动时期,容易被同龄人的语言、表情感染,并有着与外界交往的强烈愿望,所以容易与人交流,也愿意在此活动中体验到快乐。然而,由于现在学生被骗事件屡见不鲜,也多少让这个年龄段的人有些自我保护意识,生怕跟陌生人说句话会对自己有什么不利。

对于中年人,不理睬、态度恶劣占到三分之一以上的情况应属正常。因为中年人一般生活负担最重,上有老下有小,家里家外繁杂的事情比较多,所以心境好的时候不多,故没有精力和心境理解或体验别人的困境。

结合以上三种统计结果分析,对善意问候的回应表现为"诧异"的比例达到三分之一左右,说明即便在人际关系较为简单的校园内,猜疑戒备依然很重。国人几乎都懂得"人心难测"的道理,在"防"与"戒"的心态下,倾听别人的过程不可能仅仅是理解言语的表面意思,而且还要猜测隐含的意思,即"听话听声,罗锅听音"。在交往过程中,对他人的戒心势必包含着对他人的不信任感,于是,总是习惯性地对别人言行的真实性产生怀疑,继而是猜测各种可能的意图。"叫我?""有事吗?""你是谁?""我们认识吗?"这些反应正是此种心理的言语体现。少部分的人甚至表现出表情与言语的敌意。

面对安全感日益缺失的今天,还有多少人能毫无顾忌地回应陌生人善意的问候呢?答案值得我们深思。

(摘自河北师范大学《传媒视野》)

第十四章　名片介绍　印象重要

在现代社会，人们交往的范围广，结识的对象多，但由于时间、精力有限，不可能对每个交往对象都记忆犹新。人们说人脉就是钱脉，如何给交往对象留下良好深刻的印象，尤其是见面之初的第一印象，往往决定了交往是否能够延续，合作是否能够开展。一张小小的名片，几句恰到好处的介绍，可能为你叩开交往的大门，铺就成功之道。

第一节　名片礼仪

看一看：

某公司新建的办公大楼需要添置价值数百万元的系列办公家具，经过相关比较了解，公司何总经理已初步决定，向鸿远公司购买。

这天，鸿远公司的销售部李经理打来电话，要上门拜访何总经理。何总经理打算等对方来了，就在订单上盖章，定下这笔生意。

不料李经理比预定的时间提前了2个小时到达，原来听说这家公司的员工宿舍也要在近期内落成，李经理希望员工宿舍需要的家具也能一起购买。为了谈这件事，他还带来了一大堆资料，摆满了台面。何总没料到对方会提前到访，刚好手边又有事，便让秘书请对方等一会儿。李经理等了不到半小时，就开始不耐烦了，一边收拾资料一边说："我还是改天再来拜访吧。"

这时，何总经理发现对方在收拾资料准备离开时，将自己刚才递上的名片掉在了地上，李经理却并没发觉，走时还从名片上踩了过去。这个莽撞的过失，立刻让何总经理改变了初衷，鸿远公司不仅没有机会商谈销售员工宿舍家具的事宜，结果连几乎到手的数百万元办公用具的生意也告吹了。

想一想：

1. 是什么原因导致鸿远公司丢掉了这笔生意？
2. 在使用名片的过程中，应注意哪些礼仪？

名片发展至今，已是现代交往中一种必不可少的联络工具，成为具有一定社会性、广泛性，便于携带、使用、保存和查阅的信息载体之一。在各种场合进行交际应酬时，都离不开名片的使用。名片主要用来介绍主人的姓名、联系方式，同时也向他人传递着身份、职务、专业等信息。掌握使用名片的相关礼仪知识，可以使名片在社交中发挥更充分的作用，提高人际交往的成功率。

一、名片的放置

(1)名片应该放在名片夹内,而不应该放在别的票证夹里,更不要将名片随意夹在小本本里,避免用时到处乱翻。名片夹由于要长久使用,所以尽可能用质地好的。

(2)男性穿西装的话,名片夹可放在上衣内袋里(图14-1),女性可放在手提包里(图14-2)。不应从裤子口袋里掏出。

图 14-1

图 14-2

(3)公文包以及办公桌抽屉里,也应经常备有名片,以便随时使用。

(4)接过他人的名片看过之后,应将其妥善存放在自己的名片包、名片夹或上衣内袋里。需要注意的是,自己的名片与他人的名片应分开放置,避免忙中出错,闹出张冠李戴的笑话。

二、名片的递接

(一)递送名片的时机

(1)希望认识对方时。在社交中,有许多毛遂自荐的机会,如在没有中间人介绍的情况下,或初次拜访对方时,一边自我介绍,一边递上名片,有助于给对方留下更深刻的印象。

(2)被介绍给对方时。如果希望与对方继续交往,可以在微笑致意或握手寒暄后,将自己的名片及时递送给他人。

(3)对方向自己索要名片。这时不要轻易拒绝他人,用双手将自己的名片递出。如果确有难处,可以委婉地说:"不好意思,我的名片刚好用完了。"

(4)对方提议交换名片。在接过对方名片的同时,递上自己的名片。可根据不同的交往需要,准备几种内容有不同侧重点的名片,这样针对性强,可以收到更好的效果。

(5)交往告一段落时。如果是事先约好,对方已对你有一定了解,或有人介绍,就可以在打招呼后直接面谈。到临别时,再拿出名片递给对方,以加深印象,并表示保持联络的诚意。

（二）递送名片的方法

（1）递名片时应起身站立，走上前去，上体前倾15度，用双手拇指和食指执名片两角，让文字正面朝向对方，递送过去。（图14-3）

（2）若对方是外宾，应该将名片印有英文的那一面对着对方。

（3）将名片递给他人前，可先作一下自我介绍，递送的同时眼睛注视对方，面带微笑并大方地说："这是我的名片，请多多关照""希望以后常联系"等话语。

（4）与多人交换名片时，应讲究先后顺序。交换名片的顺序一般是："先客后主，先低后高。"职位低的递送给职位高的，或是由近及远依次进行，切勿跳跃式地进行，以免造成厚此薄彼的误会。

图 14-3

（5）在尚未弄清对方身份时不应急于递送名片，更不要把名片视同传单随便散发。参加会议时，应该在会前或会后交换名片，不要在会中擅自与别人交换名片。

（三）接受名片的方法

（1）他人递名片给自己时，应起身站立，面带微笑，目视对方，双手捧接，同时说"很高兴认识您"。

（2）如果对方用单手递交名片，最好仍使用双手去接过，以表示自己的礼貌与尊重。

（3）接过名片后，要从头至尾把名片认真默读一遍，或将对方引以为傲的内容轻读出声，意在表示重视对方。

（4）对没有把握念对的姓名，可以向对方请教，然后将名片放入自己的上衣内袋或手提包、名片夹中。

（5）如果接下来与对方谈话，可不急于将名片收起来，这会使对方感觉你很重视他。在对方有两人以上时，应将他们的名片放在桌子上排好，并保证不被其他东西压住，然后按照接名片的顺序，分别进行交谈。

（6）交谈结束后，如果坐在椅子上，应把对方的名片收起来放好，然后再向对方致意告辞。

三、名片的管理

收到名片后应及时加以分类整理收藏，以便今后使用方便。不要随意夹在书刊、文件中，更不能无序地扔在抽屉里。可以按以下方法加以管理：

（1）按姓名的拼音字母分类。

（2）按姓名的笔画分类。

（3）按部门、专业分类。

（4）按国别、地区分类。

（5）输入商务通、电脑等电子设备中，使用其内置的分类方法。

第二节　介绍礼仪

介绍是打开交往大门的钥匙，恰当的介绍不仅使人们对介绍对象有一定了解，更能够建立进一步交流、合作的基础，是现代人不可忽略的交际手段。介绍主要有自我介绍、居间介绍和集体介绍三种类型。

一、自我介绍

自我介绍是一个人的初次亮相，对第一印象的建立起着举足轻重的作用。

（一）自我介绍的类型

1.主动型自我介绍

在社交活动中，希望结识某个人或某些人，在无人引荐的情况下，由自己充当自己的介绍人，将自己介绍给对方，这种自我介绍称作主动型自我介绍。

2.被动型自我介绍

应其他人的要求，将自己某些方面的具体情况进行介绍，这种自我介绍称作被动型自我介绍。

在实践中使用哪种自我介绍的方式，视具体环境和条件而定。

（二）自我介绍的时机

应当何时进行自我介绍？这是人们容易忽视的问题。如遇到下列情况时，有必要进行自我介绍。

（1）应聘求职、应试求学时。

（2）在社交场合或出差、旅行途中，与不相识者需要进一步的交往时。

（3）虽然有过交往，但担心对方可能记不清自己时。

（4）拜访熟人遇到不相识者挡驾，或是对方不在，而需要请不相识者代为转告时。

（5）初次拜访不相识的人或前往陌生单位进行业务联系时。

（6）因业务需要，在公共场合进行业务推广时。

（7）利用社交媒介，如信函、电话、电报、传真、电子信函，与其他不相识者进行联络时。

（8）初次利用大众传媒如报纸、杂志、广播、电视向社会公众进行自我推荐、自我宣传时。

（三）自我介绍的方式

在不同的场合中，遇到不同情况，需要作出的自我介绍也是不相同的。要做到完美地进行自我介绍，需要寻求恰当的方式进行自我介绍。

1.应酬式

应酬式自我介绍的内容最简洁，往往只包括姓名一项即可，适用于一般接触的交往对象。例如，"你好，我叫张强。""你好，我是李燕。"常用在一些公共场合和一般性的社交场合，如途中邂逅、宴会现场、舞会、通电话时。

2.工作式

工作式自我介绍的内容，包括本人姓名、供职的单位以及部门、现任职务或从事的具体工作三项。

（1）姓名应当准确完整，不可有姓无名，或有名无姓，更不能报绰号。

（2）供职的单位及部门，一般情况最好全部报出。

（3）现任职务或所从事的具体工作，有职务最好报出职务，职务较低或者无职务，则可报出目前所从事的具体工作。例如，"你们好，我是华生电子有限公司的外联部经理，姓张名强，欢迎你们的到访！""你好，我叫李波，在北京大学中文系教外国文学。"

3.交流式

交流式自我介绍适用于社交活动中，希望与交往对象进一步交流与沟通。这种介绍方式的内容包括介绍者的姓名、工作、籍贯、学历、兴趣以及与交往对象的某些熟人的关系等。例如：

"我叫王光，是里润公司副总裁。十年前，我和您先生是大学同学。"

"你好，我叫张明，在金洪恩电脑公司上班。我是李波的老乡，都是北京人。"

"我叫王朝，是李波的同事，也在北京大学中文系，我教中国古代汉语。"

4.礼仪式

礼仪式自我介绍是一种表示对交往对象友好、敬意的自我介绍。适用于讲座、报告、演出、庆典、仪式等一些正规的场合。其内容包括姓名、单位、职务等，同时还应加入一些适当的谦辞、敬语，以示自己对交往对象的尊敬。例如：

"女士们、先生们,大家好! 我叫宋彩云,是精英文化公司的公关部经理。值此公司5周年庆典之际,谨代表本公司热烈欢迎各位来宾莅临指导,谢谢大家的支持。"

"各位来宾,大家好! 我叫张明,是金洪恩电脑公司的销售经理。我代表本公司热烈欢迎大家光临我们的展览会,希望大家高兴而来,满意而归。"

5.问答式

问答式自我介绍是针对对方提出的问题,作出相应回答。这种方式适用于应试、应聘和公务交往。在普通性交际应酬场合,它也时有所见。例如:

问:"这位先生,您好,请问您怎么称呼?"

答:"您好! 我叫余建 。"

问:"请问这位先生贵姓?"

答:"免贵姓张,张飞的张。"

问:"请介绍一下你的基本情况。"

答:"各位好! 我叫李波,现年26岁,北京人,汉族……"

(四)自我介绍的注意事项

1.注意时间

(1)进行自我介绍一定要力求简洁,尽可能地节省时间。如无特殊情况以半分钟左右为佳,不要长于1分钟。为了提高效率,在作自我介绍时,可利用名片、介绍信等资料加以辅助。

(2)自我介绍应在适当的时间进行。进行自我介绍,最好选择在对方有兴趣、有空闲、情绪好、干扰少、有要求之时。在对方休息用餐或正忙于其他交际之时,则不太适合进行自我介绍。

2.讲究态度

(1)保持自然、友善、亲切、随和的态度,整体上讲求落落大方,笑容可掬。

(2)充满信心和坦诚,忌讳妄自菲薄、心怀怯意。要敢于注视对方的眼睛,显得胸有成竹,从容不迫。

(3)语气自然,语速正常,语言清晰。生硬冷漠的语气、过快过慢的语速,或者含糊不清的语音,都会严重影响自我介绍的形象。

3.力求真实

进行自我介绍时表达的各项内容,一定要实事求是,真实可信。过分谦虚,一味贬低自己去讨好别人,或者自吹自擂,夸大其辞,都是不可取的。

二、居间介绍

居间介绍是指中间人为其认识的双方或多方作介绍,使其相互认识并建立联系。

(一)介绍者的身份

通常情况下,介绍者可由以下人员担任:

(1)社交活动的东道主。

(2)社交场合的长者。

（3）家庭性聚会中的女主人。

（4）公务交往中的专职人员，如公关人员、礼宾人员、文秘人员、办公室人员、接待人员。

（5）正式活动中地位、身份较高者，或主要负责人员。

（6）熟悉被介绍人情况的人。

（7）应被介绍者要求，对彼此有一定了解的人。

（8）在社交应酬中，被指定的介绍者。

（二）把握介绍时机

遇到下述情况，通常有必要进行居间介绍：

（1）在交往中，同时接待彼此不相识的客人。

（2）遇见与同行者不相识的熟人。

（3）与同行者前去拜会其不相识的熟人。

（4）受到为他人作介绍的邀请。

（三）掌握介绍顺序

在为他人作介绍时，必须遵守"尊者优先了解情况"的规则。通常有以下几种情况：

（1）把职位低者介绍给职位高者。

（2）把年轻者介绍给年长者。

（3）把男性介绍给女性。

（4）把晚到者介绍给早到者。

（5）把未婚者介绍给已婚者。

（6）把主人介绍给客人。

（四）选择介绍方式

由于实际需要的不同，为他人作介绍的方式也会有所不同，一般采用以下六种形式。

（1）标准式。适用于正式场合，内容以双方的姓名、单位、职务等为主。例如："我来给两位引荐一下。这位是林海公司营销部冯兰小姐，这位是新月集团总经理苏月小姐。"

（2）简介式。适用于一般的社交场合，内容只有双方姓名一项，甚至只提到双方姓氏为止。接下来，就由被介绍者见机行事。例如："我来介绍一下，这位是江总，这位是李董，你们认识一下吧。"

（3）强调式。适用于各种交际场合，其内容除被介绍者的基本信息外，往往还会刻意强调一下被介绍者与介绍者之间的特殊关系，以便引起对方的重视。例如："这位是小儿刘洋，这位是旷达公司的经理杨义先生，请杨经理多多关照。"

（4）引见式。适用于普通的社交场合，介绍者所要做的，是将被介绍双方引到一起即可。例如："两位认识一下吧，其实，大家都是校友，只是以前不在一个年级，请你们自报家门吧。"

（5）推荐式。适用于比较正规的场合，介绍者是经过精心准备而来的，目的是将某人举荐给某人，介绍时，通常会对前者的优点加以重点介绍。例如："这位是王迅先生，这位是我们公司的汪洋总经理。王先生是管理方面的专业人士，他还是经济学博士。汪总，我想您一定有兴趣和他聊聊吧。"

（6）礼仪式。适用于正式场合，是一种最正规地为他人介绍的方式。与标准式略同，只是语气、表达、称呼上都更为礼貌、谦恭。例如："骆小姐,您好！请允许我把北京海洋公司的执行总裁张亮先生介绍给你。张先生,这位就是重庆爱华集团的办公室主任骆晴小姐。"

(五)介绍者的礼仪

(1)事先了解被介绍的双方有无认识的意愿和兴趣。

(2)恰当使用介绍用语。一般做法是,向接受介绍的一方说:"我来介绍一下",或者说:"请允许我向你介绍"。也可以用征询的口气问:"你愿意认识李晓吗?"正式场合的介绍语言要讲究文雅、庄重、严谨;普通场合或休闲场合语言可口语化、轻松化。

(3)介绍姿态优雅得体。为他人介绍时,应站在双方中间,微笑着用自己的视线把听介绍一方的注意力引导过来。手势动作文雅,五指并拢,掌心向上,大臂与上体保持30度左右的夹角,指向被介绍一方的肩与胸之间,指尖距其身体一拳左右。同时目光注视听介绍的人,配以点头微笑,讲述被介绍方的情况。介绍者不可用手拍被介绍者的身体,更不可用手指指点点。

图 14-4

(六)被介绍者的礼仪

被介绍者在介绍者询问自己是否有意认识他人时,一般应欣然接受,广交天下朋友。当介绍者进行介绍时,作为被介绍者,一般应起身站立,面带微笑,目视听介绍的对方,主动问候,如"您好""认识您非常高兴""幸会""久仰大名"等。介绍后双方可以握手,也可以点头致意,这时适合互换名片。

三、集体介绍

被介绍的一方或双方不止一人时,需要集体介绍。其形式有两种。

(一)单向式

当被介绍的双方一方只有一个人,另一方是由多人组成的集体时,一般只把个人介绍给集体,而不必再向个人介绍集体成员。"同志们,我给大家介绍一下,这就是我们财务部新来的大学生林新奕！"

(二)双向式

指被介绍的双方皆由多人组成。在公务交往中,此种情况比较多见。它的常规做法是,由主方负责人首先出面,依照主方在场者具体职务的高低,自高而低地依次对其进行介绍。接下来,再由客方负责人出面,依照客方在场者具体职务的高低,自高而低地依次对其进行介绍。

做一做:

1.创设情境,进行自我介绍。

(1)求职应聘时。

(2)到一个新的单位工作时。

(3)到电话中联系好的公司去洽谈工作时。

……

分组进行练习,五人一组,每两组为单位,按规范演练自我介绍。一组介绍,另外一组进行点评,5分钟交换角色。

2.创设情境,为他人介绍。

(1)把新客户引见给公司经理。

(2)开学典礼为同学们介绍学校领导。

(3)大会上将两位新同事介绍给全体同仁。

……

学生分组练习后进行展示,安排2~3组进行点评。

3.案例分析:

在一次正式的会议开始前,接待员刘强为不认识的来宾作介绍,"张总,这位小姐嘛,你可不要被她柔弱的外表迷惑了,可不能小看呀!她就是天达公司的公关部长刘梅小姐。""刘小姐,这位嘛,一看这穿着就不是普通人了,牛人呀!他就是大名鼎鼎的达佳公司的老总张波。"

问题:

你认为刘强能给客人留下好印象吗? 正式场合的介绍用语有什么讲究?

第十五章　迎来送往　主雅客勤

迎来送往是社交中一种重要的礼仪形式,热情友好地待客,文明体谅地做客,才能起到加强联系、增进感情、促进交流、沟通思想的作用。

第一节　待客礼仪

看一看:

泰国某机构为一项庞大的建筑工程向美国公司招标。经过筛选,最后剩下四家候选公司。泰国公司派出代表团亲自到美国的各家公司商谈。当泰国代表团到达芝加哥时,那家美国工程公司由于忙乱中出了差错,没仔细复核飞机到达时间,未去机场迎接泰国客人。泰国代表初来乍到不熟悉芝加哥,几番周折后终于入住商业中心的一家旅馆。他们打电话给那位急促不安的美国经理,在听了解释后,他们接受了道歉,泰国人同意第二天11时在经理办公室会面。第二天美国经理按时到达办公室等待,直到下午三四点钟才接到客人的电话说:"我们一直在旅馆等候,始终没有人前来接我们。对这样的接待我们实在不习惯。我们已经到达了另一个目的地。再见吧!"

想一想:

1.这家美国公司在接待远方重要客人的时候忽略了什么重要的程序?

2.泰国客人为什么在约定的时间不到约定的地点会谈?

中国有句古话:"出门看天色,进门看脸色",任何人到任何地方拜访,恐怕最不愿得到的就是冷遇。主人自如地运用待客礼仪,对来访者热情、友好地接待,才能让客人乘兴而来、满意而归。按接待对象的不同,可将接待分为:公务接待、商务接待、消费接待、朋友接待、外宾接待等。按接待场所为标准可分为:室内接待和室外接待。

一、精心准备

要让来客有好感,秘诀就在于事先做好准备:制订迎送来宾的具体计划,待客环境整齐清洁,营造良好的会面氛围。(图15-1)

二、热情迎客

对待远道而来的贵宾，应前往机场、车站、码头迎接客人。在客人约定到达的时间，不宜在房中静候，应亲自或派人到门口、楼下、住所门外等候迎接，并说"欢迎、欢迎""大驾光临，有失远迎""请进""你们好，一路辛苦了"等欢迎语和问候语。（图15-2）

图 15-1   图 15-2

三、周到待客

客人入座后，应为互相不认识的客人作介绍，并及时敬茶、敬烟，呈上果品、糕点等。

沏茶时，要当着客人的面取出杯子，揭开杯盖，盖口朝上放在茶几上，往杯中倒入适量开水，烫片刻后将水倒掉，再放入适量茶叶，倒入 1/3 杯开水，估计茶叶差不多已泡开时，再续上开水至茶杯 4/5 的高度，盖好杯盖，从客人的前方或右后方为客人上茶。

落座后，可询问客人是否抽烟，得到肯定答复后马上敬烟。敬烟时，应轻轻将盒盖打开，将烟盒的上部朝着客人，用手指轻轻弹出几支让客人自取。敬烟同时不要忘了敬火，为客人点火时，最好打一次火只为一个客人点烟，如果人较多，也最多连续为两人点烟，绝对不能点"转转火"，这样是很失礼的表现。若是禁烟区域，则应自动向客人解释。

敬奉烟茶糖果之后，应及时寒暄交谈，最好以客人为中心，将谈话的主动权交给他人，做一个好的听众是主人不错的选择。仔细聆听，适时微笑和点头进行回应，切不可无精打采、心不在焉、频看手表或打哈欠，以免对方误解为主人在下逐客令。

四、礼貌送客

当散席后客人准备告辞时，主人应适度挽留。若客人确实要走，则等其起身后，主人再起身相送，家人或陪同人员也应微笑起立，亲切告别。若客人来时带有礼物，送别时应再次提及对礼物的感谢或回赠礼物，并不忘提醒客人带好随身的物品。送客至大门口或街巷口，分手时，热情招呼客人"慢走""走好""再见""欢迎再来"等。切忌跨在门槛上向客人告别，客人刚走就重重地关门是非常失礼的表现。如果是初次来客，主人应主动指路或安排车辆接送,对远方来客则应送至火车站、机场或码头,并说祝福话语或发出再来做客的邀请。

做一做:
　　1.待客应做好哪些环节?
　　2.请模拟演示送客的情景。

第二节　做客礼仪

看一看:
　　周一早上9:00刚上班,圣光照明器材厂的业务员金先生按自己的计划,拿着企业新设计的照明器材样品,兴冲冲地登上"远东贸易公司"六楼。未来得及擦一下脸上的汗珠,金先生便直接推门走进了业务部张经理的办公室,正在处理业务的张经理被吓了一跳。"你好,这是我们企业设计的新产品,请你过目。"金先生说。张经理停下手中的工作,礼貌地请金先生坐下,接过金先生递过的照明器材,仔细研究起来。金先生看到张经理对新产品如此感兴趣,如释重负,便往沙发上一靠,跷起二郎腿,一边吸烟一边悠闲地环视张经理的办公室。金先生的举动很让张先生反感,于是说:"产品倒是不错,不过我得请示总经理,请你留下联系方式,我们再联络吧。""没关系,我今天有时间,可以等你请示的。"张经理离开了办公室,只剩下金先生一个人。金先生等了一会儿,感到无聊,便非常随便地拿起办公桌上的电话,同一个朋友闲谈起来。这时,门被推开,进来的却不是张经理,而是办公室秘书。

想一想:
　　1.你喜欢金先生这种"不速之客"吗?为什么?
　　2.请说说金先生做客时存在哪些问题?

　　做客拜访是日常生活中常见的交际形式,我们必须掌握做客礼仪,才能实现有效沟通、宾主尽欢的初衷。

一、提前预约

　　社交场合中,绝大多不速之客是不受欢迎的。贸然拜访,会打乱别人正常的工作和生活秩序,带来不便,甚至造成尴尬的场面。

　　拜访之前先打电话或捎口信预约,并把拜访目的告诉对方,这样既可避免吃避门羹、也可让对方做好思想和物质的准备。预约的语言应是友好、客气、请求、商量式的,不应强求命令。如果对方在预约时间内已有安排,应主动表示歉意,然后再商讨其他合适的机会。如果发现对方并无其他安排,只是托辞拒绝,也应当予以理解,而不是迁怒于对方或强人所难。

二、体谅主人

无论是到家里做客或公务拜访，在没有受到主人的邀请时，不要随意走到其他房间，也不要擅自动用主人的物品。

拜访的时间不宜过长，当宾主双方谈完该谈的事情、叙完该叙的情谊之后，就应及时起身告辞。尤其是遇到以下情况，更要长话短说：一是双方话不投机，或是主人反应冷淡；二是主人心不在焉，或流露出不耐烦；三是主人频频看表，似有急事；四是快到就餐时间或休息时间。

三、礼貌告辞

告别之前不要显得急不可耐，等主人说话告一段落后，再提出告辞。作为客人，在口头告别之后即应起身辞别，不能几次三番说走，却仍坐着滔滔不绝。走之前应向主人表示感谢，分手时主动与主人握手告辞，并使用"再见""您请回""请留步""给您添麻烦了"之类的礼貌用语。出门一段距离后，应回首再向主人微笑致意，请其留步，不可一去不回头。

> **做一做：**
>
> 1.到别人家里做客，应注意什么礼貌礼节？
>
> 2.请你为金先生设计一个合乎礼仪的登门拜访。

第三节　馈赠礼仪

> **看一看：**
>
> ### 北京大学向连战赠送礼物
>
> 2005年4月29日，连战访问北京大学，获得一份特殊的礼物：母亲赵兰坤女士在76年前毕业于燕京大学的学籍档案和相片，其中包括在宗教系就读的档案、高中推荐信、入学登记表、成绩单等，大多是她亲笔写的字。在这份特殊的礼物面前，一贯严谨的连战先生也难掩内心的激动。他高举起母亲年轻时的照片，然后细细端详，眼里泛着晶莹的泪光。这一刻，他满脸都是幸福的微笑。
>
>
>
> 图 15-3

想一想：
　　1.这次礼物赠送的成功之处在哪里？
　　2.选择礼物应遵循哪些原则？

　　赠礼的由来源远流长。从我国古代"器以藏礼"到今天的借物传情，不同的物品被赋予情的含义，才成为礼物，情是礼物的精神内涵。礼物恰当与否，观赏还是实用，都因传达了不同的情而显得独特，充分发挥了礼物的作用。懂得送礼技巧，不仅能达到大方得体的效果，还可增进彼此的感情。

一、礼品选择

　　在选择礼品时应考虑你自己也希望接受的礼物。如果送的礼物连自己都不喜欢，人家怎么会喜欢呢？正确选择礼品的做法是：因人因事因地施礼，既要考虑对方的文化、习俗、爱好、性别、身份、年龄，又要考虑礼品本身的思想性、实用性、艺术性和纪念性。

（一）选择礼品有针对性

　　礼品的选择要针对不同的受礼对象区别对待，一般说来：
　　（1）对家贫者，以实惠为佳。
　　（2）对富裕者，以精巧为佳。
　　（3）对恋人、爱人、情人，以纪念性为佳。
　　（4）对朋友，以趣味性为佳。
　　（5）对老人，以实用为佳。
　　（6）对孩子，以启智新颖为佳。
　　（7）对外宾，以特色为佳。

（二）考虑对方的爱好

　　每个人都有自己的爱好和兴趣，同样一件礼品，送给不同对象，效果往往相差甚远。所以，在馈赠礼品时如果能符合对方的爱好和兴趣，而又是对方目前没有或缺少的，受礼者不但会爱不释手，而且还会感受到馈赠者的真心。

（三）具有纪念意义

　　礼品是情感的载体，任何礼物都表达送礼者的心意。在社会交往中，无论馈赠对象是集体还是个人，均应注重其纪念性，强调纪念意义。所以，选择礼品要能体现出深刻的思想内涵和情感寓意，要能让人睹物思人，或唤起美好回忆，永生难忘。

（四）注意便携性

　　选择礼品时，还要考虑对方便于携带，最好不要赠送易损坏或给对方增添不必要麻烦的礼品，如玻璃、陶瓷、雕塑、屏风等易碎易破、不耐碰撞挤压，或体积庞大、笨重的礼物。

二、馈赠技巧

　　精挑细选了一件礼品之后，怎样赠送出去呢？相信对很多人来说，这是比礼品选择更难的问题，以下几点原则能够提供帮助。

（一）应时应景

赠送礼品应考虑具体情况和场合。一般在赴私人家宴时,应为女主人带些小礼品,如花束、水果、土特产等。有小孩的,可送玩具、糖果。应邀参加婚礼,除艺术装饰品外,还可赠送花束及实用物品,新年、圣诞节时,一般可送年历、酒、茶、糖果、烟等。

（二）把握时机

在适当的时机,馈赠适当的礼品,既显得自然、亲切,同时还可增进双方的感情。一般情况下,作为主人,应在送行时向客人赠送礼品;作为客人,礼品赠送通常应在宾主双方相见之初或首次正式拜访时,即向主人奉上礼品。适合表达不同情感的日子即是赠送礼品的最佳时刻。

（三）赠受得法

礼物一般应当面赠送。但有时参加婚礼,也可事先送去。礼贺节日、赠送年礼,可派人送上门或邮寄。这时应随礼品附上送礼人的名片,也可手写贺词,装在大小相当的信封中,信封上注明收礼人的姓名,贴在礼品包装皮的上方。若因公交往,馈赠礼品应在办公地点或在大庭广众前赠送,以示光明正大;若因私交往,馈赠礼品应在私人居所或并无他人在场之际赠送,不宜在人多眼杂的公共场合送出,更不可请人转送。

（四）言行得体

送礼时要注意态度、动作和语言表达。平和友善、落落大方的动作并伴有礼节性的语言表达,才是受礼方乐于接受的。那种悄悄将礼品置于桌下或房间某个角落的做法,不仅达不到馈赠的目的,甚至会影响送礼人的形象。在我国一般习惯上,送礼时自己总会过分谦虚地说"薄礼!薄礼!""只有一点小意思"或"拿不出手的东西"等,这些说法最好避免。当然,如果在赠送时用一种近乎骄傲的口吻说:"这是很贵重的东西!"也不合适。在对所赠送的礼品进行介绍时,应该强调的是自己对受赠一方所怀有的好感与情义,而不是强调礼物的实际价值,否则,就落入了重礼而轻义的地步,甚至会使对方有一种接受贿赂的感觉。

（五）顾及习俗

送礼一定要避免禁忌。例如,中国普遍有好事成双的说法,因而凡是大贺大喜之事,所送之礼均好双忌单;广东人忌讳"4"这个偶数,因为在广东话中,"4"听起来就像是死,是不吉利的;白色虽有纯洁无瑕之意,但在中国,白色常是大悲之色和贫穷之色;黑色也被视为不吉利,是凶灾之色、哀丧之色;而红色,则是喜庆、祥和、欢庆的象征,受到人们的普遍喜爱;另外,我国人民还常常讲究给老人不能送钟表,给夫妻或情人不能送梨,因"送钟"与"送终","梨"与"离"谐音,是不吉利的;还有,不能为健康人送药品;不能为一般关系的异性朋友送贴身用品等。

三、礼品的接受与拒绝

（一）欣然接受

礼物是对方用心挑选送来的,欣然接受是对送礼者最好的尊重。接受礼品时应用双手接过,并且当面打开礼品的包装,一般情况下,不论怎样看待这件礼物,最好表示谢意并接受它。即便是不符合自己心意的礼品，也应该表示感谢。

（二）委婉拒绝

如果礼品的价值超过相关规定的限度，或不方便接受需拒收礼物时，可遵照下列步骤：

（1）在 24 小时之内迅速作出反应。

（2）如果送礼人是善意的，向他解释一下将礼品退回的原因（如公司政策），并对他表示感谢。

（3）对不怀好意的送礼人（隐含附加条件），则只需告诉他礼品不合适。为了自我保护，把退还礼品时写的信复印一份，保存在卷宗里，并注明退还礼品的日期以及退还方式。

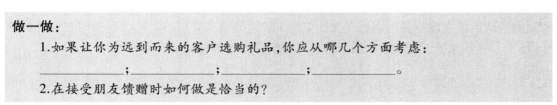

做一做：

1.如果让你为远到而来的客户选购礼品，你应从哪几个方面考虑：

_____；_____；_____；_____。

2.在接受朋友馈赠时如何做是恰当的？

第十六章　尊重习俗　礼尚往来

俗话说:"百里不同风,千里不同俗",各国、各地区在礼仪风俗、禁忌上各有特点和规范,相互间表现出很大的差异。因而在交往中除了要遵循诚实守信、宽容大度、热情友好等原则外,还要了解各地区、各民族、各国家的礼仪习惯和种种禁忌。

第一节　中国传统礼仪习俗

看一看:

元　日

王安石

爆竹声中一岁除,

春风送暖入屠苏。

千门万户曈曈日,

总把新桃换旧符。

想一想:

这首诗中的元日是指我国哪个节日?诗中提到了哪些习俗?

传统礼仪习俗的形成过程,是一个民族或国家的历史文化长期积淀凝聚的过程,作为有悠久历史的文明古国,我国的礼仪习俗,无一不是从远古发展过来,具有形式多样、内容丰富的特点。从这些流传至今的传统风俗里,仍可以清晰地看到我国古代人民社会生活的精彩画面。了解传统礼仪习俗,有助于更好地继承和发扬优秀的传统文化,将中国人民勤劳善良、热情好客的形象传播到世界各国。

一、节日习俗

(一)春节

春节是我国传统习俗中最隆重的节日,为农历的正月初一,象征新年的开始。古人又称元日、元旦、元正、新春、新正等,在采用公历纪元后,称春节。春节习俗一方面是庆贺过去的一年,一方面又祈祝新年快乐、五谷丰登、人畜兴旺,多与农事有关,如迎龙舞龙为取悦龙神保佑,风调雨顺;舞狮源于震慑糟蹋庄稼、残害人畜之怪兽的传说。

从腊月二十三过小年吃饺子、扫屋子开始,中国人就进入了辞旧迎新的喜庆氛围中。春节前一夜叫作除夕,离家在外的游子不远万里赶回家团聚在一起吃团年饭。春节期间贴春联、挂年画、剪窗花、备年货、年夜饭、燃鞭炮、耍龙灯、舞狮子、拜年贺喜、走亲访友、互发红包、旅游观光会一直持续到正月十五的元宵节。

(二)元宵节

元宵节为农历的正月十五,又称上元、元夜、元夕或灯节、灯夕。起源于秦汉间,是从"敬神送年"演变而来。民间最普遍的习俗是元宵节吃"元宵",也叫"汤圆",寓意热热火火,美美满满,团团圆圆。

元宵节又称为"灯节"。元宵放灯始于汉明帝,他下令正月十五夜在宫中和寺院"燃灯表佛",后来成为民间习俗。古代年轻女子平时不许出外自由活动,但元宵灯会却可以结伴游玩,给男女青年提供了相识相会的机会,因此元宵节成为我国民间的"情人节"。

元宵节成为节日后,庆祝活动也变得越来越多,不少地方增加了耍龙灯、耍狮子、踩高跷、划旱船、扭秧歌、打太平鼓等活动。此外,还有以祛病除灾为目的的"走百病"活动。"走百病"又称"烤百病""散百病",就是结伴而行走墙边,或过桥,走郊外,参与者多为妇女。

(三)清明节

清明节为冬至后的第 108 天,是二十四节气之一。又叫踏青节、三月节、祭祖节、扫墓节、扫坟节、鬼节等,唐代以与"寒食节"合二为一。清明节的来历一是始于古代帝王将相"墓祭"之礼,另一是和纪念介子推有关。习俗除了讲究禁火、扫墓、踏青,还有荡秋千、打马球、放风筝、植树、拔河、射柳(一种练习射箭技巧的游戏)等一系列游戏活动,还有插柳戴柳的习惯。江南蚕乡有"蚕花会"。

清明节是人们祭奠祖先、缅怀先烈的节日,也是郊外踏青,亲近自然的节日。与其他传统节日相比,清明节有三个特色:一是以扫墓、踏青等户外活动为主要习俗;二是兼有节气与节日"双重身份";三是兼有肃穆、悲伤和欢乐等不同情感氛围。清明节祭祖扫墓、追念先人功德的活动,体现了中华民族重视孝道、慎终追远的民族品格。

(四)端午节

农历五月初五为端午节,是自古相传的"卫生节"。其名称有二十多个,有端阳节、五月节、午日节、重午节、夏节、龙舟节、粽子节等。关于端午的传说有屈原投江、纪念伍子胥、纪念孝女曹娥等。一般都认为端午节是祭奠屈原以及缅怀华夏民族高洁情怀的节日。端午节有吃粽子,赛龙舟,悬挂艾叶、菖蒲、蒿草,佩香囊和戴五彩绳,驱"五毒"(指蝎子、蜈蚣、毒蛇、蟾蜍、壁虎),喝雄黄酒等习俗。

端午节这一天洒扫庭院,挂艾枝,悬菖蒲,洒雄黄水,饮雄黄酒,为的是激浊除腐,杀菌防病。佩香囊和戴五彩绳也是为了避邪驱瘟。端午节上山采药是我国各民族共同的习俗。

(五)七夕节

农历七月七日这一天是七夕节，又称双七节、乞巧节、女节、少女节、香桥会和巧节会等。七夕节源于"牛郎织女鹊桥相会"的传说，是汉族传统节日。又传说玉帝的小女儿织女心灵手巧，在天庭专司织布，人间女子每年七月初七拜祭她，向她"乞巧"，也就是祈求智慧、灵巧和幸福。围绕着"乞巧"这一节日主题有了许多活动，形成了七夕节的习俗，主要有"穿针乞巧"，竞赛穿针引线，争得巧手之名。"投针验巧"，把"穿针"转为"丢针"，以绣花针在水里的影子看投针姑娘的针线活巧拙。"种生求子"，是在七夕前几天播粟米、绿豆等的种子长出嫩芽，再用红、蓝丝绳扎成一束，寓意是得子得福。还有为牛庆生，晒书晒衣，拜织女，拜魁星，吃巧果，染指甲，七姐诞，拜"七娘妈"等习俗。

(六)中秋节

中秋节是农历八月十五日。这是一年秋季的中期，所以称作中秋。又名八月节、八月半、月夕、秋节、八月会、拜月节等，因中秋节这一天的月亮特别圆，被人们看成合家团圆的象征，因此又被人们叫作"团圆节"。

中秋节有"嫦娥奔月""吴刚伐桂""玉兔捣药""唐明皇游月宫""无盐中秋拜月"等传说。中秋节最主要的习俗是吃月饼、团圆饭，另有祭月、赏月、观潮、燃灯、赏桂、舞火龙等。

(七)重阳节

重阳节是农历九月九日。九月九日，日月并阳，两九相重，故而叫重阳，也叫重九，古人认为是值得庆贺的吉利日子。重阳节主要民俗活动是登高，人们把登高的风俗看作免灾避祸的活动，所以又称"登高节"。在中国人的传统观念中双九还是生命长久、健康长寿的意思，所以1989年九月九日被定为"老人节"，倡导全社会树立尊老、敬老、助老的风气。

重阳节民俗活动形式多样，有出游赏景，登高远眺，观赏菊花，佩戴茱萸，吃重阳糕，饮菊花酒，祭祀酒业神等。重阳节彰显了人们对吉祥和谐的追求，如今又添加了敬老爱老的内涵。

二、生活习俗

民俗认为生、冠、婚、丧是人生最重要的日子，须得尽礼仪之规去纪念。

(一)诞生礼

诞生礼包括"三朝""满月""百日""周岁"等。"三朝"是婴儿降生三日时领受各方面的贺礼。婴儿"满月"时剃胎发。"百日"时行认舅礼，命名礼。"周岁"抓周礼，以预测一生命运、事业吉凶。

(二)成年礼

男子二十而冠，女子十五而笄，是"成人之道也"。之后，男子可娶，女子可嫁。中国少数民族一些地区至今还保留着古老的成年礼,如拔牙、穿裙、穿裤、盘发髻等仪式。礼仪完毕,要由宾为冠者取"字"。命字以后,名只用于自称,除了君王、父祖,别人不能直呼其名而只能以字称呼。

(三)婚嫁礼

古代婚嫁礼分为六个阶段,俗称"六礼"。一是纳彩,男方备礼求婚。二是问名,求婚后,托媒人请问女方姓名和生日,准备合婚。三是纳吉,把占卜合婚的好消息再通知女方,是订婚阶段,需送信物,故又称定聘。四是纳证,男方将聘礼送往女家,视为成婚阶段,俗称完聘或大聘。五是请期,择吉日定婚期。六是亲迎,新婿亲往女家迎娶。随后,拜天地、入洞房,正式成为夫妻。

(四)丧葬礼

丧礼,在古代为凶礼之一。以丧礼哀死亡。民间丧葬形式在不同地区有不同形式,如土葬、火葬、水葬、天葬等。办丧事,俗说"做白喜事",要择吉日、吉时安葬。

丧葬仪式如下:

(1)报丧。人死后,亲人通过各种方式把有人逝世的消息告诉亲友和村人。

(2)招魂,送魂。客死他乡的魂魄,家人要替他"招魂",才能够循声归来。

(3)入殓。为死者沐浴后,穿寿衣下棺。孝子贤孙亲属按亲疏穿不同孝服,最后瞻谒仪容,以示诀别。

(4)吊唁。一般吊唁者都携带赠送死者的衣被,在上面用别针挂上用毛笔书写的"某某致"字样的纸条前来吊唁。

(5)哭丧。哭丧是中国丧葬礼俗的一大特色。哭丧仪式贯穿丧仪始终,出殡时的哭丧仪式最受重视,有些地方有请人帮哭的习俗。

(6)出殡。事前,儿孙亲朋按辈分大小依次烧香磕头。出殡时,孝子贤孙要加穿粗麻衣,系草绳,由持引魂竹的引路,此人负责丢引路纸。随后灵牌、灵柩、子孙、乐队、花圈、送葬的亲朋队伍浩浩荡荡一路相送下葬。

(7)圆坟。出殡日起三天圆坟,到墓地摆供品、上香、烧纸等程式。

(8)烧七。人们认为,人死后七天才知道自己已经死了,所以要举行"做七",每逢七天一祭,"七七"四十九天才结束。这主要是受佛教和道教的影响。

(9)烧百天、烧周年、烧三周年。世俗认为,人死到阴曹地府后,共经十位王官和四位盲判官审理,将亡者提询,以生前所作所为,善善、恶恶加以侦讯,儿女在特定日子举行烧纸仪式,希望父母在阴间能安然舒适,尽快转世投生。

做一做:

全班分成几个小组,以小组为单位制作传统节日祝福短信,并编辑成为手抄报,进行展示交流。

第二节　主要少数民族习俗

看一看：

　　有个酒店入住了一少数民族团队，其中美丽的少女们都戴着漂亮的鸡冠帽。有个酒店男员工与之混熟了一点后，出于好奇，用手摸了一下一位少女的帽子，少女以为男员工爱上了自己，便告诉族长出面促成。男员工大感意外，连说自己已经结婚，后经酒店领导进行调解，二者以兄妹相称。

　　原来，在历史上这个少数民族曾在一天凌晨受到外族的入侵，恰遇公鸡鸣叫，唤醒了人们，以致成功抵御了外侵，才免去了一次灭族之灾。从此以后，为了纪念这只公鸡，这个民族的少女们都戴上美丽的鸡冠帽，男子触摸鸡冠帽就表示看上了这位少女，是求婚的意思。

想一想：

　　1.你知道这是哪个民族的习俗吗？

　　2.酒店男员工为何会陷于被动的局面？怎样才能避免类似尴尬问题发生？

　　我国是一个多民族国家，有56个不同的民族，汉族占绝大多数，其他民族因此被称为少数民族。各民族在其长期的历史发展中逐渐形成了本民族难以改变的生活方式和特有的风俗习惯。交际中，应了解并尊重少数民族的风俗习惯，不做他们忌讳的事，这样才有利于各民族之间平等友好地交往。下面我们分地区介绍部分少数民族的礼仪习俗。

一、东北地区

（一）蒙古族礼俗与禁忌

　　蒙古族人热情好客，长幼有序，敬老爱幼。迎送客人和日常交往中使用的礼节是敬献哈达。献哈达时，献者躬身双手捧送，受者应躬身双手接过，并让献者将哈达挂在脖子上，然后双手合十表示谢意。除此之外，还有鞠躬礼和握手礼。在蒙古包做客，见到老人要问安，称呼老人要用"您"。不在老人面前经过，不坐其上位，未经允许不要与老人并排而坐。如有贵客，主人会设全羊席，以示尊敬。浅茶满酒是待客的礼俗。接过主人的酒，最得体的方式是按他们敬酒的方式，左手捧杯，用右手无名指蘸一滴酒弹向高空，表示敬天；然后把酒弹向地，表示敬地；最后，把酒弹向前方，表示敬祖宗。"三敬"过后，将酒一饮而尽，示以空杯状。如不会喝酒，只要把酒杯恭敬地放桌上即可。

　　蒙古族人认为火、火神或灶神是驱妖避邪的圣洁物，水是纯洁的神灵。忌用脚蹬炉灶，不能跨越炉灶，不能在火炉上磕烟袋、烤脚、烤鞋；忌在河里洗手、沐浴、扔不干净的东西、洗女人的脏衣物。家有病人或产妇，忌外人进入，会在门前生火堆或挂上红布条做标记。狗是蒙古人的朋友，所以不能打狗、骂狗。出入蒙古包时，不许踩蹬门槛。忌生人用手摸小孩的头部。办丧事时忌红色和白色，办喜事时忌黑色和黄色。

（二）满族礼俗与禁忌

满族人孝敬长辈，注重礼节。平时见面行请安礼。最隆重的是行"抱腰礼"，在至亲相见、贵宾来访时使用。在路上遇见长辈，要侧身微躬，垂手致敬，让长辈先行。晚辈见了长辈要施礼，同辈人中年轻的见了年长的也要施礼问候。媳妇必须循规蹈矩，新媳妇头一年不许上炕吃饭。满族未嫁姑娘称"格格"，在家中称"姑奶奶"，不受礼法约束。如遇家中有庆典等大事，要扎彩车将嫁出去的"姑奶奶"接回家来。满族人对女婿称"姑老爷"，待如上宾。

接待客人，不避内眷。敬酒要斟满杯，奉茶则不能满。为客人递烟点火，要以辈分、职位依次进行。过春节时要拜两次年，年三十晚上拜一次，为辞旧岁，年初一再拜一次，叫迎新春。满族传统住房一般为西、中、东三间，大门朝南开，西间称西上屋，中间称堂屋，东间称东下屋。西上屋设南、西、北三面炕，西炕为贵，西炕为祖宗神位，设摆香案，一般不住人。南北炕以南炕为大，长辈住南炕，晚辈住北炕。满族最突出的禁忌是不能打狗、杀狗和吃狗肉，不戴狗皮帽，不铺狗皮褥。

（三）朝鲜族礼俗与禁忌

朝鲜族有热情待客、尊老爱幼的传统。讲求父慈子孝，晚辈敬重长辈。对长者要起立让座，与长者同行要走在长者后面，路遇长者要问安让路。晚辈对长辈说话必须用敬语，平辈之间初次相见也用敬语。对60岁的老人，全家要举行庆花甲仪式，跪拜敬酒祝寿。吃饭要先给老人盛，并为其摆单桌，待老人先举匙，才开始吃饭。吃饭时，匙要放在汤碗里，若放在桌上则表示已吃完。主人不可把汤匙放在桌上，否则视为严重失礼。晚辈不得在老人面前喝酒抽烟，如席间无法回避也要转身而饮。客人进门前，要先咳一声，或以"在家吗？"向主人示问；脱鞋进门，进门上炕。不论男女，不能在客人面前随意伸腿，更不能岔开双腿。请客吃饭，主人要奉陪到底，不在客人之前离席。对稀客、贵客要以酒相待。

朝鲜族注重节令，节日基本与汉族相同。有春节（岁首节）、上元节、清明节、寒食节、端午节、中秋节、儿童节、老人节和9月3日"州庆"等。婴儿周年庆、六十大寿（回甲节）、结婚六十周年（回婚节）是三个重要的家庭节日，要精心准备节日饮食并与邻居分享。朝鲜族严禁同宗、表亲通婚；不吃羊、鸭、鹅及油腻食物。婚丧及佳节禁止杀狗和吃狗肉，但平时喜欢吃狗肉，特别喜欢狗肉汤。

二、西北地区

（一）回族礼俗与禁忌

回族尊敬长者，尊重他人。在日常生活中，见面都要问安。客人来访，要先沏茶，再端上瓜果点心或自制面点招待，所有家庭成员都来与客人见面并问好。如果有老年客人，还要烧热炕请老人坐，并敬上"五香茶"或"八宝茶"。送客时，全家人都要依次与客人道别和祝福，对远客和贵客还要送出村庄或城镇才分手。

回族人基本信仰伊斯兰教，一般不与汉族等民族通婚，凡是有回族的地方一般都有清真寺。回族吃清真食品，不吃猪、狗、马、驴、骡、猫及一切爪牙锐利、性情凶猛的禽兽鱼类。禁止抽烟、喝酒、放高利贷和赌博等。不吃猪肉是其生活中的最大禁忌，绝对不可冒犯。回族的主要宗教节日有：开斋节（大尔地）、古尔邦节（小尔地）、圣纪节（先知穆罕默德诞辰纪念日）、阿舒拉节等。其中开斋节之前的一个月里为斋月，斋月中回族成年健康男女要在太阳升起前"封斋"，在白天禁止一切饮食，太阳落山后"开斋"。古尔邦节是麦加朝觐的最后一天，回族家庭会在古尔邦节这一天宰牛羊分发给亲友、邻居和穷人等。

（二）维吾尔族礼俗与禁忌

维吾尔族讲礼貌，尊重老人。路遇老人或朋友时，习惯把右手掌放在左胸上，身体前倾30度，并说"您好"或"祝您平安"。说话让老人先说，走路让老人先行，落座时让老人坐上座，吃饭先端给老人。骑马出门，年轻人要为老人备鞍，扶老人上马，还要卸鞍、饮马、喂马等。来客时，全家出来欢迎，然后女主人用盘子端来茶水、瓜果点心招待。吃饭或到别人家做客，要做"都瓦"（一种双手摸脸的祝福）。

维吾尔族信仰伊斯兰教，饮食禁忌与回族相同。饭前饭后必洗手，洗后用手帕或布擦干，顺手甩水是失礼的行为。忌用单手接送礼物，忌在户外穿短裤、短小衣物。做客时等老人就座后再入座，坐的时候不能将腿伸直。忌拒绝主人提供的茶水和食品，用餐时不要从餐布或主人面前跨过，吃馕时要掰成小块吃，吃抓饭不要用手乱抓，特别忌讳抓了再放回去。

三、西南地区

（一）苗族礼俗与禁忌

苗族待人热情，讲究真情实意，有敬老的传统。主人路遇客人会主动让客人先走，交谈中用敬语称呼。迎客要穿节日服装，有贵客来要到寨外摆酒迎候。客人到家门，男主人要叫门，告知在家的女主人，女主人要唱歌开门迎客。在客人面前，女主人不登高上楼。鸡、鸭是宴会上待客的佳肴，尤以心、肝最贵重，要先给客人或长者，客人则分给众人享用，次序是先长后幼。

三道拦门酒是苗族人迎接客人最盛大的欢迎仪式。每道门口都有苗族小伙子吹奏，姑娘盛装迎候。人数逐级递增，第三道门人最多最热闹。如果进门不碰酒杯的话，你只是远道而来的尊贵客人，喝酒也只需"意思意思"即可；如果碰了酒杯，说明你已经把苗族人当成了好朋友和自家人，必须把整杯酒一饮而尽。因此，不要随便碰酒杯。如客人酒量小，不喜欢吃肥肉，可说明情况，主人不勉强，但不吃饱喝足，则被视为看不起主人。苗家祖先神位的地方不能坐，不能用脚踩火炕上的三脚架，不许在家或夜间吹口哨，遇门上悬挂草帽、树枝或婚丧祭日，不要进屋。路遇新婚夫妇，不要从中间穿过。苗族人禁杀狗、打狗，不吃狗肉。

（二）藏族礼俗与禁忌

藏族人说话很讲礼节，重视馈赠，用语分普通语、敬语和最敬语。为尊重对方，一般都用敬语、最敬语，如有疏忽，则会被认为不懂礼貌。凡遇喜庆，必互相送礼致贺。客人来访主人要在门外迎接，对尊、长者要脱帽弯腰45度，见平辈稍微低下即可。献哈达是最普遍也是最尊贵的一种礼节，敬献动作因客人身份而异：对尊者、长辈，要举双手过顶；对平辈，只要双手送到对方手上；对晚辈则系在他们颈上。当好客的藏族主人向客人敬献哈达时，客人应躬身接受，不能用手接送哈达。"三口一杯"是藏民族在会客时最主要的一种礼节：客人先用右手无名指沾点酒,向空中、半空、地上弹三下,以示敬天、地和祖先(或者敬佛法僧三宝),然后小喝一口,主人把杯子倒满,再喝一口,主人又把杯子倒满,这样喝完三次,最后把杯子中的酒喝完。敬献奶茶、酥油茶或青稞酒要敬三杯,客人不可拒绝。送客要让客人走在前,为客人牵马备鞍。

藏族人伸舌头是表示谦逊和尊重对方,双手合十表示对客人的祝福。做客忌用脚踩门槛,主人请坐可盘腿而坐,忌伸直双腿,脚底向人。男左女右,不可混坐。忌随意摸头顶,忌吃马肉、驴肉和狗肉,有些地方的藏民忌吃鱼肉。

藏族信奉藏传佛教,不可触摸佛像、佛供、经书、钟鼓等圣物。转经时要按顺时针方向行走,忌逆时针方向行走。藏族长者在转经的时候,身后会跟着挂着红绸子的"放生羊",不可对这些羊进行骚扰。

(三)彝族礼俗与禁忌

彝族人尊敬老人,热情好客,性情直爽。见面要互道"吉祥如意"。晚辈忌直呼长辈名字,从长辈面前经过,要弯腰细步,村中办红白喜事要专门送饭菜给老人。待客时要让长辈坐上方,让长辈先发言。以酒为待客上品,劝酒热情,有"无酒不成敬意"之说。每逢过年过节,彝家的姑娘、妇女就把"杆杆酒"(在酒坛里插入用细竹子做成的吸杆,通过吸杆饮用)放在家门口,热情劝过往行人吸饮,所以有"甜不过彝家杆杆酒,好不过彝家人的心"的说法。

彝族人相互串门忌敲门,一般会问:"你家有狗没有?"或"你家狗拴好没有?"待主人回答"请进"后再进屋,忌不打招呼直接进屋。不论男女,忌跨火塘。忌将饭端给主人,忌用餐后把汤匙扣于碗盆的边沿上,因这是给死人敬食的方式。忌女人跨过男人的衣物,也不让女客上楼。忌对婴儿用"胖""漂亮""重"之类的赞词。孕妇不能给新娘梳头,也不能给新娘缝嫁妆。彝族少女的鸡冠帽不能随便碰,男子触摸表示求婚。过年三天内禁新鲜蔬菜进屋,否则是对祖先最大的不敬。禁食狗、马、熊等动物的肉。

四、中南东南地区

(一)壮族礼俗与禁忌

壮族人尊老爱幼、热情好客,路遇老人要主动打招呼,让路。男的要称"公公",女的则称"奶奶"或"老太太"。路遇客人或负重者,也要主动让路。用餐时,需等最年长的老人入席后才能开饭。长辈未动的菜,晚辈不得先吃。给长辈和客人端茶、盛饭,必须双手捧送,不能从客人面前递过。先吃完的要逐个对长辈、客人说"慢吃"再离席,晚辈吃饭不能太慢,不能在全桌人吃完后还吃。不可在老人面前跷二郎腿,说脏话,不从老人面前跨过去。客人到家,主人会递烟奉茶。有客人在家,不可大声讲话,进出要从客人身后绕行。

壮族有定期的唱山歌会,"三月三"是最隆重的山歌会。火塘、灶塘是神圣之地,不能用脚踩踏,灶内的火不能用水淋,不能在灶上烘鞋,在灶前洗澡或梳头,在灶边吵架或哭泣等。不能坐在门槛上,不能抛撒剩饭菜。怀孕妇女不能参加婚礼,尤其不能看新娘。严禁捕杀青蛙,也禁食蛙肉。

(二)土家族礼俗与禁忌

土家族待客热情,很讲文明。见面要互相问候,亲戚往来密切。对外族人忌用土家语,忌用粗话、鄙话和不礼貌语言。晚辈对长辈忌直呼姓名,平辈呼叫姓名忌不带姓。亲朋邻里,遇结婚、丧葬、建房、天灾人祸,互相关照,互相帮助。遇上结婚,全寨人一齐去贺喜,帮着迎亲、过礼、布置新房、做饭安席、照料客人,三天可以不开火。家有来客,必定盛情款待。主人要煨茶、装烟,做油茶汤,还要请寨上的老人或头面人物陪客,喝大碗酒,吃大块肉。逢年节到土家人家里做客,主人还会拿灌白糖或蜂蜜的烤糍粑待客。

土家族人爱唱山歌,有情歌、哭嫁歌、摆手歌、劳动歌、盘歌等。土家族过年比汉族提前一天,叫"过赶年"。六月初六为"晒龙袍",家家把好衣料拿出来晒,同时还要蒸糯米饭杀牛,到摆手堂敬土王菩萨,祭后全村聚餐。语言上的禁忌较多,忌直说"死亡",而改用"作古""归天""老了""过身了"等替代,对生意人忌说"折、亏、损、耗"等字。结婚之日忌说"分开、分离"之类的话,更不能谈丧葬之事。土家族男子严禁别人触摸自己的头,忌留胡子。忌遇见别人时或当着别人面吐口水,忌男女同坐一条板凳或相对坐视,忌男人触及女人腰部。

做一做:

1.学习少数民族礼仪意义何在?

2.分组设计接待不同少数民族同胞的情景剧并表演。

第三节　涉外礼仪原则习俗

看一看:

张茜是一个热情开朗的年轻女孩,英语口语也很流利。一次乘坐飞机时,坐在她旁边的是一个跟她年龄相仿的外国女孩。张茜很热情地主动与对方打招呼,两个人谈得很高兴,逐渐熟悉起来,于是,张茜关切地询问对方的年龄、工作、恋爱等中国人习以为常的问题,却见对方不断地耸肩,最后干脆不搭理张茜了,张茜很郁闷,百思不得其解。

想一想:

1.双方谈话很投机,为什么那位外国女孩后来就不搭理张茜了?问题究竟出在哪儿?

2.张茜侵犯了外国朋友的什么权利?

在长期的国际往来中,逐步形成了人们参与国际交往所要遵守的惯例,这些约定俗成的做法,强调交往中的规范性、对象性和技巧性,是人们在涉外交往中的准则。

一、涉外礼仪的原则

(一)热情友善,平等交往

涉外交往中待人接物,应弘扬中华民族"礼仪之邦"的优良传统,热情坦诚、以礼相待,既不自吹自擂、自我标榜,也不妄自菲薄、自我贬低或过度谦虚客套,在友善待人的同时赢得外国朋友的尊重。

（二）尊重隐私，注意分寸

恪守"尊重隐私"的原则，对个人私密问题做到"八不问"：不问履历出身，不问收入支出，不问家庭财产，不问年龄婚否，不问健康问题，不问家庭住址，不问政见信仰，不问私人情感。同时应注意，涉外交往时既要回避涉及他人隐私的话题，也要避免与人谈及自己的隐私话题。对外宾的关心照料应热情有度、把握分寸，以不使他们觉得受到限制，甚至影响私事和自由为度。自觉遵守涉外交往的有关规章制度，婉拒外国人提出的不合理要求，不失密泄密，不做有辱国格、人格的事，不说有辱国格、人格的话。

（三）遵守时间，信守约定

涉外交往应做到言必行、行必果，积极兑现承诺。对于因难以抗拒的原因而无法履行的承诺，尽早向有关各方通报，如实解释，郑重致歉，主动承担损失。参加各种涉外活动，按约定时间到达。因故迟到，要向主人和其他客人表示歉意。因故不能应邀赴约，要有礼貌地尽早通知主人，并以适当方式表示歉意。

（四）异性交往，女士优先

所谓"女士优先"，是国际社会公认的一条重要的礼仪原则，它主要适用于成年的异性进行社交活动之时。"女士优先"的含意是：在社交场合或公共场所，每一名成年男子都有义务主动自觉地以自己的实际行动，去尊重女性，照顾女性，体谅女性，关心女性，保护女性，并且还要想方设法、尽心竭力地去为女性排忧解难。诸如：人们在上车时，总要让女性先行；下车时，则要为女性先打开车门，进出车门时，主动帮助她们开门、关门等。西方人有一种形象的说法："除女士的小手提包外，男士可帮助女士做任何事情。"

（五）了解禁忌，尊重习俗

从不同民族、不同国家的社会文化背景出发，了解其礼仪文化差异，以及具体交往对象的不同风俗习惯、宗教信仰和交往禁忌，并给予尊重。

二、部分国家礼仪习俗

（一）亚洲

1.日本礼俗与禁忌

日本人守信、守时、重礼节。日本人的见面礼节归纳为"鞠躬成自然，见面递名片"。相互见面、问候、致谢、告别，多行鞠躬礼。在鞠躬的度数、时间、次数等方面有特别的讲究。一般礼节鞠躬15度，普通礼节鞠躬30度，尊重礼节鞠躬45度，初次见面要行90度鞠躬礼。行鞠躬礼时，手中不得拿东西，头上不得戴帽子。在国际交往中，日本人也习惯行握手礼。

在社交活动中不送名片会被理解为不愿与对方交往。递送名片时要依照地位高低、年龄长幼的顺序，在场的每位客人都要递送。在交谈中不能打听对方的年龄、婚姻状况、工资收入等私事。对年事高的男子和妇女不要用"年迈""老人"等称呼，年事越高越忌讳。公共场合高声谈笑，会被认为是失态、缺乏教养的行为。

日本人一般不在家里宴请客人。到日本人家中做客，要预约时间，并按时赴约。按惯例要带礼品，礼品不能过于贵重，不要送有动物图案的礼品。在礼品的颜色上，日本人爱好淡雅,讨厌绿色,在赠送数量上忌讳"9"和"4"这两个数字。送礼和受礼都要用双手,并且要微微地鞠躬以表示感谢。日本人一般不当面打开礼品包装,当然接到日本人送的礼物时,也不要主动打开看,除非对方希望你打开。

日本的茶道是接待贵宾、传递友谊、表达诚恳亲切的特殊礼仪。日本人一般不敬烟,不敬酒。如客人要吸烟,应先征得主人的同意,以示尊重。与日本人一起喝酒不宜劝其开怀畅饮。日本人斟酒很讲究,酒杯要放在桌子上,右手执壶,左手抵着壶底,千万不要碰酒杯。主人斟的头一杯酒一定要接受,否则视为失礼。第二杯酒可以谢绝。拜访别人几天后,应用信函或电话的方式向主人表示感谢。日本人比较注重元旦(1月1日)、中元节(7月15日),这时应该给商务伙伴送礼。

2.韩国礼俗与禁忌

韩国以"君子之国""礼仪之邦"著称。韩国人十分注重礼节,重视地位、辈分、长幼、男女之别。长者进屋时大家都要起立,和长者谈话时要摘去墨镜。晚辈、下级路遇长辈或上级,应鞠躬、问候、站在一旁,让其先行,以示敬意。男士见面时的传统礼节是鞠躬并握手,在现代社交场合,也采用握手作为见面礼节。但女士很少与人握手,除非别人先伸手过来。晚辈与长辈握手时,常以左手置于对方右手腕处躬身相握,表示尊敬。

在社交中乐于交换名片,并且最好以头衔相称。对长辈、上级和初次见面的客人要用敬语问候。韩国女士对男士十分尊重,双方见面时,女士先向男士行鞠躬礼,致意问候。男女同座时,男士位于上座,女士则位于下座。在社会集体活动和宴会中男女分开进行,甚至家里或餐馆里也是如此。

做客要先约定时间并准时赴约。进屋前脱下鞋放在门口,就座时,宾主盘腿席地而坐,不可双腿伸直或交叉,否则被视为无教养。与长辈同坐时要挺胸端坐,不能懒散。若要吸烟,要征得在场长辈的同意。韩国人喜欢用咖啡、不含酒精的饮料或大麦茶招待客人,应欣然接受,道谢时一定要低头。韩国商人不喜欢直说或听到"不"字,所以常用"是"字,但可能有时却在表达否定的意思。

3.新加坡礼俗与禁忌

新加坡以讲礼貌、讲卫生为其行为准则。一旦有人做出了不文明礼貌的举动,很可能破坏一次社会交往或商务洽谈。在社交场合与客人见面,一般行握手礼。见面礼节因种族、宗教信仰的不同而有不同,华人见面打招呼,通常行60度的鞠躬礼,拱手作揖;马来人相遇,先是用双手相互接触,然后指向各自的胸前,表示衷心的问候;新加坡人年轻一代则多采用西方的握手礼。

新加坡人强调笑脸迎客,待人处世彬彬有礼。失礼之举,处处受到明确的限制。比如在许多公共场合,通常都有"长发男子不受欢迎"的告示。而且在许多公共场合,穿着过分随便者(穿低胸装、露背装、露脐装的人)往往被禁止入内。

新加坡人的时间观念较强,有准时赴约的好习惯。他们认为准时赴约是一种尊重和礼貌。到新加坡人家里做客,宜带上鲜花或巧克力等物品。谈话时避免谈论政治和宗教。

4.泰国礼俗与禁忌

泰国是信仰佛教的国家,使用最多的见面礼节是带有浓厚佛门色彩的合十礼。合十礼大致可以分为四种规格:其一,双手举于胸前,它多用于长辈向晚辈还礼;其二,双手举到鼻下,它一般在平辈相见时使用;其三,双手举到前额之下,它仅用于晚辈向长辈行礼;其四,双手举过头顶,只用于平民拜见国王之时。在泰国,国王深受人民的尊敬与爱戴,军人的地位很高,因此,不可以对他们任意评说。

在泰国,忌非议佛教,不敬佛祖及佛门弟子。禁止抚摸佛像,禁止妇女接触僧侣。泰国人认为头颅是高贵的,成人及小孩的头部均不可随意触摸。"左手不洁",忌用左手取食物。孔雀、白象是国宝,忌讳鹤、龟和狗的图案。喜欢荷花,认为茉莉花是不祥之花。

5.印度礼俗与禁忌

印度是东西文化共存的国度,印度上层人士,生活习惯上喜欢与英国人相似。印度大部分人信奉婆罗门教,不吃猪肉和牛肉。男人在公共场所不能与单身女人说话。印度人相互见面的礼节,有合掌、举手示意、拥抱、摸脚、吻脚。人们一般都以双手合十,轻轻鞠躬为见面礼。摸脚跟和吻脚礼是印度的最高礼节。

接受邀请要守时。进入印度人的住家要脱鞋,主人给客人戴花环,客人应立即取下来以示谦让。做客应带水果和糖果作为礼物,或给主人的孩子们送点礼品。接受或传递食品时,一定要用右手,左手被认为不洁。

(二)欧洲

1.英国礼俗与禁忌

英国人十分注重礼貌礼节,重视个人修养,极其强调绅士和淑女风度,尊重他人隐私,具有保守传统的特点。英国的礼俗丰富多彩,彼此第一次认识时,一般都以握手为礼,而平常相见则很少握手,彼此寒暄几句,道个"早安""下午好"或略加评论天气。英国人忌交叉握手,交叉干杯,因为那样会构成晦气的十字形。忌随便将任何英国人都称为英国人,一般将英国人称"不列颠人"或具体称为"英格兰人""苏格兰人"等。忌白象、猫头鹰、孔雀图案。送鲜花时忌送双数和13枝,喜欢蔷薇花,菊花和百合花象征死亡。不吃狗肉和动物的头、爪。

2.法国礼俗与禁忌

对法国人来说,社交是生活的重要内容。社交中严格遵循"女士优先"的礼貌规则。见面打招呼,最常见的方式是握手,还有亲吻礼,不过有严格的界限:亲友、同事久别重逢时,贴贴脸或颊;长辈对小辈则是亲额头,亲嘴或接吻只能在爱人和情侣之间。还有"吻手礼",主要限于男士在室内象征性地吻一下已婚女士的手背,不能吻少女的手。

法国人性格开朗,谈吐文雅,热情幽默,他们有耸肩膀表示高兴的习惯。在同他人交谈时,喜欢相互站得近一些,认为这样显得亲切。谈话过程中常用手势来表达某种意思,但有的手势和我们的习惯不同,如我们用拇指和食指分开表示"八",他们则表示"二";我们用手指指自己的鼻子,表示"是我",但他们的手指指自己的胸膛才表示"是我";他们还把拇指朝下表示"坏"和"差"的意思。

在法国,随地吐痰,当众打嗝、打哈欠不用手遮挡,打喷嚏或擦鼻涕发出很大的声音,都被视为不文雅的行为,围观或高声喧哗也被看作缺乏教养。在公共场合男士不能当众提裤子,女士不能隔着衣裙拉袜子。男女一起看节目时,女士坐中间,男士坐两边。

法国人偏爱蓝色,并把蓝色看成是"宁静"和"忠诚"的色彩;对粉红色也较喜欢,认为粉红色是一种积极向上的色彩,给人以喜悦之感,忌讳灰绿色和紫色。百合花是国花,忌送菜花、杜鹃、牡丹、康乃馨和纸做的花。

3.德国礼俗与禁忌

德国人严肃而谨慎,注重形式和体面。对有头衔的人要称呼其头衔。商业场合最好要称呼全名或姓氏,加上"小姐""先生"等称谓。见面与告别时不握手致意会被视为相当无礼的行为。与德国人一起可以谈论个人的业余爱好,以及足球之类的话题,但不要涉及打垒球、篮球或美式橄榄球,特别是有关纳粹、"二战"等话题。德国人很厌恶"13"和"星期五",还忌食核桃。另外,他们不用茶色、红色、深蓝色和黑色作包装,郁金香被视为无情之花。

4.意大利礼俗与禁忌

意大利人崇尚自由、热情好客、天性浪漫。在各种社交场合,女士处处优先。意大利人时间观念不强,在社交中不必守时。意大利节日很多(占全年三分之一),因此休假也多。见面礼一般是握手。商务往来习惯互赠礼物。如果被邀请,拒绝是不礼貌的。一天中最丰盛的一餐是午餐,一般持续两三个小时。交谈要避免谈美式足球和政治。商店门口挂起葡萄枝表示有葡萄酒卖。在意大利,当着别人打喷嚏或咳嗽,被认为是不礼貌和讨嫌的事,所以本人要马上对旁边的人表示"对不起"。

5.俄罗斯礼俗与禁忌

俄罗斯人勇敢、热情、豪放,有"战斗民族"之称。跟德国人一样,很重视头衔和尊称。见面礼是亲吻与拥抱,熟悉的人之间才会使用吻礼。俄罗斯人捧出"面包和盐"来迎接客人,是向客人表示最高的敬意和最热烈的欢迎。在俄罗斯,同样是"女士优先",尊重妇女是必要的。

俄罗斯人讨厌数字"13"和"星期五",而偏爱"7"。忌用左手接物或接触别人,他们认为"左"是凶的象征。俄罗斯人忌讳别人送钱,认为送钱是一种对人格的侮辱。如果送花,要送单不送双,双数被认为不吉利。颜色喜红忌黑,喜欢向日葵,忌食狗肉、海参、海蜇、墨鱼和木耳。

(三)美洲

1.美国礼俗与禁忌

美国人热情、开朗、直率、不拘小节,讲究文明礼貌,举止大方,喜欢主动跟人打招呼,以不拘小节著称。在正式场合通行握手礼,但日常交往中比较随意,普通朋友见面,哪怕是初次见面,也时常只是点头微笑致意,礼貌地打招呼就行了。大多数美国人喜欢直呼名字,以示亲热,而不用先生、夫人或小姐这类称呼。在美国,忌问任何成年人的年龄、婚姻、收入、宗教信仰等隐私。

美国人遵守公共秩序,办事讲究效率,计划性强。拜访需要事先预约,准时赴约,一般要准备小礼物送给主人。他们喜欢收到礼物后,立即打开,当着送礼人的面欣赏或品尝礼物,并立即致谢。

美国人大都比较喜欢用手势或其他体态语来表达自己的情感。但忌用下列体态语:①盯视他人;②冲着别人伸舌头;③用食指指点交往对象;④用食指横在喉头之前;⑤竖起拇指并以之指向身后;⑥竖起中指。他们认为这些体态语都具有侮辱他人之意。美国人非常讲究"个人空间",与之相处时,应保持适当的距离,大约在0.5~1.5米,因为他们认为个人空间神圣而不容冒犯。大多数美国人都忌讳13和星期五,美国人偏爱山楂花与玫瑰花,忌讳送白色百合花。

2.加拿大礼俗与禁忌

加拿大人友善和气、热情好客。在社交场合与客人相见时,一般都行握手礼。他们的生活习性包含着英、法、美三国人的综合特点。既有英国人的含蓄,又有法国人的优雅,还有美国人的开朗。他们喜欢现代艺术,酷爱体育运动,尤其是冬季冰雪运动。加拿大人时间观念强,认为守时是人基本的素养。

加拿大人布置宴席的座位,忌用奇数排座。宴请客人,多在饭店或俱乐部举行,并且通常都是由女主人安排座位。应邀做客要准时赴约,事先送去或带上一束鲜花给女主人,入座后,通常在男主人做简短祈祷后再开席。交谈时切勿将加拿大与美国相比较。视枫叶为国宝和祖国的骄傲,视白雪为吉祥的象征,忌白色百合花,只在开追悼会时才使用。

3.墨西哥礼俗与禁忌

墨西哥人文雅,热情,讲究礼貌,喜好自由,大方有风度。最常用的见面礼是微笑和握手礼。与熟人、亲戚朋友或情人之间行吻礼和拥抱礼。赴约时,习惯迟到 15 分钟至半小时左右,视为一种礼节风度。

墨西哥人绝大多数信奉天主教,另有少部分新教徒。忌讳"13""星期五"。喜欢仙人掌(国花)、雄鹰(国鸟)。喜欢白色的花,忌讳红色和黄色的花,认为黄色意味着死亡,红色花会给人带来晦气。忌讳紫色和蝙蝠图案。

(四)大洋洲

1.澳大利亚礼俗与禁忌

澳大利亚人谦逊有礼,讲求平等,重视公共道德,组织纪律性和时间观念都很强。在第一次见面或谈话时,通常要互相称呼为"先生""夫人"或"小姐",熟悉之后直呼其名。见面常使用握手礼,也有拥抱礼、亲吻礼,当地土著居民行勾指礼,即双方各自伸出手来,将对方的中指紧紧勾住,然后再轻轻地往自己身边一拉,以示亲近。挤眼示意是澳大利亚人一种特有的礼节方式。如果与朋友在路上相逢,只是轻轻地说个"哈"字,有时甚至挤一下左眼,就算是打招呼了。待人接物随和,乐于助人,赴约准时并珍惜时间,有"女士优先"的良好社会风气。他们喜欢上酒店进行商务交谈,边吃边谈,效率很高,但习惯轻声细语,不大声喧哗。

澳大利亚人公私分明,不喜欢用命令的语气。他们乐于保护弱者,除老弱妇幼,还保护私生子的合法地位。在澳大利亚坐车不系安全带是违法的。澳大利亚人忌讳兔子,喜爱袋鼠,偏爱琴鸟。

2.新西兰礼俗与禁忌

新西兰是个多民族的国家,欧洲后裔占主导地位,毛利人是原住民。新西兰人严肃寡言,讲礼守时。见面惯用握手礼。社交中女方先伸出手,男方才能相握。毛利族人之间传统的见面打招呼方式是相互摩擦鼻子。当遇到尊贵的客人时,要行"碰鼻礼",即双方要碰鼻尖三次。毛利人信奉原始宗教,相信灵魂不灭,忌讳拍照、摄像。

新西兰人奉行"不干涉主义",反对干涉他人的个人自由,认为不需要了解交往对象的政治立场、宗教信仰、职务级别等。崇尚平等正义,只要有理由,可以约见部长、市长,甚至总理。男女交往方面较为拘谨保守,看电影要分男女专场。

约会须事先商定,准时赴约。客人提前几分钟到达,以示对主人的尊敬。不喜欢高声喧哗和装腔作势的人。打哈欠的时候,要捂住嘴,当众嚼口香糖或用牙签被认为是不文明的行为。跟基督教徒一样,讨厌13和星期五。视狗为"终生的伴侣","牧羊的卫士"。

(五)非洲

1.埃及礼俗与禁忌

埃及人直爽好客,宽容大度,信奉伊斯兰教。埃及人恪守教义教规,禁食自死物、血液和猪肉,妇女忌短、薄、透、露的服装。星期六到星期四是工作日,星期五是穆斯林的休息日。见面礼节一般是握手礼或拥抱礼,还时兴亲吻礼。亲吻礼有多种:男女间亲昵性的亲吻,抚爱性亲吻,敬重性亲吻,崇敬性亲吻。"飞吻"是情人间的亲吻礼,"亲脸"多是妇女们相见时的一种礼节,"亲手礼"是对恩人的亲吻礼。

应邀做客要带鲜花或巧克力作礼物,主人会再三表示欢迎以表达好客的热忱。递送或接受礼物时要用双手或右手,忌用左手。夸女子身材苗条,赞其家里的东西,视为别有企图。吃饭时,一般不与人随意交谈,把盘子里的食品吃光,是失礼的行为。

在埃及,忌讳当众吐唾沫、打哈欠或打喷嚏。忌谈"针"这个字和借针使用,尤其是每日下午三点到五点这段时间内。忌讳黑色与蓝色。忌讳数字"13",喜欢"5""7"。在埃及人的心目中,猫是女神在人间的象征,是幸运的吉祥物。

2.南非礼俗与禁忌

南非民族众多,信仰各异,生活环境不同,穿着各异,但都热情好客。见面礼有拥抱礼、亲吻礼,还有独特的握手礼,即先用自己的左手握住自己的右手腕,再用右手去与人握手。女子相见行屈膝礼。用咖啡待客是比较常见的礼节,还习惯以鸵鸟或孔雀毛赠与贵宾,客人则将这些羽毛插在自己的帽子或头发上。送客时往往列队相送,载歌载舞,欢呼狂啸。当众剔牙、摸皮带、拉裤子、脱鞋均为失礼的行为。

南非人习惯使用手势语。尊敬:举起和挥动右手并竖起大拇指,双目注视;诅咒和谩骂:五指握拳不停地挥动;蔑视或看不起:用食指朝着某人;骂人傻瓜:用手指指某人,然后张开手掌,举起手左右转动。交谈中用拇指和食指拈出"达达"的声音,表示对话题很感兴趣,完全同意对方的意见;用手指头迅速地刮自己的耳朵,表示话不投机或完全不同意对方的见解;一只手摸另一只手的手背,表示此事与己无关;两手手掌朝上,表示疑问;一只手掌拍另一只手掌表示惊异和奇怪。

做一做:

1.如何理解涉外交往中"尊重隐私"的原则?

2.每小组设计5个有关礼仪习俗的抢答题,按抽签顺序问答,答题多且正确的小组胜出。

第四篇

职业形象篇

塑造良好的职业形象是成为优秀职场人的第一步。

形象设计专家对美国财富排行榜中的 100 人进行调查，其中 97% 的人认为，如果一个人的外表非常具有魅力，那么他在公司里会有很多升迁的机会；92% 的人认为，他们不会挑选不懂得穿着的人做自己的秘书；93% 的人认为，他们会因为求职者在面试时的举止不得体而不予录用。可见，有出色外表并能展示出良好形象的人，在职业发展中更具优势。

第十七章　求职面试　成功展示

　　面试,是用人单位精心设计并组织,面对面考察应聘者的形象、语言表达能力、知识结构以及职业愿景,选择符合招聘职位需要人员的重要环节。面试是应聘者如愿走上工作岗位的必经考验。

第一节　面试准备

看一看:

　　下面就面试中经常出现的一些典型问题进行了整理,并给出相应的回答思路和参考答案,以供需要者从这些分析中"悟"出面试的规律及回答问题的思维方式,达到"活学活用"。

　　问题一:"请你自我介绍一下"

　　思路:

　　1.这是面试的必考题目。

　　2.介绍内容要与个人简历一致。

　　3.表述方式尽量口语化。

　　4.要切中要害,不谈无关、无用的内容。

　　5.条理要清晰,层次要分明。

　　6.事先最好以文字的形式写好背熟。

　　问题二:"谈谈你的家庭情况"

　　思路:

　　1.家庭情况对于了解应聘者的性格、观念、心态等有重要的作用,这是问该问题的主要原因。

　　2.简单介绍一起生活的家庭成员。

　　3.宜强调温馨和睦的家庭氛围。

　　4.宜强调父母对自己教育的重视。

　　5.宜强调各位家庭成员的良好状况。

　　6.宜强调家庭成员对自己工作的支持。

　　7.宜强调自己对家庭的责任感。

问题三："你有什么业余爱好?"

思路:

1.业余爱好能在一定程度上反映应聘者的性格、观念、心态,这是问该问题的主要原因。

2.最好不要说自己没有业余爱好。

3.不要说那些庸俗的、令人感觉不好的爱好。

4.最好不要说自己仅限于读书、听音乐、上网,否则可能令面试官怀疑应聘者性格孤僻。

5.最好能有一些户外的业余爱好来"点缀"你的形象。

问题四："你最崇拜谁?"

思路:

1.最崇拜的人能在一定程度上反映应聘者的性格、观念、心态,这是问该问题的主要原因。

2.不宜说自己谁都不崇拜。

3.不宜说崇拜自己。

4.不宜说崇拜一个虚幻的,或是不知名的人。

5.不宜说崇拜一个明显具有负面形象的人。

6.所崇拜的人最好与自己所应聘的工作能"搭"上关系。

7.最好说出自己所崇拜的人的哪些品质、哪些思想感染着自己,鼓舞着自己。

问题五："你的座右铭是什么?"

思路:

1.座右铭能在一定程度上反映应聘者的性格、观念、心态,这是问该问题的主要原因。

2.不宜说易引起不好联想的座右铭。

3.不宜说太抽象的座右铭。

4.不宜说太长的座右铭。

5.座右铭最好能反映出自己的优秀品质和追求。

6.参考答案——"只为成功找方法,不为失败找借口"。

问题六："谈谈你的缺点"

思路:

1.不宜说自己没缺点。

2.不宜把那些明显的优点说成缺点。

3.不宜说出严重影响所应聘工作的缺点。

4.不宜说出令人不放心、不舒服的缺点。

5.可以说出一些对于所应聘工作"无关紧要"的缺点,甚至是一些表面上看是缺点,从工作的角度看却是优点的缺点。

问题七："谈一谈你的一次失败经历"

思路:

1.不宜说自己没有失败的经历。

2.不宜把那些明显的成功说成是失败。

3.不宜说出影响所应聘工作的失败经历。

4.所谈经历的结果应是失败的。

5.宜说明失败之前自己曾信心百倍、尽心尽力。

6.说明仅仅是由于外在客观原因导致失败。

7.失败后自己很快振作起来,以更加饱满的热情面对以后的工作。

问题八:"你为什么选择我们单位?"

思路:

1.面试官试图从中了解你求职的动机、愿望以及对此项工作的态度。

2.建议从行业、企业和岗位这三个角度来回答。

3.参考答案——"我十分看好贵公司所在的行业,我认为贵公司十分重视人才,而且这项工作很适合我,相信自己一定能做好。"

问题九:"对这项工作,你有哪些可预见的困难?"

思路:

1.不宜直接说出具体的困难,否则可能令对方怀疑应聘者不能胜任。

2.可以尝试迂回战术,说说对困难所持有的态度——"工作中出现一些困难是正常的,也是难免的,但只要有坚韧不拔的毅力、良好的合作精神以及事前周密而充分的准备,任何困难都是可以克服的。"

问题十:"如果你被录用,将会怎样开展工作?"

思路:

1.如果应聘者对于应聘的职位缺乏足够的了解,最好不要直接说出自己开展工作的具体办法。

2.可以尝试采用迂回战术来回答,如"首先听取领导的指示和要求,然后就有关情况进行了解和熟悉,接下来制订一份近期的工作计划并报领导批准,最后根据计划开展工作。"

问题十一:"与上级意见不一致,你将怎么办?"

思路:

1.一般可以这样回答:"我会给上级以必要的解释和提醒,在这种情况下,我会服从上级的意见。"

2.如果面试你的是总经理,而你所应聘的职位另有一位经理,且这位经理当时不在场,可以这样回答:"对于非原则性问题,我会服从上级的意见,对于涉及公司利益的重大问题,我希望能向更高层领导反映。"

问题十二:"我们为什么要录用你?"

思路:

1.应聘者最好站在招聘单位的角度来回答。

2.招聘单位一般会录用这样的应聘者:基本符合条件、对这份工作感兴趣、有足够的信心。

如"我符合贵公司的招聘条件,凭我目前掌握的技能、高度的责任感和良好的适应能力及学习能力,完全能胜任这份工作。我十分希望能为贵公司服务,如果贵公司给我这个机会,我一定能发挥很好的作用!"

问题十三:"你能为我们做什么?"

思路:

1.基本原则上"投其所好"。

2.回答这个问题前应聘者最好能"先发制人",了解招聘单位期待这个职位所能发挥的作用。

3.应聘者可以根据自己的了解,结合自己在专业领域的优势来回答这个问题。

问题十四:"你是应届毕业生,缺乏经验,如何能胜任这项工作?"

思路:

1.如果招聘单位对应届毕业生的应聘者提出这个问题,说明招聘单位并不真正在乎"经验",关键看应聘者怎样回答。

2.对这个问题的回答最好要体现出应聘者的诚恳、机智、果敢及敬业。

如"作为应届毕业生,在工作经验方面的确会有所欠缺,因此在读书期间我一直利用各种机会在这个行业里做兼职。我也发现,实际工作远比书本知识丰富、复杂。我以较强的责任心、适应能力和学习能力,再加上勤奋,在每次兼职时均能圆满完成各项工作,从中获取的经验也令我受益匪浅。我有信心胜任这个职位。"

问题十五:"你希望与什么样的上级共事?"

思路:

1.通过应聘者对上级的"希望"可以判断出应聘者对自我要求的意识,这既是一个陷阱,又是一次机会。

2.最好回避对上级具体的希望,多谈对自己的要求。

如"作为刚步入社会的新人,我应该多要求自己尽快熟悉环境,适应环境,而不应该对环境提出什么要求,只要能发挥我的专长就可以了。"

问题十六:"您在前一家公司的离职原因是什么?"

思路:

1.最重要的是:应聘者要使招聘单位相信,应聘者在以前单位的"离职原因"在此家招聘单位里不存在。

2.避免把"离职原因"说得太详细、太具体。

3.不能掺杂主观的负面感受,如"太辛苦""人际关系复杂""管理混乱""公司不重视人才""公司排斥"等。

4.但也不能躲闪、回避,如"想换换环境""个人原因"等。

5.不能涉及自己负面的人格特征,如不诚实、懒惰、缺乏责任感、不随和等。

6.尽量使解释的理由为应聘者个人形象添彩。

如"我离职是因为这家公司倒闭。我在公司工作了三年多,有较深的感情。由于市场形势突变,公司的局面急转直下。到眼下这一步我觉得很遗憾,但还得面对现实,重新寻找能发挥我能力的舞台。"

同一个面试问题并非只有一个答案,而同一个答案并不是在任何面试场合都有效,关键在于应聘者掌握了规律后,对面试的具体情况进行把握,仔细揣摩面试官提出问题的心理背景,然后投其所好,进行有针对性的回答。

想一想:

要实现自己的职业梦想,你应该为求职做哪些准备?

俗话说,男怕入错行,女怕嫁错郎。良好的职业生涯能促使人快速成长,自我完善,实现人生的价值,反之,从事不适合或不感兴趣的职业,只会浪费生命,增加挫败感。因此,在求职前,一定要结合自身条件确定恰当的职业方向和选择范围,以节约时间,提高面试的成功率。

一、掌握求职的基本原则

(一)学以致用

从狭义上讲,学以致用可以理解为"专业对口"。而广义上则指无论从事什么类型的职业,其工作的性质与所学的专业有着密切的关系,可以是本专业范围的工作,也可以是专业能力所及的工作。

"前程无忧"招聘网曾做过关于"找第一份工作时最看重的因素"的调查,结果显示,"与所学专业对口"是受访者在初次求职时最看重的,因为熟悉的领域会带给求职者更多自信。

(二)扬长避短

求职前,一方面对自己要有比较全面的认识,可通过职业评估测试、师长建议、职业指导人士的分析等,清楚自己有能力、有兴趣做哪些工作;另一方面要收集中意的职业和行业总体情况,了解工作岗位的具体内容、工作性质和对从业者的要求。

找工作不能盲目跟风,应结合专业特长、性格特征及兴趣爱好,发挥优势选择适合自己的就业岗位。

(三)发展空间

尽管薪资是求职阶段个人价值的重要体现,但对于年轻人来说成长与上升的机会或许更重要。初期工作的关键是看能否丰富专业知识,能否积累工作经验,能否养成良好的工作习惯,能否锻炼成为一个比同等岗位的人更有能力的人。

如果工作前三年可以学习到这些,那么这样的积累会成为以后三十年发展的加速器。正如北大的一名学生所说。"我对工作最大的要求是可以发挥自己的价值,待在一个成长型的公司,个人能力会得到很大提升,薪酬当然重要,但不是最重要的,赚钱也不急在这两年。企业文化、一个好的工作氛围对我来说也很重要"。

(四)面对现实

现实社会中,职业理想能与实际工作契合的比例毕竟太小,多数人从事着自己起初没有想到,甚至并无兴趣的工作。因此,在面试前,思想上要有这样的心理准备,必要的时候,要面对现实,先就业再择业,适应环境边干边学。在工作中积极培养职业兴趣,干一行爱一行,重新进行人生规划,在调整中完善职业定位。

(五)积极乐观

任何事情都不可能一帆风顺,求职也是。即使多次失败,也不要气馁,切忌一蹶不振。要保持积极的心态,认真总结、分析落选的原因:是材料准备不够充分,面试环节有失误,还是自身能力确实与岗位要求有差距?弄清楚了症结所在,再有针对性地整改和提高,确保求职成功。

二、了解面试单位的需求

面对求贤若渴的用人单位,求职者为何难以"抢滩登陆"呢?某网站的一份调查表明,有超过70%的人并不了解企业需要什么样的人才。尽管面试单位的需求各不相同,但对求职者却有一些共同的期望。

(一)对应聘的工作有所了解

去面试之前,首先通过网站对这家单位的基本概况做一些了解,了解单位的背景、性质、经营范围和状况,了解其管理模式和企业文化等。其次,还要了解本次招录岗位的工作性质和职责要求,需要具备什么条件和素质的人。

(二)能够胜任应聘的工作

根据岗位条件和要求,要保证在简历和其他准备的文字材料中清楚而又有力地佐证你能胜任这份工作。用具体的实例和数字来支持你所说的资格条件。即使对自己的资格条件没有十分的把握也要强调其积极性,不要把自我怀疑、自信心不够表现出来而露怯。

(三)已作好安心工作的准备

在面试官面前树立一个稳定而有责任感的形象。设想一下,如果简历中表明你多次利用单位作为跳板,情况会怎么样呢?尽可能地把这件事解释得更好:"严经理,我一直在寻找这样一份工作,既能让我发展,更能推进公司发展。最使我想得到这份工作的原因之一是这里真的值得我长时间地干下去。"

三、准备好求职简历

(一)内容

简历一般两到三页就够了,概述自己的学历、技能和实践经历。主要包括以下内容:

(1)个人基本资料:姓名、性别、出生年月、家庭地址、政治面貌、婚姻状况,身体状况,兴趣、爱好、性格、联系电话和邮箱地址等。

(2)学历教育和成绩:毕业学校、专业、学位、外语和计算机等级、职业资格证、技能等级证等,并附上与应聘岗位相关的证书复印件。

(3)本人经历:毕业院校及在校期间主要担任的学团工作、社会实践、兼职情况以及取得的主要成绩。

(4)所获荣誉:三好学生、优秀团员(团干)、优秀学生干部、奖学金等。

(5)本人特长:如计算机、外语、驾驶、文体、写作、发明等,尽量与岗位要求靠近。

（二）用语

拟写简历时,尽量与招聘单位在广告中的用语方式保持一致,尽可能围绕招聘要求中出现的词汇来推荐自己。

（三）备份

前往应聘时,打印五六份简历,以保证面试官人手一份。把简历复印件放在公文包或简易的文件夹里,以保持平整。

做一做：

　　为自己设计两个参加不同岗位面试的求职介绍。

第二节　面试技巧

看一看：

　　英国伦敦大学学院(UCL)一位系主任在谈到自己新聘的讲师时说:"从她一进门,我就感到她是我所渴望的人,她身上散发着某种精神,将她那庄重的外表衬托得越发迷人。因为只有一个有高度素养、可信、正直、勤奋的人才有这样的光芒。30分钟后,我就让她第二天来系里报到。"

（摘自英格丽《修炼成功:世界形象设计师的忠告》）

想一想：

　　你准备如何在面试时给他人留下过目难忘的好印象?

面试就是在有限的时间内向他人介绍和推销自己,并尽全力得到招聘方的肯定与喜欢。

一、着装得体

对于应届毕业生来说,面试时带有一些学生气的装扮更显自然。不需过分修饰、过度包装。总的说来,男生应显得干练大方,女生应显得端庄优雅。忌打扮得非主流,让人产生不信任感。

一般来说,选择服装要看应聘职业,下面就一些职业对于着装的要求做一些介绍:

政府机关、事业单位、证券、保险、银行、律师等向来以严谨、稳重著称。到这些单位面试,着装稳重大方、简单利落是第一要求。适合选择正装,倾向黑、灰、深蓝等比较稳重的颜色。

IT行业、公关公司,职业要求是低调、严谨的工作作风,要求人沉稳,不要过分张扬。男士不妨选择比较休闲的服装,女性则可以选择一些具备知性气质的针织衫加裤装,给人清新爽利的感觉。当然男士可以佩戴腕表,女士可以佩戴项链、丝巾等,给自己一些点缀,让自己脱颖而出。

媒体、广告公司是最具活力和竞争的行业，为让自己在最短时间内赢得好感，充满活力、整齐利落、体现创意的着装会为你加分，有质感的面料能衬托你的聪明才干。

时尚行业、创意设计类的职业相对会轻松随意一些，但随意并不等同于随便，着装也能体现自己的才华和灵感，应聘者去参加面试时不要只想着如何赶潮，要做到有心思、有品位，搭配最好体现出自己对时尚的理解和可以创造潮流的自信，还有切不可轻浮。例如，应聘服装设计，穿上一套有设计感，最好是自己设计的服装更能表现你的设计能力和品位。

不论应聘哪种职业，都要注意：男生忌穿短裤。如果穿浅色衬衫，在里面要再穿一件浅色的背心，以免汗水湿透衬衣造成尴尬。女生不要穿无袖装，更不要选择吊带、背心等款式，不要穿无后带的凉拖鞋，即使有跟也不好。

二、妆容淡雅

面试前，女性稍化淡妆不仅表现出对应聘单位的重视，对面试者的尊重，也有助于自我成功推销。薄施粉黛，略修眉毛，采用自然色系的口红或唇彩，如橘红色、桃红色或玫瑰红，映衬健康、青春的肤色，展现整洁、利落的轮廓，给人神采奕奕、健康活力的印象。眼影、睫毛膏不必要，忌浓妆艳抹。可以选择盘发或扎成马尾，披头散发会显得懒散。

男士发型一定要干净整齐，应修面，不留长发，不蓄胡须，更不要染发和做怪异发型，富有朝气的仪容更易受到面试官的青睐。

三、提前赴约

守时是职业道德的一个基本要求，提前20分钟左右到达面试地点效果较佳，不仅可以熟悉一下环境，而且能够表现出对求职的诚意与重视，给对方以可信任感，同时也适时调整自己的情绪，避免过于紧张。切忌在面试时迟到或是匆忙赶到。如果面试迟到，那么不管有什么理由，也会被视为缺乏自我管理和约束能力，即缺乏职业能力，给面试官留下非常不好的印象。面试地点比较远，地理位置比较复杂的单位，不妨事先走一趟，以熟悉交通线路、具体面试处，甚至搞清楚洗手间的位置都是非常有必要的。

到达后，如果被安排在会议室或前台等待，要坐在或站在指定的地方。不要乱跑乱窜，坐立不安；也不要东张西望，随便翻动周围的物品，除非负责接待的人员告诉你可以自己动手（如公司刊物）。注意，也许这时就有人在观察你的一举一动，所以保持优雅的姿势，耐心等待是最好的表现。

四、放松心情

在面试时保持轻松愉快的心理状态，有利于缩短交往距离，自然展露才华，给面试官留下美好的第一印象。

做好充分准备是让自己放松的法宝。进场时，可通过深呼吸舒缓压力，将面试官想象为关爱自己的长辈或朋友，面带自然愉悦的笑容，主动与每一位在座的人点头问好，可在主考官请你坐下后，道声"谢谢"再从容入座。

五、表情自然

自然真诚的微笑让人由内向外散发着自信、愉悦的光彩，也使人产生良好的情绪体验。

微笑能消除人与人之间的隔阂,是获取好感最有效的方式。

落座后,身体端坐,面带笑容,目光保持接触,等待提问。

回答问题时把目光集中在对方以鼻子为中心的三角区域,既可以给对方以诚恳、尊重的印象,也有利于激发自己的勇气,消除紧张情绪。眼睛不知道往哪儿看、目光不定的人,使人感到魂不守舍;眼睛下垂,给人一种缺乏自信的印象;两眼直盯着提问者,会被误解为向他挑战,给人以桀骜不驯的感觉。

六、专注聆听

一个优秀的谈话者,首先是优秀的聆听者,从认真的聆听中获取与分析信息。凭想当然揣测他人的意思,急促地插话或抢答问题,容易给人留下浮躁、自以为是的不好印象。

绝大多数应聘者会花90%以上的精力去准备如何说,其实,用心"聆听"是一种很重要的礼节。好的交谈是建立在认真"聆听"基础上的。不会听,也就无法回答好主考官的问题。在面试过程中,主考官的每一句话都是非常重要的。在一次招聘公务员的面试中,主考官请23位面试者用5句话概括介绍自己,最终的统计结果显示,只有2个人按要求完成了任务,还不到应聘人数的10%! 一个好的聆听者应做到以下几点:

(1)如有介绍,要记住说话者的名字、称呼;

(2)用目光注视说话者,及时呼应,如点头、会意地微笑,或提出相关问题等;

(3)身体微微倾向说话者,表示对说话者的重视;

(4)理解说话者谈话的主要内容;

(5)回答时,围绕对方所讲的话题,忌答非所问。

七、从容应答

在充分理解对方的问题后,快速组织语言从容应答。回答问题时保持面对面正常说话的方式,语调不要太高,语速平稳流畅。很多人会犯的一个毛病,就是话到语尾就变得模糊小声,让人不宜抓到重点。这是练习中需要注意的问题。

对于感觉有难度的问题,不要一直沉默不语,采取换位思考、围魏救赵等方式表现自己的灵活性,反而可以收到出奇制胜的效果。

八、礼貌告退

离去前要衷心表达对面试官的感谢之情,对面试机会的珍惜之意,表达期待再见的愿望,盼望更全面地得到各位老师的指导和教诲。离开时微笑起立道别,如果对方主动伸出手时,一定要热情地用右手相握,力度适当,并说"再见",后退两三步后再轻稳转身,出门后身体正面朝向屋里轻轻带上门再离开。

> **做一做:**
> 3～4人为一组,分别饰演面试官和应聘者,进行面试的模拟演练。

第十八章　为人师表　亲切稳重

一切为了孩子,为了一切孩子,为了孩子的一切。幼儿教师的言传身教对幼儿成长有不可低估的作用,把甜美的微笑带给每一个孩子,把信任的目光投向每一个孩子,把温暖的语言送给每一个孩子,在生活的每一个细节用文明礼仪滋养每一个孩子,做一个孩子喜欢、家长信任的好老师。

第一节　德高为师

看一看:

龙卷风掀翻屋顶,6名老师拼死堵门救下120名幼儿

2016年6月23日下午两点半左右,江苏阜宁、射阳遭受龙卷风、冰雹等自然灾害的袭击。

新沟镇的计桥幼儿园被大风掀翻了第三层屋顶,风一下子就把教室外的健身设施摧毁了,院墙也很快被吹倒。当时,大、中、小三个班共120名孩子正在上课,突如其来的大风引起孩子们的尖叫和哭泣,老园长见状连忙指挥老师们去堵门。"风太大了,用手推也挡不住,用脚顶也挡不住,我们都扑在门上。"有的木门很快被吹破,老师们用自己的背部、头部或胸膛堵住窟窿,任凭冰雹和砖石砸在自己身上,老师们都不同程度受了伤,有的满脸是血,但令老师们欣慰的是,她们拼命保护的孩子仅有7人受伤。

正因为事发时6名老师用自己的身体堵住教室大门,才护住了孩子们的安全。这些平凡的老师在平凡的岗位上谱写着不平凡的人生,让我们为她们点赞!

想一想:

1.这个案例中的老师们为什么让你肃然起敬?

2.礼仪在帮助你做一名合格的幼儿教师方面可起到哪些作用?

教育家陶行知先生曾经说过:"捧着一颗心来,不带半根草去。"职业道德,是幼儿教师在教育活动中必须履行的行为规范和道德准则,是幼儿教育工作的前提保障。

一、提升素质

教师道德素质的高低直接影响着幼儿的健康成长,只有具备良好德行的老师才能做好

这项工作,不断提高修养素质应贯穿幼儿教师工作的整个过程。

(一)加强修养

高尚的人格品行不是与生俱来的,却可以通过后天的教育实践活动修炼提高,将认识内化为道德情感、意志和信念,进而外化为自己的道德行为和习惯,从而铸就优秀的道德品质。

一名合格的幼儿教师,必须熟悉幼儿教育的法律法规,认真贯彻执行《幼儿教师职业道德规范》《未成年人保护法》,规范自己的教育行为,不断提升道德修养。

(二)丰富内涵

幼儿教师不仅要学习教育理论,还要广泛地学习有关自然科学、人文科学和社会科学等知识。只有不断丰富知识内涵,才能提高思想素质、教育教学水平,进一步明确自己在教育教学中的主导地位,对幼儿的身心发展发挥重要作用,真正做到教书育人。

(三)洁身自好

做让家长信任的老师,这样才会在教育教学过程中得到家长的积极配合。信任很脆弱,需要好好呵护,它一旦被破坏,上百个微笑都无法修复。所以,不贪图利益,不为利所动,不做向学生家长收取或变相收取钱、物,让学生家长代办私事等有损教师形象的事情。

二、爱岗敬业

热爱幼教事业,尊重幼儿,全身心去爱孩子,严格遵守并认真执行幼儿园的规章制度,是幼儿教师的优秀德行在平凡岗位上的最好体现。

(一)遵守制度

严格按照各项管理制度和教育要求,完成对幼儿的教育教学活动。每天早上按时迎接小朋友的到来,下午送完每个小朋友离开。因此遵守作息时间,按时上下班,有事(病)请假,带班不离岗是对教师最基本的要求。

因病、因事耽误而要迟到或无法准时到达时,需提前电话告知单位,并委托他人代班。不能因老师的个人原因造成幼儿的管理缺失。

每周一升旗仪式,教师要做幼儿的楷模。做到站姿端正、表情庄重,行注目礼,不擅自扎堆聊天,或接打私人电话。

按时参加各类会议和培训,学习开会时专心聆听,认真做好笔记。

(二)井然有序

教师在上课前要将教学用具摆放有序,按照教学计划完成教学,合理安排教学时间。教育定位准确,内容讲解清晰,有条理,不能因是幼儿,就马虎随意。

在当班时间,应把小朋友带来的东西或脱下的衣服叠好,整齐地放在柜中,不要混淆。每次课后,要求小朋友把桌上的物品整理干净,和小朋友一起将玩具收好,以培养小朋友爱整洁、会收拾的良好习惯。

放学时,提醒每个小朋友将自己的东西带走。协助值日的小朋友关好窗户、风扇或空调,拉灭电灯,锁好门之后再离开。

(三)以身作则

教师到班级巡查要轻进轻出,不打扰集体教育活动,不影响幼儿的学习和休息,不聊天或接打电话。使用物品时,轻拿轻放,节约水电,按需用电,及时关水。

三、换位思考

教师要学会换位思考,对幼儿充满爱心,对学生家长热情礼貌,尊重领导,主动关心同事,谦逊耐心。多一点换位思考,也就多了一份理解与尊重。

(一)体谅家长

充分理解家长的心情,对家长询问了解幼儿的情况尽力提供帮助,对反映的问题,及时给予答复。

小朋友在幼儿园发生意外,处理要及时。意外发生后,教师要想在家长之前,做在家长之前。凡事一分为二来看,就事论事,对事不对人,从家长和孩子的角度出发,一起积极解决问题。

(二)理解领导

一名优秀的幼儿教师,不仅有敬业精神,忠于职守,还要尊重领导。幼儿园事无巨细,孩子的事都是大事。教师要能急领导之急,想领导所想,遇事多请示,服从领导,认真完成领导交给的各项任务。

(三)善待同事

如果同事之间关系融洽、和谐,就会使心情愉快,有利于工作的顺利开展,这与个人事业的进步与发展紧密相关。

同事相处尊重是前提,讲求谦让,坦诚相待。处理好同事关系,要做到尊重同事,乐于助人。年轻教师要尊重中老年教师,不在学生面前直呼同事姓名。影响团结的话不说,影响团结的事不做,更不要无中生有、搬弄是非。不在背后议论同事的隐私,对自己的失误或同事间的误会,应主动道歉说明。这样,会增进同事之间的感情,使关系更加融洽。

做一做:

　　1.你认为加强道德修养与幼儿教师自身发展有什么关系?

　　2.幼儿教师的爱岗敬业从哪些方面可以体现?

第二节　身正为范

看一看:

　　小宝从幼儿园回来后,喜欢将一只小手的手掌横放在脸前,另一只小手在嘴唇、眉毛上画来画去,妈妈问他干什么,他说我在学我们幼儿园的辛老师。

想一想:

　　1.小宝在做什么? 小宝的行为是老师教的吗?

　　2.辛老师的做法合适吗?

在幼儿园里,幼儿特别喜欢模仿教师的一举一动,可以说教师是幼儿的镜子,幼儿是教师的影子。幼儿对教师的高度崇拜心理,使他们对教师的各种行为表现都认真地进行模仿和学习。教师应充分发挥表率作用,在日常生活中规范自己的言行举止,在"润物细无声"中起到潜移默化的教育效果。

一、注重形象

仪容仪表虽是人们外在形象的表现,但更是一个人内心世界的折射。作为教师,应注意个人卫生,穿着得体,仪容大方,树立良好的教师形象。

(一)讲究卫生

讲究卫生是幼儿教师的基本要求,会直接影响小朋友的卫生观。一位容光焕发、彰显活力的老师,会更受小朋友的欢迎。

(1)面部清洁。每天要早晚洗脸,清洁附在面部的污垢、汗渍等不洁之物。洗脸时可借助清洁剂如洗面奶等,同时注意清洗耳朵和脖子等容易忽略的地方。

(2)口腔清洁。保持牙齿的清洁,早晚刷牙,饭后漱口,清洁口腔细菌、饭渣,防止牙结石堆积。幼儿教师与小朋友的接触通常是近距离的,上班前不要吃容易使口腔留下异味的食物,如大蒜、大葱、韭菜等。

(3)手的清洁。保持手的清洁卫生,注意修剪与洗净指甲。不把指甲涂得五颜六色,更不要留长指甲,以免伤到小朋友。

(4)身体清洁。勤洗头,勤洗澡,勤换内衣,身上不留异味,不用过多或过浓的香水。

(二)着装得体

衣着整洁、美观大方,是对幼儿教师在择装上的要求。幼儿教师不宜穿着太时髦或太暴露,衣着打扮符合幼儿教师的职业特点,活泼大方,大小得体,便于活动。上班时穿轻便、色彩艳丽的休闲装或娃娃服,下装不可太短太紧,配以舒适、便于活动的平底鞋。佩饰尽量不带,否则可能影响到幼儿的安全。

(三)仪容大方

教师工作期间应精神饱满,可做适当的日常生活化妆,遵循自然、大方、淡雅的原则。禁止浓妆艳抹和使用有刺激性气味的化妆品。染发大众色,工作时间将长发束起,不披头散发;额前头发不可过长,避免挡住视线。

二、业务过硬

作为教师,应熟悉业务知识,了解幼儿的心理和需求,懂得幼儿教育的规律,具有教学和教育的各种能力,掌握教书育人的本领,才能更好地履行教书育人的责任。能独立完成教学任务,逐渐形成自己的风格。有较强业务能力的教师能增加幼儿的崇敬感,增强学习的主动性与积极性。

(一)认真备课

课前充分的准备,是教师在课堂上具有自信,挥洒自如的前提和保障。在认真分析、钻研教材的基础上,集中精力、认真思考,进行合理设计和书写。许多成功课例都是教师匠心独运,精心编排的,它的背后蕴藏着教育理念和思想。虽然我们无法预料课堂上会发生些什么,但我们可以预设出一些细节、一些精彩。结合教学内容,诸如教师在课堂中的站立位置、巡视路线,以及运用有关的教学图片或者音乐等,尤其是对教学内容的理解、感悟以及教学环节,都完全可以预设出能影响幼儿个性发展的精彩细节来。

(二)正面评价

教师进行教学授课,除了精心备课以外,教学中教师要坚持正面评价幼儿。如果一个孩子一天都得不到表扬和肯定,那么,他们就会闷闷不乐,无精打采,甚至连自尊心、积极性也会受到伤害。因此,幼儿教师一定要为幼儿的发展储备成功的评价:一个微笑是评价、一个大拇指是评价、一朵小红花是评价……不断的成功评价,能充分激发孩子的生活热情,调动他们的参与积极性。例如,在一日活动中,教师经常会就幼儿的行为、作品等进行各种各样的评价,教师不能吝啬自己的微笑、大拇指、小红花。当然,与此同时,教师也要注意这种成功评价的方式方法,要随时让孩子知道什么是对的,什么是错的,以便使他们从小掌握评价自己和评价他人的标准和方法。

(三)细节处理

幼儿教师是"孩子王",负有教育和保育双重责任。教师对幼儿教育、教学、生活等方面细小环节的把握、调控、处理的本领和技巧尤为重要。

(1)捕捉细节。教学细节,每一堂课都不可能重复,每一个细节也不可能相同,这里涉及师生心理、教学环境、学习心境等。所以,捕捉细节的能力是幼儿教师最为基本的能力,也是一名优秀教师必须具备的基本功。因此,幼儿教师要热爱和关心每一个孩子,善于用敏锐的观察力和思维力去捕捉细节,用聪慧的眼睛,细腻的心灵,去发现每个孩子身上的闪光点。

(2)分析细节。对于捕捉到的细节,教师需要加以分析、梳理和归类。要善于品味细节,分析细节,从一闪而过的表情、一句简单的话语、一个不起眼的动作,体味幼儿内心的变化,感悟幼儿的兴趣点,从而掌握幼儿的情感,使自己的教育教学更趋完美。

(3)应变细节。经过分析,教师应对一些细节加以应变,从这一细节出发,引导孩子去思考、讨论,从而激发孩子的兴奋点、情绪点,调动孩子的积极性,以达到教育教学的最佳效果。事实上,每个幼儿的性格、喜好都各不相同,教师只有通过对那些细节的及时捕捉与分析,实施因材施教,才能促使每一个幼儿在原有基础上都能得到最大的发展和提高,成就幼儿成长的精彩。

三、以礼待人

教师在接待家长、领导等人的时候,通过文明得体的语言、表情、动作等让他们感受到教师的落落大方。

(一)接待家长

接待家长要起身相迎,微笑问候,点头示意,及时让座,接待完毕要送出室外;对家长询问了解幼儿的情况尽力提供帮助,对反映的问题,及时给予答复。

(二)接待领导

接待领导、嘉宾,要在大门迎接表示热情欢迎,主动握手问好。在客人的左前侧引导进入接待室,先请坐再沏茶。园长介绍贵宾,按介绍的先后顺序——"尊者居后"的原则进行,即先男后女、先主后宾。如果双方都有很多人,要先从主方职位高者开始。客人临走,要相送至园门外,待客方伸手后再伸手相握道再见,并表示对其到访的感谢和再次欢迎。

（三）接待他人

值班老师对来访者要主动问好,礼貌地请来访者进行登记,并询问来访原因,主动提供帮助和联系。

做一做：

1.讲究卫生你能做到的有 _____。

你没有做到的有 _____。

2.幼儿教师注意自己的形象对开展工作有什么帮助?

第三节　活跃开朗

看一看：

萌萌是家里的掌上明珠,刚上幼儿园的时候,有点哭闹,不肯去。家里的老人对幼儿园的老师很不放心,担心那么多的孩子在一起,萌萌得不到好的照顾,孩子受委屈。后来,她们每天接送萌萌时,看见带班的老师很和善地对每一个孩子和家长,虽然她们和老师还不熟悉,也不知道应该和老师怎样交流,交流什么,但是她们终于能放心地将孩子放在幼儿园了。

想一想：

1.萌萌为什么一开始不肯上幼儿园?

2.萌萌的家人为什么能放心地将孩子交给幼儿园?

冰心老人有一句话:"爱在左,责任在右,走在生命之路的两旁,随时撒种,随时开花,将这一径长途点缀得花香弥漫,使穿枝拂叶的莘莘学子,踏着荆棘,不觉得痛苦,有泪可流,却觉得幸福。"

说得多好啊,她把教师的工作,形象地比喻成在学生的人生之旅中播撒种子,把爱与责任放在左右心房,让孩子们在幸福中成长。

爱是真诚的奉献,爱是无私的付出。幼儿教师就要有这种高度的责任感和事业心,热爱并尊重每一个幼儿,用心陪伴他们成长。

一、耐心细致

幼儿教师如果仅有专业知识而没有爱心、耐心和很强的责任心,根本不能胜任教师的工作。

据《贵州都市报》报道:遵义佳佳幼儿园一名年轻的教师缺乏耐性,竟体罚一名2岁小女孩,致使女孩全身多处青紫,臀部还有道道血痕。这是幼儿教师职业道德所不允许的。教师应怎样对待小朋友呢?

(一)耐心

耐心是爱心、事业心和责任心的基础。教师对幼儿的"关怀""接纳""尊重",都必须建立在耐心的基础上。

幼儿教师的工作是烦琐的,每天的第一个工作伙伴就是抹布和拖把。为幼儿园营造一个温馨而整洁的环境,不仅能使孩子们愉快地活动,更是维护他们健康的保障。老师每天都要用一定的时间把活动室、盥洗室、卧室和各种玩具柜、桌椅进行擦拭消毒,还要为孩子们晾好上午要喝的开水等。面对孩子们的七嘴八舌、吵吵闹闹要不厌其烦。小班的孩子刚上幼儿园的时候,会不停地哭,教师必须有耐心,给小朋友讲故事,引导他们参与到集体活动之中,尽快与同伴熟悉起来,哄到小朋友破涕为笑。而不是责骂孩子或把孩子冷落在一旁,甚至关在黑房子里,让孩子因恐惧而不哭,这对孩子的心理健康是不利的。

(二)细心

从早上 8:00 开始,随着一个个欢蹦乱跳的孩子来园,教师开始了一天的教学活动。首先,教师要面带微笑地站在活动室外迎接每一位家长和孩子。要摸孩子的额头测体温,看孩子脸色及情绪如何,询问幼儿有无异常情况,是否需要特殊照顾(如服药),还要不时地提醒进班后的孩子按照常规去洗手、挂毛巾,以及进餐。小班的孩子,刚上幼儿园的时候,还要注意查看有没有把大、小便拉在裤子里,老师要为孩子清洗、换裤子等。老师的细心能让家长放心,会让小朋友更加健康地成长。

(三)宽容

宽容作为幼儿园教师的一种美好品质,就其实质而言,是在人格平等的基础上,教师对幼儿所表现出来的一切方面,予以接纳、包容和尊重。幼儿教育需要宽容,首先是因为幼儿教育特别需要正确认识和包容幼儿的"错误",还因为幼儿教育需要纵情发展孩子的天性。

作为教师,当孩子犯错误、淘气、闯祸时,不要根据自己的情绪状态、已有的经验去解决所谓的问题。《幼儿园工作规程》对教师提出了一定的要求:教师应克服自身言行的随意性,改变以成人角度处理问题的做法,对孩子要多一些宽容与理解。

一次,老师在给大班小朋友讲"爱护玩具"时告诉他们:"每人有一个抽屉,是专门放学习用具的,大家要爱护它,保持整洁。"正说着,只见一个小朋友打开抽屉,把里面的纸屑全倒在了地上。老师立刻批评了这个小朋友。只见小朋友用两手捂住耳朵,眼睛不看老师,脑袋扭向一边,表示出非常反感的样子。老师一看他的表现,知道他对批评一时还接受不了。平日他好胜心强,各方面能力特别是生活自理能力都强于其他孩子,老师在全班小朋友面前批评他,伤了他的自尊心。于是,老师立刻改为鼓励的口气:"你是懂事的好孩子,想把抽屉整理干净,只是忘记把纸屑放在什么地方了。快来!老师和你一起捡干净纸屑。要不然,别的小朋友该给提意见了,怎么只顾自己干净,忘了班集体呢?"小朋友虽然没有完全转过弯来,但捂着耳朵的双手放下来并开始慢慢捡纸屑。在老师不断地鼓励下,他把地上的纸屑全捡干净了。

老师柔和亲切的态度、幽默活泼的话语、敏锐信任的眼神,都会使孩子获得愉悦的感受,而孩子们也正是在这宽容、谅解的氛围里,才会消除抵触心理,获得尊重、理解,从而接受教师的正面教育。

二、活跃开朗

优秀的幼儿教师也是出色的演员,有时扮演孩子的老师,有时扮演孩子的朋友,有时还要扮演孩子的妈妈,既教孩子们日常的生活习惯,又教孩子们怎样认识世界,怎样做个好孩子。作为幼儿教师,语言文明,表情动作友善和气,才能让幼儿感到可亲可敬。而能和小朋友玩到一起的老师,才是最受小朋友欢迎的老师。

（一）服饰鲜艳

幼儿对老师的衣着色彩变化非常敏感,对穿着漂亮、颜色鲜艳的教师特别喜爱。那是因为鲜艳的色彩易于吸引幼儿的注意力,激发他们开朗、积极、欢快的情绪。因此,幼儿教师的服饰应该以色彩艳丽活泼为主色调,以体现蓬勃的精神风貌。忌讳沉闷肃穆、凝重呆板的色彩,如果选择了深色调的服装,可以用浅色毛衣、鲜艳的丝巾或腰带等打破沉闷的格局。

（二）体态亲近

体态反映着人的思想情感、知识品位、道德修养、聪明智慧、性格等方面的境界。教师以关爱、接纳、尊重的态度与幼儿交往,可以用亲近的体态语言支持、鼓励他们大胆探索与表达,关注幼儿的特殊需要,努力使每一个幼儿都能获得满足。（图 18-1）

亲近的体态语言,胜似千言万语。幼儿教师应善于运用自己的身体语言,与幼儿接触。切忌用不雅的动作,以免儿童模仿和有损教师的形象。

离开父母的幼儿内心欠缺安全感,他们惧怕孤独与无助,老师轻轻的搂抱可以缓解幼儿焦虑的心,亲切的抚摸可以让幼儿感受到家人般的温情,紧紧的牵手可以给孩子受重视的快乐,蹲下与孩子们一起游戏可以让他们体会到平等,为小朋友整理衣服、系鞋带的动作可以更贴近孩子的心。（图 18-2）

图 18-1　　　　　　　　　　　　　　图 18-2

（三）言语温馨

教师要特别注意使用礼貌用语,保持愉快表情,表现自己的亲和力。幼儿教师每天都会在园门口迎接小朋友,见到小朋友要说问候语,如"张尽然小朋友好!""宝宝好!""早上好!"

等,还要和小朋友一起与他们的家人说道别语:"妈妈再见!""爷爷慢走!"等。

三、善于表达

恰到好处的表达有利于在教育教学中培养小朋友各方面的能力,在与家长的交往中赢得他们对工作的支持和信任。

有一次,一位教师和家长交流孩子的情况。谈话即将结束时家长笑着说:"谢谢老师,我以为老师找家长又要说我们孩子平时太文静,不愿意与人交往,不愿意举手了呢!"其实,老师在与家长攀谈的过程中孩子以上的不足都提到了,只是稍稍改变了一些话题的顺序,见到她的第一句话:"欣如小朋友是个既文静又惹人喜爱的孩子,她上课总是听得特别认真,作业也完成得不错……"老师这样一说原本有些紧张的家长马上放松了,笑着说:"是啊,是啊!平时在家她总喜欢看书或做一些计算练习……"同样一件事情,因为表达的方式不同,家长的感觉就不一样。

(一)赏识教育

世界上没有完全相同的树叶,可每一片叶子都有属于自己的美。教师要善于捕捉每个孩子的闪光点,通过赏识教育培养幼儿的自信心。面对一些体弱、性格内向或是单亲家庭的孩子时,教师应像父母一样,更关注他们方方面面的细节,给予更多的关爱、呵护,多与他们交流,引导他们合众合群,以培养良好的个性特点。

(1)培养自信。例如,"你回答得真好!""你爱动脑筋,老师真为你高兴。""没关系,再仔细想想。老师相信你一定行。""不着急,咱们一起试试。"

(2)培养自主。例如,"请你来回答这个问题,好吗?"

(3)培养自理。例如,"自己试着做一做。"

(4)培养自律。例如,"你想一想这样做对不对?"

(5)沟通交流。例如,"愿意和老师交朋友吗?""我来帮你,好吗?"

(二)及时沟通

教师与家长之间相互理解、相互支持才能使教育教学工作更有成效。教师应及时与家长沟通,使工作开展得更顺利。

(1)迎送。每天迎送家长或与家长交谈时,教师应当主动、热情、笑容可掬,同时还要善于观察家长的不同需求与心理状态。家长到幼儿园来,教师应主动关心家长:"您好,有什么需要帮忙的吗?""有什么困难,我可以帮您吗?"主动与家长沟通交流:"请您放心,我们会照顾好您的孩子。""您看,我们这样做好吗?""对不起,让您久等了。"

(2)帮助。当一些家长主动为幼儿园送来一些植物,或有关教学用品时,绝不能理所当然,不屑一顾,甚至态度冷淡,对此应该表示感谢,如"谢谢您对我们工作的支持。""非常感谢您对小朋友们所做的这一切。"

(3)犯错。孩子一时犯了错,教师在与家长沟通时,应先寻找孩子的"闪光点",肯定长处,然后再提出孩子的问题,分析其犯错的原因,征得家长的认可,商量教育的方案。切不可一味指责,伤害家长及孩子的自尊心。可以说:"耽误你一点时间,我想和你交流一下孩子的情况。""您的孩子一直有进步,只是……方面还有点问题。"

（4）问题。教师被家长误解时，应及时沟通，将情况进行说明和解释，以消除家长的疑虑。如确有问题，要敢于面对，主动承担工作中的失误，征得谅解。

幼儿教师应待人热情，用文雅的谈吐，和善的语气，适中的话语，尊重性的词汇，体现教师的亲切，展现教师的个人魅力。

做一做：

　　1.教师对细节的处理从_____开始，通过_____和_____成就幼儿成长的精彩。

　　2.接送小朋友要说_____、_____、_____等语言。

　　3.如果有小朋友在幼儿园里把身体撞伤了，你会如何与家长进行沟通？

　　4.结合教学见习、实习，模拟与小朋友进行"赏识教育"的对话。

第四节　亲切大度

看一看：

　　"六一"儿童节就要到了，各班都在准备节目，擅长歌舞的王老师下班了还在帮小一班排练节目。"李明你为什么不跳舞呢？"王老师笑眯眯地边问边走到李明的身边，李明小声地告诉王老师："我要尿尿了。"王老师弯下腰摸着李明的头说道："尿完了和老师一起跳舞好不好？"李明高兴地答道："好！"

想一想：

　　1.老师看见小朋友有不对的地方能随便发脾气吗？

　　2.王老师这种对待小朋友的方式你认为好吗？

幼儿教师的精神面貌，是幼儿教师形象的灵魂。而热情大方、富有爱心的教师不仅可以创造愉快、健康、向上的氛围，还能给人以朝气蓬勃、充满活力的感觉。

一、表情愉悦

幼儿教师身旁是一群天真无邪、活泼可爱的孩子，老师一个轻微的表情都会直接影响着幼儿的学习和生活，因此幼儿教师应注意运用情态语言，使自己的工作收到良好的效果。例如，在幼儿活动中，教师一个甜甜的笑容可给孩子一个轻松、愉快的学习环境；一丝赞赏的目光，可给幼儿无比的信心和力量。

教师在教育活动中积极运用表情艺术，创设快乐、友善和自信的情感氛围，让幼儿在教育活动中充分感受教师的情感魅力。教师的表情主要通过面部表情和眼神表现出来。

（一）面部表情

人的面部表情是信息的重要载体之一。如展眉表示欢欣，皱眉表示愁苦，扬眉表示得意，满面笑容表示高兴等。一般情况下，教师的表情受到两种情况的制约：一是对幼儿的态度、情感;二是所表达的言词内容。

（1）情感表情。幼儿教师的表情基调应该是微笑,教师面带笑容地组织教育活动,幼儿就会感到亲切,愿意接受老师的教育,师生关系融洽,课堂气氛活跃,教学效果好。据专家调查,经常面带甜美可爱的笑容,举止适度得体,年轻活泼漂亮的教师最受幼儿欢迎。相反,经常"一本正经",面色阴沉的教师,会使幼儿望而生畏,甚至生厌,自然不会喜欢,最终直接影响教育效果。教师的微笑是为幼儿学习创造良好心理环境的重要因素,也是使幼儿保持学习时具有祥和、平静心境的关键所在。（图18-3）

图 18-3

（2）言辞表情。教师上课时的表情不能是单一的微笑,不同教育内容的言辞表述,应有不同的表情配合,该严肃的不能有笑容,该高兴的也不能绷着脸。教师的喜怒哀乐,是吸引幼儿注意力、感染幼儿情绪的强刺激物。许多学者发现,儿童的特点是首先把注意力集中在人的面部上,这对教师组织教育教学活动是非常重要的。它提醒教师在关键问题上尽量用面部表情帮助自己与幼儿交流。例如,给幼儿讲故事,讲到大灰狼欺负弱小的小山羊时,教师竖起眉,表现出愤怒的表情,幼儿也会跟着生起气来,更加憎恨大灰狼。讲董存瑞为了新中国而舍身炸碉堡的故事时,教师的面部表情庄严、敬佩并激动,幼儿也会肃然起敬,激起对英雄的敬意和怀念。

教师的表情,还可以在有声语言正常交流的情况下传递另一种信息。如教师表扬幼儿上课表现好,可以在不中断讲课的情况下向幼儿微笑并点头以示鼓励。相反,如幼儿不好好学习,教师可皱眉并翘起嘴摇摇头以示不满,提醒幼儿注意。

（二）眼神流露

社会学家和心理学家的许多实验证实,最能传达感情进行交流的体态语莫过于眼睛的语言。"一身在于脸,一脸在于眼。"幼儿教师的眼睛应该是会说话的。幼儿常常能够在教师的眼神中找到某些事情的答案。凡是有经验的教师,都能恰如其分、巧妙地运用眼神,发挥其独特的传情作用。

（1）传情达意。教师的眼神能够促使幼儿积极的思维,引起幼儿爱与恨的情感,其无穷的变化表述着教师种种思想、情感和希望。特别是在无声的教育环境中,教师的眼神能发挥出"无声胜有声"的特殊功用。例如,对于违反集体规则,影响他人学习和集体活动的幼儿,教师突然中断讲课,在无声的情况下用不满的眼神长时间地注视他,直至他感觉到后,教师再停止自己的行为。这种方法的效果要胜过直接用语言制止。有些孩子胆小,自信心差,上课时想回答问题又不敢说,教师可用信任的眼神鼓励,使其大胆勇敢地回答问题,培养自信心。眼神的教育价值是显而易见的。要充分发挥其教育价值,要求教师必须学会科学恰当地运用眼神。

(2)适度环顾。视线向前做有意识的自然流转,以照顾"全视野"内的幼儿,这种方法最适合组织集体的教育活动。"人类空间统计学"的研究表明,交际对象的"面面相觑"可以促进发生接触,象征着对对方的注意。因此视线环顾可使每个幼儿都感到自己处在教师的"注意圈"中,产生有教师注意我的感觉,幼儿自然而然地就会看着老师,听教师讲话,想着教师提出的问题。另一方面,教师通过注意幼儿,全面了解幼儿的心理反应,掌握学习情况,以便随时调整自己的教学方法,更换教育内容,组织好教学。当然,教师的环顾不能失度,如果把环顾理解成不断地变换眼睛的瞄准点,就适得其反了。幼儿年龄小,注意稳定性差,老师的视线如频频转动,就会分散幼儿的注意力,造成学习不专心,削弱学习兴趣。(图18-4)

图 18-4

(3)适时专注。用目光注视幼儿,较长时间地停留在某一个幼儿的身上,这种方法较多地运用于小组活动或个别活动,特别是区域活动。幼儿小组活动时,教师的作用就是观察并给予指导,通过观察了解幼儿的情况,有针对性地启发、诱导、表扬和鼓励。如某幼儿在建筑游戏区组装小汽车,遇到了困难,好长时间装不上,失去信心不想装了,教师应马上走过去用信任的目光看着他,表示相信只要他坚持下去就一定能装上,同时再给予语言的启发诱导,幼儿就会继续做下去,顺利装好小汽车。教师同幼儿个别交谈时,眼神必须专注于幼儿,才能知道他是否在听你讲话,观察其心理反应,才能了解你的谈话是否收到预想的效果。

教师眼神的专注,有时表现为有目标的选择式。例如,批评一个幼儿的不良行为时,恰好另一个幼儿也有过同样的行为,那么教师就可以批评一个幼儿,用不满的眼神专注另一个幼儿,使两名幼儿都感觉到教师在批评自己,与自己的行为对号,从而辨清是非对错,改掉不良行为,收到事半功倍的教育效果。幼儿园里,常用以下方式专注幼儿:下颌微微抬起,目光自上而下专注幼儿,表示在听讲话;下颌微收,目光自下而上地专注幼儿,有询问的意思,表示"我还想听你往下说"。头部微微倾斜,目光专注对方,表示明白了,"原来是这样"。教师炯炯有神的眼神,表现出对幼儿的活动充满兴趣。幼儿在与教师交流的过程中,特别注意教师的眼神,并对教师眼神的褒贬色彩最为敏感。教师要明确使用某种眼神的目的性,以达到最佳的表达效果。

二、举止有度

幼儿教师良好的举止,不仅体现了自己的优雅和气度,同时对幼儿也起到一种示范作用。教师站、坐、走要做到既端庄稳重,又富有活力,要求学生做到的教师必须身体力行。

(一)姿态优美

(1)站姿挺拔。幼儿教师站立的基本要求是姿态端正、大方、自然、规范。上课站立时,应身体竖直,挺胸收腹,下颌微收,两手自然下垂,面带微笑。与他人交谈时的站姿,身体挺拔,两手相握,表情自然亲切。(图18-5)

(2)坐姿端正。教师面对幼儿坐姿端正,双腿并拢,上身正直,双手可分别放在大腿上,也可右手搭左手放在其中一条腿上或椅子的扶手上。(图18-6)

图 18-5

图 18-6

(3)步态轻盈。教师上课的走姿应头正颈直,双目平视,双肩放平,挺胸收腹,立腰提臀,两臂摆动自然、适度、不宜过宽,步伐要小,步速宜稍缓慢,与幼儿保持一致。

园内行走时靠右侧,不左顾右盼,走姿稳健轻快。随时问候家长、同事和幼儿。上下楼梯靠右单行行走,与小朋友一起上下楼,速度应稍慢,前后都要有老师照应。(图18-7)

(4)蹲姿文雅。下蹲时上体竖直,两腿内侧靠拢。蹲姿可使教师与幼儿保持最接近的高度,更容易产生亲近感。(图18-8)

图 18-7 　　　　　　　　　　　　　　　　　图 18-8

（二）手势规范

手势是教师在日常工作中使用最多的体态语言，它配合语言、表情等可以起到很好的效果。

（1）形象性。手势具有直观性，它能将教学内容生动形象地呈现在幼儿面前。在讲述教学内容时，幼儿既听又看，这种视听结合的方式更适合幼儿的接受能力，从而促进幼儿积极的形象思维。例如，教幼儿学"小白兔"的儿歌，教师边说儿歌边将双手的食指和中指伸出分别放在头上，代替小白兔的耳朵，生动地表现出小白兔的形象，增强了儿歌中语言的感染力，激发幼儿学习的兴趣。常识教学中，教幼儿认识苹果，讲解苹果的形状又圆又大时，将双手的大拇指和食指对成圆形表示又圆又大的苹果。教幼儿认识方位时配上手势再讲前后左右等词。课堂上，教师讲到长颈鹿长长的脖子、河马大大的嘴巴、小熊猫粗粗的腰时，都配着生动形象的手势，突出各种动物的主要特点，加深幼儿对教学内容的理解。（图 18-9）

图 18-9

（2）象征性。常常用具有象征性的手势动作代替某种事物，能够更好地引导幼儿的想象。如教师将两只手放在头的两侧上下摆动，幼儿就知道是小花狗；把一手放在后边，另一只手高举过头，手心向下，手指朝前，配上适当的身体姿势，幼儿就能想象出是大灰狼、狐狸等。

（3）引导性。手势较其他身体姿势更易变化、表演和引起幼儿的注意。如把食指竖在嘴前表示让幼儿别讲话，要安静地听；摸摸幼儿的头表示很喜欢他；表扬幼儿时可伸出大拇指；玩游戏时伸出大拇指和食指成手枪状表示开枪；双手合掌支在头的一侧表示睡觉；教幼儿数数时，边数边用手势表示数出的数字；已学过的东西，幼儿回想不起来或提问幼儿回答不上来，教师都可以用相应的手势加以引导。在日常工作中，教师组织幼儿玩手指游戏动作时应注意规范。

三、言谈生动

幼儿认知或心理活动都很容易受到情绪感染。教师可通过语气、语调、语速、停顿等变化来反映不同的情感色彩。略高的语调有利于表现朝气与活力，展示出愉悦快乐的心境，带动幼儿良好的情绪体验。

（一）上课语言

教师应使用普通话，用词规范；发音准确，口齿清晰；语调略高，有抑扬顿挫之感；语速适中，语气柔和，委婉动听；语言生动、有趣、儿童化，使小朋友易于接受。教师生动、形象、直观、富有表现力的语言，不仅能传情达意，还能吸引孩子注意，激发学习兴趣，帮助孩子理解。特别注意的是，当小朋友不能按照老师的要求去做或不能回答问题时，教师忌大声呵斥，这样做不仅不利于学习，还会让其产生恐惧感。

（二）课间语言

课间教师的语言，做到生动、活泼、欢快，言情一致，力求言简意赅。表情亲切温柔，目光恰当；语言不过分夸张，不过分喜怒形于色；杜绝训斥、讥讽的语言；杜绝给孩子造成惧怕、惶恐心理的语言。

（三）生活语言

在生活上，教师对小朋友要亲切关爱，体贴入微，力求体现母爱，尤其是小班的老师，不催促孩子过快饮食，引导幼儿养成良好习惯。对不听话甚至调皮的小朋友，不要讲粗话、脏话，大呼小叫，大声批评。应时刻面带微笑，以轻柔、耐心的语气进行帮助教育。

（四）电话语言

1.打电话

接通电话后，应先问好，然后做自我介绍，接下来再说事情。例如，"你好！我是小星星幼儿园中班的唐敏老师，你是童童的妈妈吗？是这样的……"

2.接电话

接电话时，先问好，然后做自我介绍，接下来再询问，注意态度温和，语言流畅。例如，"你好！小星星幼儿园，请问你找谁？"或"你好！……"注意等对方放下电话，然后再挂机。

做一做：

1.表情训练。对镜练习表情，体验不同的心态，为大家展示最有亲和力的表情。

2.坚持用普通话与老师、同学交流。

3.准备五种手势轮流上台演示。

第十九章 旅游服务 热情周到

旅游服务接待岗位上的每个工作人员,都应该注重文明礼仪,热情迎客、周到待客、礼貌送客,塑造热情、周到、灵活、细致的职业形象。熟练运用相应的礼仪规范和沟通技巧,有利于旅游服务人员提高服务质量,充分展示对宾客的尊重和友好,真正实现"顾客至上""宾至如归"。

第一节 宾客至上

看一看:

受某知名企业邀请,著名IT专家李教授来到重庆进行为期4天的讲学,下榻在重庆某酒店。李教授在晚上10点左右抵达酒店,进入房间后又累又饿,于是打电话到服务中心要了一碗面条。当服务员把面条送到房间后,李教授看了一眼就皱起了眉头,因为辣椒太多,要求服务员换一碗,服务员很不耐烦地说道:"先生,你订餐时并没有说明不要辣椒呀。"李教授很生气地说:"你们这是什么服务态度嘛,你们接受订餐时也没问我是否要辣椒呀。"此事被路过的客房部林经理撞见,只见林经理微笑着上前说道:"这位先生,非常抱歉,由于我们服务员工作不细心,给您带来了麻烦,让您生气了,为此我们深表歉意,请您告诉我您的要求是什么,我将以最快的速度为您送上"。

10分钟后,林经理亲自为教授重新送上了一碗面条,并再次道歉:"李教授,非常抱歉让您久等了,为了表达我们酒店的歉意,特赠送餐后水果,希望您在我们酒店能过得愉快!也祝您此次重庆讲学能圆满成功。"李教授很诧异林经理能对他的情况这么快就了解了,同时林经理的言行也给李教授原本疲惫的身心带来了丝丝温暖。此后只要是到重庆出差,李教授都会指定在该酒店下榻。

想一想:

1.林经理的举止符合什么礼仪规则?

2.是什么原因让李教授每次到重庆都会指定下榻该酒店?

服务人员应从内心深处真正认识到服务对象至上、服务对象至尊,并且在服务过程中,运用规范得体的语言、动作、神态去表达对客人的尊重与友善。

一、尊重客人

在服务过程中,工作人员一定要发自内心地敬重服务对象,尊重不同国家、不同民族的风俗习惯、宗教信仰和忌讳,处处表现出热情、友好、专业、规范的待客风貌。

(一)洞悉心理

要提供让客人满意的服务,首先需要掌握客人的心理。服务过程中以客人为中心,善于观察、了解客人的意图,预测客人需要,甚至在客人未提出要求之前就能替客人想到、做到,并及时提供针对性强、个性化的服务,若能超出客人的预期则效果更好。

(二)客人永对

尽管服务对象并非永远是对的,但要真正做到尊重对方,就应当具有"让"的精神,不论他们是否在闹情绪、较偏执、爱挑剔,都不要与其顶撞、争辩,而应持理解的态度,做到不讲有损宾客自尊心的话,不与宾客分高下,坚持把"对"让给服务对象。

(三)耐心服务

客人常常会对服务人员提出各种要求,针对不同的问题,服务人员应分别予以耐心的帮助,做到有问必答。面对客人的质疑,应该先说抱歉,再对提出的问题作出清晰、明确的答复或简明扼要的解释,让客人对你的答复或解释能够比较满意,从而心服口服。对于自己不太清楚的情况,不要凭想当然作答,正确的做法是请客人稍等,然后尽快了解相关情况,再作出合理的解答或安排。对自己无法解决的问题,应请示领导或请其他同事配合,不要对客人置之不理。

二、以诚相待

旅游行业的工作人员是服务于客人的,只有真心诚意地为客人着想,站在客人的角度去考虑他们的得失,才能不断地改善服务态度,提高服务水平,赢得客人的信赖和欢迎。

(一)换位思考

服务人员要站在客人的立场思考、分析问题,了解客人的观点,尽可能从客人的角度来看待问题,并积极主动、热情地为客人服务。例如,旅游车的驾驶人员对所走的路线早已非常熟悉,沿途风光根本不觉稀奇,可来自天南海北的客人们则希望更好地饱览美好景色,这时驾驶人员将车速适当放慢,就能够体现出对客人的理解。

(二)宽以待人

服务人员的工作对象来自四面八方,习俗、爱好、禁忌各不相同,在接待过程中难免会被误解、受委屈、遭批评,甚至受到中伤,面对这些烦扰的时候,不要斤斤计较、颓废沮丧甚至以牙还牙,而要学会宽容和释怀。老人常说:"吃亏即是福",一个"福"字蕴涵了多少道理:在你为别人着想的情况下,你才会获得回报;在你宽容别人的同时,也是对自己最大的慰藉。因此,对别人的宽容就是对自己最好的宽容。要善于理解和接纳客人所提出的不同要求,并尽量满足。对脾气暴躁、态度恶劣的客人,不要以非对非,要忍耐、宽容,用温和的态度和礼貌的方式让客人尽快冷静下来,以娴熟的技能为客人提供满意的服务。

三、永远微笑

微笑可以表现出温馨、亲切的态度,能有效地缩短沟通双方的距离,给对方留下美好的心理感受。旅游服务人员面对客人保持微笑,才能与客人形成融洽的交往氛围。

(一)保持微笑

美国希尔顿旅馆连锁业董事长康纳·希尔顿在50多年里,不断地到他开设在世界各国的希尔顿旅馆进行视察,每到一处他都会问的一句话是:"你今天对客人微笑了吗?"微笑是良好服务态度的重要外在表现形式,是服务态度中最基本的标准。微笑能使人时刻保持良好的工作情绪,有利于提供周到细致的服务。

(二)真诚微笑

真诚的微笑才能打动人、感染人,使客人感觉受到重视与欢迎,产生"宾至如归"的体验,感到满意和愉快。发自内心、自然大方的微笑,再配上优雅的举止,对于表达自己的主张,争取他人的合作,能起到不可估量的积极作用。微笑在旅游服务中是一种特殊的"情绪语言",它可在一定程度上代替语言上的更多解释,起到无声胜有声的作用。

(三)适度微笑

微笑是一门学问,也是一门艺术。恰到好处、分寸适度的微笑,能够避免交往过程中疏远、冷漠或过分热情等不良感受,让客人切实感受到自然和温暖,真正融入我们给客人提供的整个环境之中,营造令人感觉舒适、亲切、愉快的氛围。旅游服务中良好的设施和服务人员恰到好处的微笑,两者的有机结合能够让客人感受到一流的服务。

做一做:

1. 怎样理解"客人永远是正确的"这句话?
2. 你能在＿＿＿＿＿＿情况下对客人保持微笑。

  你在＿＿＿＿＿＿＿的情况下无法对客人微笑,准备如何改进?
3. 两人一组,请模拟为脾气暴躁的客人服务。

第二节　热情好客

看一看:

报社记者吴先生为做一次重要采访,下榻于某饭店。经过连续几日的辛苦采访,终于圆满完成任务。吴先生与两位同事打算庆祝一下,当他们来到餐厅,接待他们的是一位五官清秀的服务员,可是她面无血色,显得无精打采,吴先生一看到她就觉得没了刚才的好心情,仔细留意才发现,原来这位服务员没有化工作淡妆,在餐厅昏黄的灯光下显得病态十足。开始上菜时,吴先生不经意看到传菜员涂的指甲油缺了一块,当下吴先生第一个反应就是"不知是不是掉入我的菜里了?"为了不惊扰其他客人用餐,吴先生没有将他的怀疑说出来,但吃饭时心里总不舒服。最后,他们招呼柜台内的服务员结账,而服务员却一直对着反光玻璃墙面修饰自己的妆容,丝毫没注意到客人的需要。到本次用餐结束,吴先生对该饭店的服务十分不满。

想一想:

1.请指出案例中服务员存在的问题。

2.本案例对你有哪些启示?

在旅途中,希望受到热情友好、温暖如春的欢迎和接待是人之常情。而服务人员整洁清爽的仪容仪表,主动热忱的文明服务,既能表明自尊自爱的理念,又能真正体现对客人的尊重。

一、仪表整洁

良好的仪表会产生积极的效果,同时还可以弥补某些服务设施方面之不足。服务人员的仪表要求是:整齐清洁,大方得体。

(一)着装规范

(1)统一。旅游服务人员应按所在部门和岗位的规定,统一着装。每天上岗前必须身着工装,并佩戴相应的工号牌于左胸。(图19-1)男、女服务员均以深色皮(布)鞋为宜,或穿着统一配发的鞋。(图19-2)

(2)得体。工装大小合身,穿着合体。内衣不外露、不挽袖卷裤、不缺扣散带;领带、领结系端正;非收腰型的衬衣下摆须扎进裙内或裤内;衣裤熨烫平整,上装不皱,裤线挺直。只可穿无花、净色的丝、棉袜,袜子无破损,不露袜口。

(3)整洁。保持工装的清洁,衣服上无污垢、无油渍、无异味;领口和袖口尤应保持干净。同时注意工作鞋的洁净,皮鞋要定期上油,使其锃亮光洁。袜子经常换洗。

图 19-1

图 19-2

(二)个人卫生

个人卫生是向客人提供优质服务的基础和前提,旅游服务人员应时刻注意自己个人卫生状况。

(1)勤洗澡,勤换衣袜,自觉保持身体清洁、体味清新。

(2)每天早晚坚持认真刷牙,饭后漱口,以保证牙齿无异物、口腔无异味。上岗前不得食用一些气味过于刺鼻的食物,如葱、蒜、韭菜、腐乳等。同时也不可忽略嘴角残留的异物。

（3）注意眼部的保洁，预防眼病，若患传染性眼病，必须及时治疗，不可直接与客人接触。

（4）不留长指甲，指甲长度以不超过手指头为标准，保持指甲的清洁，不涂有色指甲油。从事餐饮工作的服务人员，不涂指甲油。

（三）饰物佩戴

旅游服务人员在工作岗位上时，因职业的特殊性选戴饰物多有局限。饰物的佩戴应力求做到含蓄低调，以少为佳。除结婚戒指外，手链、手镯等妨碍工作的饰物均不得佩戴；耳饰品以耳钉为宜；发饰的选择强调实用性，色彩鲜艳、花哨的发饰不宜在上班时选用。

二、面容宜人

旅游服务工作与客人直接面对面互动的时候较多，面部是最容易引起关注的部位。面容的视觉感受，对客人的情绪和满意度产生着重要的影响。

（一）面容洁净

平时应保护好面部皮肤，及时去除油、汗、灰尘等脏物，避免毛孔堵塞；及时清理眼、鼻、口的分泌物但要注意避开旁人，使面容干净。注意保湿和防晒，防止皮肤干燥和爆皮。经常涂抹润唇膏以保持唇部滋润。

（二）面容修饰

适当的面容修饰可以扬长避短，保持容光焕发，充满活力。女性服务人员应根据自身的工作特点，化淡妆上岗，男性应剃须修面，剪短鼻毛。经过美容化妆，可以使人焕发青春的光彩，增强自信心，展现工作者良好的精神面貌，同时也是对服务对象表现尊重的一种形式。在化妆过程中应遵循自然、美化、协调的原则进行面容的修饰，工作妆切忌色彩浓艳，离奇怪异，也不要用残妆示人或当众补妆。

（三）头发修饰

经常梳洗修剪头发，保证头发清洁、整齐。短发前不及眉，侧不掩耳，后不过衣领；长发刘海不过眉，过肩要扎起或盘起。发式大方，避免发型过于前卫、头发凌乱，切忌染彩发和使用夸张耀眼的发夹。

三、主动服务

旅游服务人员在接待过程中应精神饱满、满面春风、热情好客、动作迅速，待客如亲人，主动为客人提供服务。做到"待客三声"，即来有迎声、问有答声、去有送声。

（一）主动问候

服务人员在看见客人时，一般应在与客人相距3米左右做好问候的准备。如服务员处于站姿状态，应调整身体角度正向面对客人，面带笑容，目光自然亲切地注视，待客人走至距离2米时行鞠躬礼，行礼起身后说问候语；如服务员处于坐姿状态，应先起身站立，再进行鞠躬问候；如服务员与客人相对而行，应在距客人3米左右停下脚步，恭身站立，向客人行礼问候，待客人离开之后，服务员再通行。无论是不是自己负责接待的客人，在工作区域见面，都要主动问候，热情欢迎客人的光临。

（二）热情接待

服务人员在川流不息的客人面前，不管服务工作多繁忙，压力多大，都应保持不急躁、不厌烦的亲和友善态度，应对自如地为客人服务。要不厌其烦地向客人微笑问候，招呼示意，安排落座，奉上茶水、瓜果、糕点等，并尽快办理相关事务。注意"接一、待二、招呼三"，使客人都能感受到服务人员的热情，有宾至如归的温暖。（图19-3）

图 19-3

（三）妥善安排

在服务接待的过程中，应根据实际情况进行恰当的安排。如果来的是常客，应尽量安排客人熟悉的工作人员进行接待，使客人感到无拘无束，轻松自在。对于第一次光临的客人，服务人员应以客人感兴趣的内容为中心，进行较细致的介绍和服务，争取给客人留下美好的印象，使其成为回头客。如果客人需等候，则最好提供茶水、小吃、书报、电视等方式，减少等待时的无趣。

做一做：

1.在仪表修饰中你注意到的有：＿＿＿＿＿＿＿；你平时不太注意的有：＿＿＿＿＿＿＿；改进措施：＿＿＿＿＿＿＿。

2.在服务接待工作中，哪些礼仪有助于体现服务的主动性？

第三节 善解人意

看一看：

一家饭店的西餐厅早餐时间，服务员注意到一位年岁较大的外国客人在吃早餐时的细节动作：他先用餐巾纸将煎鸡蛋上的油小心擦掉，又把蛋黄和蛋白用餐刀切开，再就着白面包把蛋白吃掉，而且在吃鸡蛋时没有像其他客人那样在鸡蛋上撒盐。服务员揣摩客人可能是因患某种疾病，才会有这样比较特殊的饮食习惯。第二天早上，当这位客人又来到西餐厅，刚落座还未等其开口，服务员便主动上前询问他是否还是用和昨天一样的早餐。待客人做了肯定答复后，服务员便将与昨天一样的早餐摆放在餐桌上，不同的是煎鸡蛋只有蛋白没有蛋黄，客人见状非常高兴，边用餐边与服务员聊起来，他之所以有这样的饮食习惯，是因为血压偏高，这样做都是遵从医嘱的结果。

想一想：

1.服务员记住客人的饮食习惯对服务有什么帮助？

2.这位外国客人在第二天用早餐时，为什么会很高兴？请谈一谈这个案例对你的启发。

在服务接待工作中,细节最能表现诚意与尊重。这就要求服务人员处处以客人为重,时时为客人着想,从细微处入手,在工作中做到说话轻,操作轻,走路轻,动作利落,服务迅速,追求尽善尽美的服务效果。

一、无微不至

客人到达服务场所后,服务人员要将客人的安全放在首位,为客人提供全方位的服务,让客人感受到贴心周到的照顾。

(一)陪同引导

对光临服务场所的客人,服务人员要陪同并引导他们到指定的地方。陪同引导时,如果与客人并排行进,若无特殊情况,应居于客人的左侧;若单行行进时,应居于客人左前方一米左右的位置;服务人员应注意协调行进的速度,保持与客人一致的步伐,切勿我行我素,走得太快或太慢都不恰当。在经过拐角、楼梯或道路坎坷、照明欠佳处,须关照提醒对方留意。引导时服务人员应保持正确的体位,在开始请对方行进时,应面向客人,使用明确的引导手势;在行进中与对方交谈或答复其提问时,应以头部、上身转向对方。(图19-4)

(二)进出电梯

陪同客人乘坐电梯,工作人员要照顾好服务对象。在乘电梯时碰上并不相识的服务对象,也要以礼相待,请对方先进先出。如乘坐的是无人电梯,服务人员须先进后出,以便控制电梯,如乘坐的是有人管理的电梯,服务人员则应当后进先出。(图19-5)

(三)搀扶帮助

在服务过程中,服务人员根据具体的情况,需要对一些行动不便的老、弱、病、残、孕等服务对象主动予以搀扶,以示体贴与照顾。(图19-6)

图19-4　　　　　　　　　　图19-5　　　　　　　　　　图19-6

二、谈吐得体

语言是服务人员与顾客沟通交流的重要工作手段,言为心声,能反映一个人的所思、所想、智慧以及待人接物的基本态度。服务人员的言谈主要注意以下几点。

（一）礼貌用语

服务中的礼貌用语可分为问候用语、迎送用语、请托用语、致谢用语、征询用语、应答用语、赞赏用语、推脱用语、道歉用语等。常用的有"您好,欢迎光临金质花苑酒店!""请将贵重物品随身携带或寄存在前台,谢谢合作!""拜托将行李移到这边,好吗?""麻烦您了!""好的,你们的菜品要少放盐,我会在菜单上注明并告诉厨房。""对不起,让您久等了!""不好意思,这是旅行社的规定,不能接受您的美意,还望见谅。""您真有眼光。""很高兴为您服务。",等等。

（二）恰当称呼

在任何情况下,服务人员都必须对服务对象采用恰当的称呼,在工作中适宜用一般称呼、职业称呼、姓氏加职务的称呼,如"晚上好,先生,欢迎光临!""您好,女士,请问几位?""周律师,您好! 今天由小刘为您打理发型,好吗?""吴总,几日不见,更加容光焕发了! 还是给您安排在老地方 68 号包房,怎么样?"需要称呼多位服务对象时,要分清主次:由尊而卑、由近而远,如"徐董、曾总、张工,请跟我来"。

（三）表达清晰

服务人员在工作岗位上与顾客交流时,清楚准确的表达非常重要。

（1）语种。最好用客人习惯的语言与之交流,如客人使用粤语,服务人员用粤语与之交谈;客人说英语,服务人员用英语与之对话;提倡和推广使用普通话。

（2）发音。说话口齿清晰,不要含糊不清,同时注意发音标准,避免产生歧义而造成误会。比如"四""十"不分,"红烧小黄鱼一份四条"如果听起来像"十条",上菜后客人发现与事先了解的不相符,很容易由失望变为生气,引起麻烦。

（3）音量。说话声音适当调控,既不要太大,使客人感觉吵闹;也不要太小,让人听起来费劲;说话音量刚好能满足服务对象的需要,这也是服务水平的一种体现。

（4）语速。服务人员应根据客人的语速和听力水平来调整自己说话的速度。一般而言,对说话快速的中青年人,说话速度快一些可使客人感觉到服务的效率与活力;对听力有困难的老年人,放慢语速可以帮助他们更好地理解说话内容。

（5）强调。对于价格、日程安排、特殊要求等客人特别关心或既重要又容易忽略的内容,服务人员应进行适当强调,如"两天的房费一共是 480 元,收您 500 元,找补 20 元,请收好。祝您愉快!""对刚才说过的时间安排,我再重复一遍……请大家务必准时,谢谢合作!"

（四）用词文雅

服务人员在与顾客交流时要尽量选用文雅的用词,努力回避粗俗之语,以表现良好的素养。如导游服务人员用"上歌厅"代替"上厕所"就是一种含蓄又有趣的创意。美发服务人员用"洗头"代替"洗脑壳"显得更尊重客人。用语力求谦恭、敬人、高雅、脱俗,根据不同的对象使用恰当的语言。粗话、脏话、怪话、黑话在任何情况下,都不要出自服务人员之口。

三、用心服务

人不会生而知之，办事的能力是在挫折与失败中磨炼出来的；办事的经验是在成功与胜利中总结出来的；办事的智慧是在人际交往中思考出来的；而办事的艺术，则是在为人处世中用心感悟出来的。

旅游服务工作不仅讲求按规范、程序操作，更应注重将顾客的需要放在第一位，以客人为中心，提供差异化、个性化的服务。服务人员的用心服务，不仅显示出高质量的服务水准，会受到客人的欢迎，同时还可以避免不必要的麻烦及事故的发生。

（一）仔细观察

服务人员与服务对象的接触，一般时间不长，如行李服务、收银服务在 15 分钟以内；前台接待、票务服务通常 30 分钟左右；餐饮服务、美容护理大概 3 个小时；客房服务、导游服务一天至一个月最普遍。在短短的时间里，服务人员要尽可能通过对客人性别、年龄、神态、举止、说话等方面的观察，尽快判断客人的情况，提供符合其要求的服务，实现宾主尽欢。

（二）认真揣摩

大千世界，人性各异决定了办事的难易；环境的复杂，更造成了成事的复杂性。作为旅游服务人员应了解客人的风俗习惯、生活习惯及特殊要求，从而更好地服务客人。如餐饮服务员"先生，听口音你们是湖南人吧，我们酒楼最近推出的毛家菜就是正宗的湘菜，来两样尝尝怎么样？"又如导游员在安排乘车的座次、住宿的房间、就餐的席位时，尽量将同一家庭或关系亲近的成员分在一起；乘车的过程中，发现大家昏昏欲睡时，就不要口若悬河、滔滔不绝，否则既费力也不讨好。

（三）及时沟通

对于服务过程中发现的异常情况，服务人员要通过恰当的方式及时进行沟通，使问题得到控制，避免事态扩大化。有一次，一位西餐厅的服务员发现 8 号桌的客人将咖啡匙放进了自己的包里，在客人要求买单的时候，服务员彬彬有礼地对客人说："先生，您好！感谢您除了喜欢我们的咖啡，同时还欣赏我们提供的餐具。为充分满足客人的需要，本店可以出售餐具，一把咖啡匙 20 元，如果您喜欢，我帮您记入账单，您看好吗？"这样的处理方式，体现出服务的用心，保护了酒店的利益，更重要的是保全了客人的面子。

做一做：

1.陪同引导客人时，服务人员的方位有何讲究？

2.为自己设计一个岗位，如"行李服务员""前台接待员""驾乘人员"等，请分别谈一谈在这个岗位上"用心服务"可以如何体现？

第四节　办事周全

看一看:

张先生是大连一家大型企业的业务副总经理。他计划 16—18 日在广州参加完交易会后,立即返回大连,因为有一个重要会议在等着他。

18 号早晨,张先生来到入住酒店的商务中心,预订了一张 19 号上午返回大连的机票,商务中心的小刘热情地接待了张先生,立即与航空公司票务中心进行了联系,并承诺最迟在 20:00 将机票送到客人房间。张先生这才放心地外出办事去了。

白天张先生非常忙,直到 21 点才返回酒店,当他一回到房间就向客房服务员询问机票之事,客房服务员却回答说:"这件事是您与商务中心联系的,您还是自己落实。对不起,我帮不了您。"张先生又将电话打到了商务中心,谁知接待人员说:"这里是有一张大连的机票,可是我现在还不敢断定是您的,待我询问一下再回答您。"

等到了 23:30,张先生仍不见机票送来,于是又致电商务中心,商务中心的接待人员却回答说:"由于早班人员已下班,我现在联系不上。对不起,请再等一下好吗?"张先生一听很气愤,心想这酒店怎么在服务上这么没有信誉,张先生担心延误明天一大早的返程,便将此事投诉到了大堂副理处。大堂副理经过了解才知道,原来接受张先生订票的小刘中午突然因生病去了医院,未及时与其他人员交接,而登记的内容又有误。等大堂副理将机票送到客房时已接近凌晨了,尽管他向张先生表示了深深的歉意,客人仍然余怒未消。

想一想:

1. 你认为发生这种情况,问题出在哪里?

2. "票务服务没什么钱可赚,其实酒店设立这项服务是吃力不讨好。"这种观点你是否同意?为什么?

接待来宾时,在文明礼貌的基础上,还需要在接待中表现出真心实意,并考虑周到:对老人给予更多的关注和照顾;尊重妇女儿童,遵循"女士优先"原则;对残疾人的帮助,要让他们感受到关怀而不是同情和怜悯。在服务中,工作人员积极做到眼勤、口勤、脚勤、手勤、耳勤,服务过程考虑周全,服务工作严谨周密,能给宾客信赖感和安全感。

一、计划在先

旅游服务工作人员在接待来宾之前,要对接待工作进行具体的计划和周到的安排。应严格遵守接待工作的指导思想和总体要求,提倡互相尊重、平等相待、礼待宾客、主随客便。

(一)收集信息

在接到来客通知后,应立即着手收集宾客相应信息。除了解来宾的单位、姓名、性别、民族、职业、级别、人数等基本情况外,也包括来访的目的、要求、前来路线和交通工具、抵离时间、生活习惯、饮食爱好及禁忌,甚至重要来宾的血型等。

（二）制订方案

1.确定接待规格

确定接待规格是准备工作中的重要环节,由谁迎接、陪同、接待,如何接待,都需要慎重考虑。规格过高,浪费人力物力;规格过低,影响相互之间的关系。一般有三种接待形式:

一是高规格接待,就是接待人员比来宾职务高的接待形式。上级领导派一般人员口授意见和要求,兄弟单位派员商谈重要事宜,下级人员汇报重要事项,需要高规格接待。

二是低规格接待,就是接待人员比来宾职务低的接待形式。上级领导来了解情况、调查研究,外地参观旅游团到访,老干部故地重游或领导顺道路过本地,适合低规格接待。

三是对等接待,就是接待人员和来宾的职务、级别大体相同的接待形式。对重要来访者,来宾初到和临别时,一般采取对等接待。

2.制订接待方案

接待方案要注意具体详细,应包含接待规格、接待规模、参加人员、时间议程等,确定迎送、宴请、会谈会见、座谈、参观、食宿安排、交通工具等相关内容。重要接待的方案要报有关领导批准,外事接待方案还必须由外事部门和主管外事的领导审批。如果要献花需提前落实好献花人员,若安排现场讲话,要提前通知相关人员作好准备。

（三）认真准备

有一次,北京某旅行社组织一个旅游团,原计划乘 8 月 30 日 1301 航班于 14:05 离京飞广州,9 月 1 号早晨离广州飞香港。订票时该航班已经满员,便改订了 3105 航班 12:05 起飞,并在订票通知单上注明:注意航班变化,12:05 起飞。计调由于疏忽,只通知了行李员航班变化时间而没有通知导游,也没有更改接待计划。8 月 30 号上午 9 点,行李员发现导游留言条上的时间和他任务单上的时间不符,他提醒了导游但没有引起注意,导游也没有认真检查团队机票上的起飞时间,结果造成误机的重大责任事故。

准备工作是服务过程的重要环节,包括组织迎送人员、布置会场、预约参观游览、编排文艺演出、宴请菜单的拟定、安全保卫、食宿安排、交通工具等。重要接待需要提前索取来宾的照片,做好宣传报道的工作。准备工作直接关系到后面的环节和整个接待服务的质量,要做得充分、周密,才可能避免失误,真正体现服务水平。

二、注意细节

《细节决定成败》一书总结出:“做人、做事、做管理——细节决定成败。”伴随着商战的日益激烈,经营者们也越来越注重在“服务”上下功夫,以完善的细节来赢得顾客。例如,韩国某公司崔社长带着管理团队入住某酒店,服务员小张观察到韩国客人早餐的时候喜欢吃白薯,她及时将情况通知到厨房,以后几天的烤白薯大受韩国客人的青睐,虽然语言不通,但客人愉快就餐的表情告诉她客人对这样的安排很满意。

旅游服务要接待不同年龄、不同身份的宾客,在工作中要特别注意细节,最大限度地做好服务工作,以满足不同对象的心理需求和物质需求,使每个宾客高兴而来,满意而归。

（一）介绍详尽

旅游服务各个岗位的工作人员应将自己服务的内容及注意事项详细地向客人进行介

绍,让客人充分了解,避免因信息不对称产生"上当受骗"或没有"被告之"的感觉,尽量杜绝投诉的产生。

一天,有10位客人来到餐厅就餐,他们点菜之后边吃边谈,气氛甚为融洽。在晚餐即将进入尾声时,主人点了主食:每人一碗豆面。当豆面送到每一位客人面前后,大家还在继续交谈,并未立即食用。大约10分钟后,有的客人开始吃面,这时主人刚吃了一口,便放下了筷子,面带不悦地对服务员说:"这豆面怎么这么难吃,而且还黏在一起,不会是早就做出来的吧? 你知道吗? 今天我宴请的是最尊贵的客人。"服务员连忙解释说:"先生,我们的菜品都是现点现做,一般的面条在做出几分钟后就会黏到一起,而豆面的黏性比其他面的黏性更大,如果不马上吃的话,必然会影响面条的口感和口味。我们通知厨房再给每位客人做一碗面好吗?"主人说:"不用了,再做一碗豆面也挽不回我的面子。"此时,恰逢餐厅经理走了过来,服务员当即向她汇报了情况,餐厅经理立即让领班为客人送上水果并对客人说:"对不起,先生。由于我们未能及时向您及您的客人介绍豆面的特性,给您今天的用餐带来了遗憾,我谨代表饭店向您表示歉意。"客人说:"服务态度没有问题,不过服务员如果在上菜时能给我们介绍一下豆面的特性,这个遗憾是完全可以避免的。"

(二)顾及感受

俗话说,"在家千日好,出门事事难",由于客人来自四面八方,有各自的生活方式和习惯,再加上心情和年龄等因素,总会有不顺心如意的地方。服务人员要真心诚意地帮助客人,对客人的抱怨,要学会包容理解,绝不与客人争辩。

如果能够顾及客人的感受进行换位思考,可以减少不满,避免争执。最好在客人提出要求之前,服务人员先替客人想到、做到,如本章第三节中为客人提供无蛋黄鸡蛋的服务员就是很好的榜样。有时候,服务人员的举手之劳,如将冷却的饭菜热一热,为物品较多的客人推一辆行李车,为住宿的客人准备一袋牛奶,为等待的客人送去一杯茶水等,起到的作用往往超乎想象。

(三)爱护物品

对于宾客的物品,服务人员要注意轻拿轻放,小心谨慎。如行李员为客人取出行李,前台接待员接过客人寄存的物品,餐饮服务员为客人挂好外套,客房服务员打扫房间时移动箱包,都要遵循这个原则。

细节决定成败,关注服务细节,做好细节服务,就一定能提高服务质量,提高客户满意度。

三、有始有终

有位酒店老总讲过这样的事例:在餐饮服务中,从客人进店就有热情的问候、恰当的称呼、亲切的微笑、愉快的交谈、标准的操作流程、合理的酒水安排、营养的菜点搭配、个性的背景音乐、超前的雅间格调、快捷的主次服务……开心的主人还给了小费。但就在宾客起身离座时,服务人员忘了做到友善的提醒——"请带好您的随身物品",结果宾客丢失了重要文件,由此投诉便产生了……得到的效果是什么? 毫不客气地说效果是0,甚至为负。"已经买单,没事了""菜已上齐,没事了""酒已喝完,没事了""他们在谈事情,没事了""他在等朋友,没事了"等,其实就是这些"没事了"正在创造 $100-1=0$,总有一天这些"没事了"会从 $100-1=0$ 发展到 $100-n=-n$。

$100-1=0$,许多人看到这个等式很迷惑,不错,从数学的角度上讲它并不成立,但对服务业确实如此——不能轻视服务中的任何一个环节。服务一定要有始有终,不能坚持到底,结果就等于零。

(一)礼貌送别

在客人离开之际,服务人员应放下手中的事务,停下行进的脚步,起身恭送客人。此时应将客人需要带走的菜品打好包,面带笑容注视客人,提醒客人带齐随身物品,及时为客人开门,行李员主动将较大的行李拎上后备厢,为客人打开车门。根据距离、位置等实际情况或鞠躬行礼,或挥手再见,并不忘感谢和祝福客人"感谢您的光临""祝您旅途愉快""愿您留下美好的回忆""欢迎下次再来""祝您一路平安"。

目送客人离去,直到交通工具启动或确认对方离开自己的视线后再离开。这样,能充分体现礼貌与尊重,如对方的交通工具出现故障或其他特殊情况,送行人员应及时协助解决。

(二)受理投诉

一般情况下,绝大多数的宾客是不会投诉的,因为投诉不仅要花费时间和精力,还会担心提出的问题能否解决等。因此对待客人反映意见,受理投诉的人员应将其视为建立信任的契机,是对服务的促进。只要正确对待问题,并及时处理好,投诉的客人大多数会成为忠实的客户。

1.主动沟通

工作人员在接到口头投诉后,应引起高度的重视,迅速与投诉者沟通,将主动权把握在自己手中。

2.态度诚恳

面对投诉的客人,首先表示对他们的理解。并努力让投诉者明白,单位或部门非常关心并诚心了解哪些服务不能令他们满意,可以说"我们非常遗憾""非常抱歉听到此事""我们理解您现在的心情"等。

3.认真倾听

在与客人沟通时,工作人员要认真专注地注视投诉的客人,耐心倾听陈述,对问题要准确了解,并不时点头示意,让他们明白你在仔细地听取意见。不要马上辩解或否定,更不要发生争执,以满足投诉者发泄"怨气"的心理需求。同时,还应作好记录,以表示对反映的问题充分重视,并且为解决投诉提供依据。

4.妥善处理

听完客人的投诉后,必须予以明确地答复,尽量及时解决。不能当场答复的,也要协商处理的时间和办法。

多用征询、商量、建议的方式与客人交谈。即使在对方理亏的情况下,也要照顾客人的面子。

接待大声喧哗、粗暴无礼的投诉者时,应另择场所单独接待,以免给控制局面带来不必要的麻烦。

在核实投诉的内容后,首先应向投诉者表示歉意,与有关部门商定弥补方案,及时对服务缺陷进行弥补,或对服务内容进行替换等。要努力挽回影响,最大限度地消除客人的不满和不快。补偿损失一定不要拖延时间。

事后及时回访,确认投诉得到妥善处理。

(三)跟踪服务

客人的离店并不意味着服务结束,对于经常往来的客人,在节假日前夕,可用适合的方式表达问候与祝福;将单位举行活动的信息及时发布;对客人反馈的意见和建议,旅游服务人员应认真对待,及时完善改进,并将情况以感谢信等形式传递,让客人感受到重视与尊重。

做一做:

1.请制订一份6桌寿宴的接待方案。

2.每人准备一个投诉内容,请答题者随机抽取,面对投诉做出妥善处理。

3.情境模拟训练:4~6人为一组,1人作为客人,其他人分别模拟各个岗位的工作人员,演示为客人提供优质服务的过程。

第二十章　商品销售　真诚细致

销售商品,首先是向顾客推销自己。销售人员只有取得了顾客的信任和好感,推销才能继续进行下去。因此,要成为一名优秀的销售人员,既要熟悉商品,又要具备良好的形象意识,给顾客留下专业、真诚、值得信赖的印象。

第一节　真诚自然

看一看:

张亮在一家汽车销售店工作。工作时他总是西装革履,面带微笑,给人亲切随和的印象。有顾客到店里来,张亮总是不厌其烦地为他们进行介绍,到店来的顾客都喜欢找他。这天有位顾客到店里找张亮买车,张亮很高兴,陪着顾客挑颜色、选配置、试驾。顾客终于下决心,要购买其中一款50多万元的车。张亮带着他走进接待室,正准备开票付款时,手机响了,是张亮的女朋友打来电话。张亮接起电话一时忘形,把顾客晾在了一边,不闻不问。等到他通话结束回头一看,顾客早已不见踪影,50多万元的销售额就这样泡了汤。

想一想:

1.张亮哪些方面让顾客喜欢?

2.买车的顾客为什么会突然不见踪影?

商品销售的过程就是销售人员服务顾客的过程,通过销售人员真诚自然的服务,让顾客在购物的同时,得到精神上的享受。

一、尊重顾客

购买商品的对象来自四面八方,有当地的常客,也有外地的过客,南腔北调,形形色色。销售人员在工作的过程中不能凭个人喜好或情绪高低区别对待,必须时刻体现对每一位顾客的尊重,才能让顾客乘兴而来,满意而归。

(一)提倡说普通话

如果面对当地人,讲当地话,会很自然。但如果是外地人,你讲本地方言,极有可能让对方听不懂或听得不是很明白,这样商品信息的传递就不准确,甚至出现错误,极易造成误会。销售人员应坚持使用普通话,在此基础上,再学习些大语系,如广东、上海、赣南等方言,能听懂顾客之间的交流,缩短彼此的心理距离,以更好地激发和满足顾客的购买欲望。

(二)准确使用尊称

接待顾客,免不了要称呼对方。在顾客群体中,男女老幼,身份各异,如果称谓不当,也会使顾客不愉快。一般而言,在我们面对男性顾客时可以统称"先生";面对女性顾客,则要根据年龄不同有所区别,年纪较轻的可称"小姐",年纪稍长的称"女士",或者使用"姐姐、靓妹、阿姨"等亲属称,让女性顾客获得亲切感和愉悦感。当觉得称谓有困难的时候,可用"您"来代替。但是对任何顾客,都不能用"哎""喂"等字眼呼来喝去。

(三)主动提供服务

多数顾客都有事先已确定购买的目标商品,但能否实现购买,相当程度上取决于销售人员的待客服务。能否将看客转化为买主,成功的关键在于"主动"。

图 20-1

（1）主动迎客。当有顾客光顾自己的"责任区"时,讲好第一句话,做到来有迎声,坚持"顾客到、微笑到、敬语到"的"三到"服务,能够使顾客感受到你的热情态度。顾客进店后,销售人员应以亲切的目光迎接,欢迎顾客的光临。看到顾客有意停留,注目观看时,可主动上前搭话问好。可以说:"您好,需要试试上身效果吗?"不要顾客一进来,立足未稳,就急忙问"您好,您买什么?您要哪一件?"这会使顾客产生排斥心理,不利于进一步交流。（图 20-1）

（2）主动安排。在顾客观看挑选时,做到问有应声,不让顾客失望。在销售的高峰期或节假日,顾客较多,常常出现同时等候服务的情况,这时销售人员要主动招呼安排妥当,尽量不让顾客产生被冷落的感受。顾客得到了温暖和安慰,没有被忽视,就会配合工作,乐意等候你的服务。

（3）主动道别。销售人员在工作时间,不可能陪着某一位顾客细挑慢选或聊个没完。所以当钱货两讫后,销售人员要主动和顾客道别,说句简单而又亲切的话,如"欢迎您下次再来""请您带好自己的东西"等。如遇工作繁忙,也应点头微笑,以目光送别顾客。（图 20-2）

(四)不做与工作无关的事

在岗位上,即使没有客人,也不能看报、玩游戏或接打与工作无关的电话。如果有必须接听的工作电话,应尽量简洁,电话结束,要向等候的顾客表示歉意,并尽快进行服务。

图 20-2

二、态度诚恳

在商品销售过程中，销售人员应礼貌、热情、周到和耐心地接待每一位顾客，始终保持情绪饱满、热情周到、话语亲切，尊重顾客的意愿，尽量方便和满足顾客要求。

（一）微笑服务

微笑是服务中的"情绪语言"，它表达了一种友好热情的态度，可以代替言语上的欢迎，能够使顾客产生良好的心境，消除陌生感。微笑是对顾客的一种尊重，你尊重了顾客，即使在服务中有点问题，也更容易得到谅解和宽容。微笑是一种易于被顾客接受，能够提高服务质量的服务方式。（图20-3）

（二）用心服务

销售人员微笑问候顾客之后，不用亦步亦趋，紧紧跟随，要为顾客创造自然放松、了解选购商品的环境和氛围。不要用"审视"或"警惕"的目光去关注顾客，那种异样的眼光会使顾客非常反感，特别是超市销售人员更要注意这个问题。只要保持关注，保证随叫随到就可以了。（图20-4）

图 20-3

图 20-4

（三）有序服务

当同时有几位顾客时，销售人员要做到"接一待二招呼三"，先接待前面的顾客，同时兼顾安排好后来的顾客。在前一位顾客挑选时，可利用时间差来接待后一位顾客；如果还有其他顾客到达，可以微笑着说声："请随意挑选。"在接待等候了一会儿的顾客时要表示歉意，比如说一声："对不起，让您久等了。"当顾客选好商品后，销售人员要迅速开票，为顾客指引收银台的位置，并在顾客验收货品无误后进行包装，双手递送给客人。

（四）有礼服务

对所有的顾客一视同仁，热情接待，是销售人员最起码的职业道德。销售人员要随时保持良好的心态和充沛的精力，使自己处于最佳工作状态，无论面对怎样的顾客，都能应对自如。不允许以貌取人，以年龄、性别取人，以职业、地位取人，以国籍取人。要记住，"顾客永远是正确的"这一法则，真正做到有礼、有节、有度地服务。

三、宽容忍让

作为销售人员,对顾客要能宽容体谅。首先,在任何情况下,都不允许和顾客争吵。其次,对顾客提出的问题要耐心解答,不能说"不知道""你自己看嘛"之类的语言,更不允许因自己的烦恼,表现出对顾客不耐烦的态度;如遇到素质较差的顾客无理取闹,销售人员要态度冷静,既要息事宁人,又不能随意迁就,要理直气和,不要得理不让人,让顾客带着一肚子怨气离去。销售人员彬彬有礼的服务,既是对极个别无理取闹顾客的最好约束,也是销售人员高素质的表现。

(一)容忍顾客的无知

不要计较顾客在听商品介绍时提出的各种问题,包括你认为是众所周知的所谓低级问题,要容忍顾客对商品知识的无知。

(二)容忍顾客的比较

不要计较顾客买与不买、买多与买少,容忍顾客对不同品牌同一商品的比较,同一品牌不同价格商品的比较,同一品牌商品不同卖家的价格比较。

(三)容忍顾客的挑剔

不要计较顾客要求的高低和态度的好坏,容忍顾客对商品的反复挑选和挑剔。

(四)容忍顾客的怀疑

不要计较顾客对商品的价格高低、质量好坏等方面的怀疑,要能容忍顾客在听取介绍后,一边挑选商品,一边怀疑商品。

做一做:

1.迎客的"三到"是 _____ 、_____ 、_____ ;"三声"是 _____ 、_____ 、_____ 。

2.在四个服务中,你能做到的有 _____ ;暂时没有做到的有 _____ 。

3.销售人员要宽容忍让顾客的 _____ 、_____ 、_____ 、_____ 。

4.案例分析

一位顾客来到化妆品柜台前,正在打量化妆品时,营业员王丽很热情地上前问道:"您要什么? 我把它拿出来给您试试?"没想到这位顾客不仅没接受王丽的服务,反而很快离开了化妆品柜台。

请问:顾客为什么会离开? 王丽的服务有什么问题?

第二节　整洁大方

看一看:

小王是某超市糕点柜台的销售员,每天迎来送往很多挑选面包蛋糕之类食品的顾客。说来也奇怪,顾客们自己选好装入食品袋的没什么问题,只要小王热情友好地迎上前去,主动拿起糕点夹帮助顾客挑选糕点,顾客们就会迟疑地表示不买了。这样的情况出现几次之后,同事终于忍不住提醒小王该修剪一下手指甲了。小王伸出自己的双手一看,指甲长长的,里面还有黑黑脏脏的污垢,她顿时羞红了脸。

想一想:

作为销售人员,只有热情主动的工作态度和高超的销售技巧是不够的,我们还应当注意哪些细节?

顾客走进商场时,不仅希望买到称心的商品,还希望能够享受到良好的购物环境,得到满意的服务。怎样才能使顾客在购物的过程中,不仅得到物质上的满足,而且得到心理上、精神上的享受呢? 销售人员良好的形象、落落大方的举止,也是顾客需求的一个方面。

一、塑造形象

商品销售人员每天都要直接面对顾客,注意修饰自己的仪表,重视自己的举止,塑造良好的形象,能够给顾客亲近感和信任感。

(一)外表整洁

仪容仪表是否得体,既体现个人的修养、自尊和品位格调的高低,也是对别人和周围环境的尊重。心理学实验证明:人们在人际交往中,大都少不了留下第一印象。而这种瞬间形成的第一印象,通常只需要大约 30 秒时间。因此,商品销售人员必须在顾客面前充分展示良好的形象,争取尽快获得对方的认可与信任,以促进交易的达成。(图 20-5)

图 20-5

(1)面部。面部保持干净,没有异物;女性应淡妆,忌浓妆;保持口腔卫生,口腔没有异味,牙缝没有残留物。

(2)头发。保持干净,无异味,无头屑;男性发长不过 7 厘米,短不为零,前发不覆额,后发不及领,两侧不盖耳;女性可留短发、盘头、扎马尾辫。但无论男女,都不应染有色发。

(3)手。保持手的干净,不留长指甲,不涂有色指甲油。

(4)穿着得体。服装不能造出完人,但初次见面给人印象的 90%产生于服装。销售人员着装得体,既体现了自己的素质,同时也体现了尊重顾客,为顾客服务的意识。销售人员一般要求穿着统一规定和专门设计的识别服、领带、领结或飘带。不规定统一服装的,上班也必须穿着整洁干净。服装上不能有明显的污渍和灰尘,无线头、破裂和褶皱,纽扣完好,并按要求佩戴好工号牌或证章,让人感到整洁、美观。

(二)举止大方

商品销售人员,岗位是相对固定的,其举止行为,全部展现在顾客的眼前。注意行为举止,是塑造自身良好形象、接待顾客、搞好销售的必需。销售人员的站立、走动、取物、收款等举止动作,都要表现出文明礼貌,训练有素。

（1）迎客的站姿。女性站姿庄重大方，亲切有礼，秀雅优美，亭亭玉立。男性站姿刚毅洒脱，挺拔向上，舒展俊美，精力充沛，随时准备迎接顾客的到来。千万记住不要因为没有顾客，站的时候就出现弯腰驼背、左摇右晃；屈腿、叉腰、靠门、靠柜等不雅的站姿，给人懒惰、生意欠佳的印象。有顾客到来，可两手放在体前，身体微前倾，面带微笑，随时准备为顾客服务。（图20-6）

（2）客来的走姿。有顾客到来，你会为顾客挑选商品或陪顾客一起挑选，此时，步履应轻盈快捷。陪顾客挑选商品的时候，步伐要和顾客保持一致，以方便更好地服务。

（3）送客的姿态。顾客无论是否购买商品，都会离开。销售人员应该对他们心存感激，点头微笑，身体微前倾，目送顾客离开。（图20-7）

图 20-6

图 20-7

二、把握分寸

销售人员在和顾客说话时，随时都要把握分寸，不要在言语和声调上冒犯顾客。应注意以下几点。

（一）认清身份

任何人在任何场合说话都有自己特定的身份，也就是自己的"角色地位"。销售人员和顾客在生意场上，就是"买卖关系"，不能像朋友聊天一样，说话太随便，交谈时切忌将商业机密在有意无意中全部和盘托出。

（二）考虑措辞

不要想怎么说就怎么说，想说什么就说什么，尤其是在推销商品的过程中，有些话出口之前，要经过一番考虑。如顾客选不到满意的商品，可以对顾客说"实在对不起，希望下次您会有收获"等。向顾客介绍商品时，要运用全面的商品知识，可以很有礼貌地征询顾客的意见："您看怎么样？"而不能将自己的观点强加于顾客。要多用敬语、赞语"非常漂亮""很合适""您真有眼光"等，切不可出口伤人，令顾客反感。

（三）尽量客观

作为销售人员，在与顾客交谈的过程中，无论推销或介绍商品，都应该实事求是，不夸大其辞。

（四）充满善意

商品交易中，有成功也会有失败。生意不成人情在，这次不成，还有下次。不说刻薄、挖苦别人的话，不说有可能刺激或伤害对方感情的话，与人为善。

三、商品展示

展示商品是销售人员的基本技能，通过把商品展示给顾客，来激发兴趣，引起共鸣，从而产生购买行为。

（一）有备而来

销售人员在展示之前，要掌握展示技术，做到胸中有数。

（1）一懂。商品销售人员，对所销售商品的产地、生产、产品流通的各个环节及过程都要心中有数。

（2）四会。对所展示的商品，会使用，会调试，会组装，会维修。

（3）八知道。知道产品的原产地；知道商品品牌；知道价格，避免在介绍商品过程中，出现前后价格不同的说法；知道商品的质量；知道商品的性能；知道商品的用途；知道商品的用法；知道商品的保管措施。

（二）动作标准

展示商品，动作要规范，销售人员和顾客之间有互动。展示时要做到：

（1）搬运商品要稳妥。

（2）递交商品要走到顾客面前，双手递上并递到手中，有刃和尖的一边朝着自己。

（3）帮助顾客挑选商品，动作要轻巧利落。不出声响，把商品随便往柜台上一扔，是一种对顾客不尊重的行为。

（4）展示商品要便于观看、安全、手位标准、操作标准。（图20-8）

图 20-8

（三）双方协调

商品展示是为了调动顾客的积极性，激发好奇心，让顾客参与，引起互动。介绍商品要有吸引力，允许顾客接触商品，协调好相互之间的关系。

做一做：

1. 按照礼仪的要求，在仪表方面：

你已做到的有；_____；你没做到的有_____。

2. 商品展示的四会是_____、_____、_____、_____。八知道是_____、

_____、_____、_____、_____、_____、_____、_____。

3. 销售人员在和顾客交谈时要_____，_____，_____。

第三节　知人善言

看一看：

老太太与小贩

一位老太太去楼下的市场买水果，她来到一个小贩的水果摊前，问道："这李子怎么样？"

"我的李子又大又甜，特别好吃。"小贩答。

老太太摇了摇头，又向另外一个小贩走去，问道："你的李子怎么样？"

"我这里有两种李子，您要什么样的李子？"第二个小贩答。

"我要买酸一点儿的。"

"我这篮李子又酸又大，咬一口就流口水，您要多少？"

"来一斤吧。"老太太买完水果又继续在市场中逛，这时她又看到一个小贩的摊上有李子，又大又新鲜，非常抢眼，便问这个小贩："你的李子好吃吗？"

小贩迎上前来。"老人家好。我的李子当然好，您要什么样的李子？"

"我要酸一点儿的。"

"一般人买李子都要又大又甜的，您为什么要酸的李子呢？"

"我媳妇要生孩子了，想吃酸的。"

"老太太您对儿媳妇真体贴，您媳妇一定能给你生个大胖孙子。前个月，这附近也有一家要生孩子，总来我这买李子，果然生个小子。您要多少？"

"那来一斤吧。"老太太被小贩说得很高兴，便又买了一斤李子。

小贩一边称李子，一边向老太太介绍其他水果："猕猴桃有多种维生素，特别有营养，尤其适合孕妇。您要是给您媳妇买点猕猴桃，她一准儿高兴。"

"是吗？好，那我就再来一斤猕猴桃。"

"您人真好，谁摊上您这样的婆婆，一定有福气。"小贩开始给老太太称猕猴桃，嘴里也不闲着。"我每天都在这摆摊，水果都是当天从批发市场找最新鲜的批发来的，您媳妇要是吃了好，您再来。"

"行。"老太太被小贩夸得兴高采烈，一边付账一边满口答应着。

想一想：

1.三个小贩都向老太太兜售自己的李子，为什么结果却完全不同？

2.与顾客的有效沟通对销售有什么作用？

　　交谈是销售人员和顾客之间必要的沟通与交流方式，是销售能否成功的重要手段之一。常言道："良言一句三冬暖，恶语伤人六月寒。"销售人员应有较好的语言修养，针对不同的顾客进行恰当的交流。

一、区别对待

销售人员要接待的顾客很多,顾客的性格、习惯、爱好和需求千差万别,销售人员应把顾客进行分类,针对不同类型顾客的心理和行为习惯区别服务,才会收到事半功倍的效果。一般情况下可将顾客分为以下几类:

(一)男顾客

大多数男顾客在选购商品时,尽量使自己不显得小气和婆婆妈妈,能尽快作出购买的决定,非常重视销售人员的服务礼仪,并对销售人员给予的帮助表示感激。

(二)女顾客

大多数女顾客主持家务并"掌管"家庭财政,她们买东西计划性很强,心细,选货时间长,常提反对意见,对商品外观要求较高。相对接待男顾客而言,需要花费的时间更长。

(三)青年顾客

重视商品的美观,对其耐用性要求不高,在一般情况下,乐于接受销售人员的推荐,作决定比较快。

(四)中年顾客

在顾客的构成中比重较大,他们购物经验丰富,能对商品作出全面的评定,要求商品美观、牢固、耐用、方便等,很注意服务质量问题,常对销售人员的态度提出意见。

(五)老年顾客

一般非常谨慎小心,重视商品的适用和实惠,对新商品的使用不太适应,对销售人员的轻慢懈怠或出言不当,更容易引起强烈的反感。

二、礼貌用语

语言文明礼貌,讲究艺术性,才能使顾客感到亲切、愉快;说话随便、生硬,会使顾客反感、误会、生气,乃至吵闹、投诉。使用礼貌用语要表达清楚,简练得体,真诚自然。

(一)问候语

与顾客见面之初的致意语言,最基本的问候语是"您好""欢迎光临"。也可根据不同时间分别使用"上午好""晚上好""新年快乐"等。

(二)答谢语

顾客光临了,无论是否购买商品,销售人员都应该对顾客表达感激之情。一句"谢谢"很简单,却体现了修养和对顾客的尊重。

(三)致歉语

在商品销售中,如果服务或提供的商品没有满足顾客的要求,销售人员应及时向顾客表达歉疚之情,并请求原谅,如"对不起""很抱歉""请原谅"等。致歉应发自内心,满怀诚意,让顾客从心理上谅解和宽容自己。切忌致歉时敷衍了事,极不情愿,这样只会加深顾客的厌恶和不悦。

（四）请求语

商品销售"请"字当头,体现销售人员的态度诚恳、言辞谦恭和对顾客的尊重。如"请问您需要多少个？""请问您喜欢的是这种颜色吗？""请多关照"等。

三、善于聆听

销售人员在交谈中,不但要善于表达自己的意思,而且应该特别注意认真聆听顾客的意见,这样才能针对顾客的心理,更好地推销商品。

（一）全神贯注地聆听

顾客在说话时,销售人员如果东张西望,低头只顾做自己的事情,或面露不耐烦的表情,这样既不礼貌,也会使顾客产生反感。应积极努力去听,有不明白的问题,及时地问清楚。

（二）不打断对方说话

顾客在购买某些商品时,都希望能了解商品的许多实质性问题,应该让顾客有时间不慌不忙把话说完,即使作短暂的停顿,也不要打断他的话,影响他的思路。

（三）体察对方的感受

注意揣摩顾客内心的真实感觉,才能更好地沟通,提高销售的成功率。

（四）不匆忙得出结论

作为销售人员,应该努力弄懂顾客的谈话内容,完全把握他的意思,再按要求给顾客提供帮助,不要凭想当然地去替顾客着想。

做一做：

1.你经常使用的礼貌用语有＿＿＿＿＿＿＿＿＿＿＿。

2.不同的顾客群有不同的特点,怎样区别对待不同的顾客群？

3.情境模拟:针对以下顾客,模拟展示为他们服务的过程。

一位妈妈带着自己的孩子到商场买鞋。

一位身材魁梧的男性顾客到4S店买车。

一位老爷爷到书店买书。

一位中年妇女到超市买洗衣液。

第四节　耐心细致

看一看：

王红在一家手机专卖店上班,她能说会道,善于抓住客人的心理。这天,她又卖出了一部三星手机,可是快到下班的时候,这位购买手机的客户来到店里要求退货,这可把王红给弄糊涂了。买手机的时候,王红特别细致地向这位顾客介绍了这款手机的性能和价格,因为在她看来这是最值得关心的问题,顾客也很高兴地接受了推荐,怎么现在却要退货呢？原来，顾客早就想好买三星这个品牌的手机，只是款式和价格没有定。到了店里，听了王红的介绍和推荐，就买下了。回家却发现手机不是原产地韩国生产的，顾客不愿意了。她认为是王红介绍时没有说清楚，于是就出现了退货一事。

想一想：

　　1.是什么原因导致顾客退货？

　　2.商品销售中销售人员应尽量了解哪些因素？

　　人们在购买商品之前，都希望看到商品实物，并了解商品的质量、性能、售后等，以确定是否购买该商品。这就需要商品销售人员在与顾客进行交流时，耐心细致地介绍商品的相关知识。（图20-9）

一、介绍商品

　　向顾客介绍、宣传商品，要实事求是，目的是让顾客了解商品，促其购买。如果介绍的情况不真实，误导顾客，从长远来看既失礼，又失败。

（一）讲究诚信

　　介绍商品时，既不夸大其辞、隐瞒缺点，也不以次充好、以劣抵优。切忌言而无信、欺骗顾客，对顾客进行诱购、误导，强买强卖。

（二）把握时机

　　选择向顾客介绍、展示商品的时机很重要。展示过早，使顾客产生戒心；展示过迟，顾客已转移了注意力，会错失销售良机。

图 20-9

　　（1）应邀介绍。顾客在看好某商品后，产生了购买的欲望，希望销售人员能介绍相关的知识。

　　（2）主动介绍。顾客急于购买某商品，或很想了解时，销售人员应主动介绍。

　　（3）例行介绍。顾客问什么，说什么。未经要求，尽量不主动推销商品。

（三）灵活机智

　　向顾客介绍商品要诚心诚意、实事求是，还要针对顾客的实际情况有目的地进行介绍。

　　（1）见机行事。向顾客介绍商品时，要运用全面的商品知识，可以很有礼貌地征询顾客的意见："您看怎么样？"面对很有主见的顾客不要说自己的观点，可恰当应和。

　　（2）分清主次。当夫妇二人一同来买东西时，应先问女宾好，向女宾介绍商品，但也不可冷落男宾。一般情况，小件商品女做主，大件商品男做主。

　　（3）抓住重点。根据不同顾客，选取他们最可能感兴趣的特点进行介绍，激起好奇心后再解答顾客的疑问，从而促进销售。

二、认真解答

顾客在购买商品过程中,会提出一些问题,销售人员在解答问题时应注意以下几个问题。

(一)热情

解答时要让顾客感受到销售人员热情的态度,声音要轻柔,答复要具体,与顾客对话时面带笑容。

(二)尊重

解答顾客的提问,要面对顾客,文明解答。不能低头不语,或者含糊其辞、心不在焉,边回答边做其他事情。要礼貌对答,不冲撞顾客。注意选择文雅、亲切的词语表达,避免使用粗俗、生硬的语言。

(三)宽容

不管顾客提出的问题在销售人员看来多么幼稚,甚至是"多余"的,都应礼貌答复,不能露出不屑一顾的表情,甚至讽刺挖苦,这些行为会伤害顾客的自尊心。解答时注意语音、语速、语调,通过婉转柔和的声音,创造和谐的气氛。

(四)耐心

有问必答,百问不厌。无论顾客提问的商品是不是你推介的,都必须礼貌作答,不能因为顾客对你介绍的商品不感兴趣,对于他的提问就充耳不闻,不予理睬,也不能因为你介绍得已很详细,顾客还在不断提问,就心生厌烦。有的顾客挑选商品会不时发问或者反复问一个问题,有时几位顾客会同时发问,让人不知道听谁的好,销售人员对这些都应有充分的耐心,沉得住气,逐一解答。

三、服务周到

销售人员在服务过程中,尽量为顾客考虑全面,出售商品时,顾客没有想到的,顾客不知道的方面,都要介绍到,在售前、售中和售后都体现出周到的服务。

(一)预约登记

销售人员和顾客一起进行预约登记时,应留下自己的联系方式。当商品不能按照约定时间、地点进行送货、安装或者上门维修等服务时,顾客与销售人员取得联系后,销售人员应尽快利用自己的条件,敦促厂家或商家解决问题,使顾客从信赖销售人员,到信赖他所销售的商品,提高销售人员的信誉度。

(二)接待投诉

接待顾客对商品的投诉,要做到耐心热忱,及时做好记录,迅速调查核实,尽快给予回复。

(三)退换商品

有些顾客可能会因一时的冲动购买了商品,冷静以后,觉得商品没有购买必要时,会出现退货的情况。当顾客来退货时,同样要态度热情,不推诿,更不能讽刺、挖苦顾客。对顾客仍然要有问必答,对一些确实不能退换的商品,应耐心解释。不对顾客说服务忌语,不给顾客脸色。

（四）处理异议

在商品销售过程中，难免会有顾客提出各种各样的要求，甚至对被推销的商品及销售人员提出不同看法或反对意见。销售人员应迅速妥善地排除异议，使销售工作顺利进行。在处理异议时应做到：

（1）尊重顾客的异议。有异议说明顾客对商品有兴趣，希望购买。销售人员要站在顾客的角度，替顾客着想，在心理上"允许"顾客的异议。

（2）不与顾客争吵。销售人员不要因为自己有丰富的商品知识，能言善辩而听不进顾客的异议，与顾客进行争辩。正确做法是先表赞同，抚平顾客的激动情绪，拉近彼此间的心理距离，再将顾客的想法引导到自己的意见上，这样顾客也比较容易接受解释。

（3）把握时机处理异议。掌握时机，主动提出顾客可能提出的异议，然后加以解释。既降低了销售的难度，又体现了为顾客着想的精神，可以提高顾客对所销售商品的信任。

做一做：

1.介绍商品时应注意＿＿＿＿＿＿＿、＿＿＿＿＿＿＿和＿＿＿＿＿＿＿。

2.销售人员在解答顾客的问题时要做到＿＿＿＿＿、＿＿＿＿＿、＿＿＿＿、＿＿＿＿＿。

3.遇到销售的商品出现问题，顾客要求退货时，你如何处理？

4.模拟练习为顾客介绍推荐某件商品。

第二十一章　办公人员　优雅干练

人们到办公场所,办事都期待办公人员能有效地处理事务性工作。办公人员应从工作态度、仪容仪表、言谈举止、办事效率等方面塑造良好的职业形象。

第一节　守时有序

看一看:

某大公司需要一个办公室人员,在众多应聘者中录用了一个没有任何推荐人的小伙子。经理谈到录取理由如是说:"虽然没有推荐人,他自己却带来许多介绍信:神态清爽,服饰整洁,在门口蹭掉了脚下带来的土,进门后随手轻轻关上了门,当他看到残疾人时主动让座,进了办公室,其他的人都从我故意放在地板上的那本书上迈过去,而他却很自然地俯身捡起来并放在桌上,他回答问题简洁明了、干脆果断,难道这些不是最好的介绍信吗?"

想一想:

1.小伙子在应聘中遵守了哪些礼仪规范?

2.办公室礼仪规范与公司的形象有什么关系?

办公人员应认真工作,坚守工作岗位,有时间观念,忙而不乱,保持办公环境的干净清爽。

一、遵时守信

遵守工作时间,准时上下班,是办公室工作人员爱岗敬业的具体表现,守时是职业道德的基本要求,亦是职业素养的展示。

(一)严于律己

提前5分钟到达办公室,做好整理和清扫办公室及其他准备工作。如因病、因事耽误,知道要迟到或无法到达时,要先电话通知单位,并委托他人代办相关事宜。

如果事先知道车辆或上班路线上有堵塞,应提前出门或另寻其他途径,确保准时到达。

（二）与会作风

参加各种会议，应遵守规定，讲究会风，做到：

（1）准时。开会前，了解清楚会议的时间、地点、主题，并做好相关准备。提前五分钟到场，不得迟到。

（2）会风。开会时坐姿或站姿应端正，认真聆听，不得交头接耳、无精打采，或无端打断会议进程。中途不得擅自离开，有事应向上级领导请假。会议期间，手机应关闭或调整为震动，如要接听电话，应轻声出门，不干扰会议，接完后迅速返回会场。

（3）散会。当主持人宣布散会时，不要一哄而散。应将自己的物品收拾整齐带走，不遗留矿泉水瓶、废纸等垃圾，将桌椅放回原处后，方可退场。

（三）信守承诺

办公人员在公务活动中，必须遵时守信，约定的时间应准时或稍稍提前，承诺的事情务必完成。不守时、失约、言而无信等，都是令人反感的失礼行为。约定了时间后，不轻易更改；若必须更改，应尽早通知对方并致歉，以免造成不良影响。向他人承诺的事，必须力所能及，因为一旦答应，如果最终办不到，比不答应更失礼。

二、有条不紊

办公室工作既有规律，又经常需要应对突发情况，甚至休息时间都要处理公务，因此办公人员应保持冷静从容，不相互干扰影响。

（一）积极应对

上班时间认真对待工作，是每个员工应有的工作态度。但有的时候，有些工作还需占用休息时间，这时也要积极应对。如遇到来电和客人来访，仍应保持饱满的工作热情，服务已应主动到位，只要还有客人在场，就不能流露出不耐烦的神情。若确实有其他的重要事情要先行一步，应先向客人说明情况，表示歉意再离开，这既是出于礼貌，也是个人修养的体现。

（二）整理有序

临近下班，应安排好次日的工作事项，桌上的物品整理干净，如手头的工作还没有做完，应尽可能告一段落之后再下班。离开时，将文件和材料锁好，最后离开者负责切断电源，关好门窗。

（三）注意小节

在工作场合，即使是休息时间也不要进行玩牌、游戏等娱乐活动，因为这不仅松懈工作意志，还会给人造成涣散无序的恶劣印象。

在办公室要说话轻、走路轻、动作轻，不要高谈阔论，影响他人。注意自己的风范，不要把脚跷在桌面上，也不要随便脱鞋。假寐是一种较好的休息方法，但要注意姿态并选择好场所。

三、环境整洁

办公环境的整齐有序，从侧面反映了办公人员的素质和单位的管理水平，是文明办公不容忽视的重要方面。

（一）清洁卫生

清洁卫生体现了对人的尊重和对工作的态度,应经常清扫办公室,保持室内清洁。遇到下雨下雪天时先将雨伞、雨衣和鞋子上的水滴和污泥清理干净之后,再进办公室内,养成良好的卫生习惯。经常开窗换气,不乱堆放物品,办公室墙面不能随便记录电话号码或张贴记事的纸张。

（二）明亮安静

工作时间一般不要将窗帘遮得严严实实,照明设施损坏要及时维修。自觉保持办公室内的安静状态,使工作中的人们产生一种亲和安静的心态,有助于提高工作效率,有助于人际关系和谐,有助于矛盾冲突的化解。同事间交谈、接听电话应控制音量,以不影响干扰他人为宜;进出门、开关抽屉应轻手轻脚,避免发出撞击声。

（三）几案精严

鲁迅先生说:"几案精严见性情。"学会整理办公桌,把有用的物品留下,无用的及时进行处理。把留下的物品分门别类归置好,便于随时取用。为了更有效地完成工作,桌面上只摆放目前正在进行工作的资料,最好不要放私人照片及其他物品。因为用餐或去洗手间暂时离开座位时,应将文件覆盖起来;下班后的桌面上只摆放计算机,而文件或资料应放在抽屉或文件柜中。

做一做：

1.若工作影响到休息时间应该怎样对待?

(1)有电话来我会_____;

(2)客人还没有走我会_____。

2.在办公室工作应注意的小节有_____。

3.怎样做有利于保持办公室的环境整洁?

第二节　优雅得体

看一看：

日本松下公司的创始人松下幸之助,创业之初不太注重自己的形象,显得很邋遢。一次,一位理发师对他说:"您是公司的代表,却这样不修边幅,别人会怎么想? 连人都这么邋遢,他公司的产品还会好?"松下听到这话,感觉很有道理。从此,他很注重自己的仪表,连理发都要专程坐车到东京一家有名的理发店里去打理。

想一想：

1.松下的变化,对公司的发展有没有影响? 如果有影响,你认为是什么?

2.注重礼仪形象对提升个人的能力有帮助吗?

得体的穿着,优雅的举止,能给人留下良好的印象,同时也能使自己在交往中更有自信。

一、外表端庄

仪表传递着办公人员的文化素养、知识水平、品格情操、身份地位等信息。仪表整洁既增添个人的魅力,也提升自身的价值,对形成交往的第一印象至关重要。

(一)仪容整洁

整洁是良好仪容的基本要求,办公人员如果不注重形象,实际是对自身价值的贬低。美学家别林斯基说:"人的外表优美和整洁应是内心的优美和整洁的表现。"保持面容、发型、穿戴三整洁,给人干净清爽的良好形象。(图21-1)

图 21-1

(1)发型。办公人员的头发应梳理整齐,无头屑,无异味,发型大方。男士不留长发、小胡子、大鬓角;女士不梳披肩发,前发不遮眼,后发不过肩,不宜在头发上添加花哨的发饰,发饰应朴实无华,以黑色、蓝色且无任何花饰的为主。正式场合不应将头发染成黑色以外的其他颜色。在室内不戴帽子。

(2)表情。办公人员在办公时表情自然,在接待他人时面带微笑,或根据具体的交谈内容,表现出适当的表情。切不可面色漠然,或者流露不耐烦的表情,这些是不可取的。

(3)化妆。办公人员在办公室,适合化淡妆。因为交往的需要,适当化妆是对他人的尊重,但必须考虑身份与特点,注意体现办公人员端庄稳重的气质。不要当众化妆或补妆,喷香水应清新适量。

(二)着装合体

心理学家波德·罗福认为:一个人的服饰不只表露了他的情感,还显示着他的智慧。服饰可以表现人格,每个人都为了本身职业的需要选择自己的服饰,服饰是一个人向外界表达自己的重要窗口,穿着打扮得体并与时间、场合相宜,让人感到自然、潇洒、整洁、协调,善用礼仪使形象得到最佳的衬托。

(1)整洁大方。衣着整齐、庄重、自然所表现出的人格力量,远比注重衣着的时髦重要。衣物熨烫平整,无污迹、无破损、无异味,从细节中体现穿着者的自尊与敬人。

(2)整体协调。服饰强调整体效果,只有搭配合理,和谐统一,才能相互辉映。如正装一定穿皮鞋,布鞋、旅游鞋会显得不伦不类;袜子不能露在裙摆或裤脚之外;男士应选择比裤子颜色深的袜子,一般为黑色、灰色、棕色的薄棉袜或薄毛袜,女士则适宜穿肉色袜子。

(3)遵守成规。办公室着装应端庄大方,相对保守,以正装为宜。不可穿露脐装,太紧、太透的个性服装,色彩不宜丰富、鲜艳。外出参加商务活动着装可相对时尚,但要注意与身份、场合协调。

（三）配饰雅致

饰物佩戴应力求精致、典雅，全身不要超过三种，也不宜佩戴闪光炫目或撞击有声的珠宝饰物，样式忌夸张。

公务包以真皮材质为佳，适合使用黑、棕等颜色，款式方正有型更符合办公人员的风格。

二、举止文明

人的一举手、一投足、一点头、一弯腰，并非偶然的、随意的，这些行为举止能够表现一个人的修养。

（一）仪态大方

人们可以通过自己的仪态向他人传递个人的学识与修养，并能够交流思想，表达情感。

（1）站姿。办公人员需要站立和他人交谈时，应腰背竖直，挺胸收腹，两手自然下垂或两手相握置于小腹前，女性脚后跟并拢，脚尖分开30°，男性两脚适度分开，正面朝向交谈者。站立时，如有全身不够端正、将手插在裤袋里、双手交叉合抱于胸前、双脚叉开过大、双脚随意乱动、无精打采、自由散漫等表现，都会被看作不雅或失礼。

（2）坐姿。入座时，从容自如地落座，上体保持正直，女性两脚自然收拢，男性适度放开。坐的时候不要半躺半坐、前俯后仰，更不要将脚搭在桌子或椅子上。双腿不宜敞开过大，也不要把小腿搁在大腿上，更不要把两腿直伸开去，或反复不断地抖动。（图21-2）

（3）手势。在日常工作中，常常需要一定的手势代替语言。如为他人指引、送客人出门等，手势应自然、规范、优雅、大方，尽量以掌代指。（图21-3）

图 21-2　　　　　　　　　　　　　　　　　图 21-3

（二）动作轻稳

办公场所的举手投足都要符合职业身份，不要让自己的一举一动影响到他人。开关房门掌握好轻重，避免剧烈碰撞；入座轻而缓，走到座位面前，右脚退后半步靠着椅边再轻稳地坐下，不让椅子发出刺耳的声音；走路时不可太快、太急，尤其是女性穿着高跟鞋，行走时要放轻脚步，避免鞋跟敲击地面发出太响的声音。

（三）进餐斯文

工作宴会是公务活动的一项内容，参会前应熟悉餐桌礼节，做到文明进餐。

（1）进入宴会厅之前，了解自己的桌次和座次，不要左顾右盼，满场走动。

（2）入座后，先与邻座招呼交谈，主人宣布开席后，才开始进餐。

（3）严格遵守进餐五不准：让菜不夹菜，祝酒不劝酒，不东挑西拣，不发出声音，不自顾玩手机。

（4）敬酒时，酒杯杯口的高低与双方身份一致，即身份低者，杯口低，身份高者杯口高，以示尊重。

（5）取菜一次不要太多，也不要不喜欢吃就一点都不盛。

（6）遇到以前没吃过的菜，先看别人怎么操作，自己再尝试着做。

（7）吃带骨头或带皮的菜，如主人打了招呼，可以用手撕着吃。没打招呼，则应使用餐具。

（8）咳嗽、打喷嚏、擤鼻涕等要避开他人，剔牙时用手或餐巾遮住嘴，若有电话应离席接听。

三、风度翩翩

举止得体、风度优雅，必然会受人欢迎、受人尊重。

（一）精神饱满

在工作期间保持良好的精神面貌，不要表现出疲惫松懈。坐立端正，不能有坐在桌面上、脚放在桌面上等不雅行为。站立时身子不宜歪斜，更不要斜靠在其他物体上。

（二）和颜悦色

同事之间，或者上下级，以及部门之间会产生一些问题，不管是工作上的，还是个人方面的分歧，在面对这些情况时，应抱着对事不对人的态度，和他人沟通时保持良好心态，面带自然真诚的微笑，争取以理服人，以德服人。在没有弄清事实真相的时候，不要带着情绪指责或埋怨他人，否则会使矛盾扩大化，往往把事情办得更糟。

（三）谦和礼让

人人都渴望受到尊重，被他人重视，办公人员在与人交往中，说话、处世要符合自己的身份，尽量客观，以事实为依据。待人要有善意，做到言之有礼，谈吐文雅，音量适中，语调平和，在非原则的问题上少做计较，给人留下有涵养的印象。相反，如果咄咄逼人，满嘴脏话，甚至恶语伤人，就会令人反感讨厌。

做一做：

1.着装合体要做到＿＿＿＿＿＿、＿＿＿＿＿＿等方面，避免＿＿＿＿＿＿等。

2.进餐时你注意的礼仪有：＿＿＿＿＿＿＿＿＿＿＿；

　你没有注意到的礼仪有：＿＿＿＿＿＿＿＿＿＿＿。

3.模拟练习为他人引路。

第三节　沉稳端庄

看一看：

　　小王大专毕业后，在一家物流公司档案室里做档案管理员。刚开始的时候，她对公司的员工来查找档案资料接待热情，查找迅速，受到大家好评。可是慢慢地，她觉得档案室的工作枯燥乏味，上班时只要没有人到档案室来，她就到别的办公室串门聊天。大家来查找档案，经常要到处找她，就是找到了，谈兴正浓的她还会说："等一会儿，还有两句话。"小王的这种表现使她不再受到公司上下的欢迎。

想一想：

　　1.小王为什么不再受大家的欢迎？

　　2.办公人员应如何建立良好的工作关系？

　　现代社会工作和生活节奏加快，但是作为办公人员表现得手忙脚乱、慌张急躁，不仅容易做错事，还容易得罪人。做事稳重、踏实，有条理，才能获得他人的信任和好感。

一、友善尊重

　　办公人员在工作中应遵循彼此友善、互致方便的原则，创造和谐融洽的环境，营造良好的工作氛围。

（一）尊重领导

　　作为下属，在工作中要尊重领导，维护领导的尊严。遇见领导，要主动打招呼；碰到决断不了的事，要向领导请示；不论领导年龄大小、阅历深浅、水平高低，都应尊重其人格，维护其权威。对领导交办的工作，应愉快地、创造性地完成，完不成的要向领导说明原因。对领导的决策不背后评判，更不要试图通过贬低领导来抬高自己。

　　进出领导办公室先敲门，经允许后进入；给领导批送文件时，要在离领导稍远位置等候；等领导阅示后，如无其他交代，要迅速离开领导办公室。（图21-4）

图 21-4

（二）友爱同事

　　同事相处，应有礼有节，真诚相待，做到互敬、互信、互助、互让。遇到同事时，主动打招呼，一声友好的问候，能有效促进相互之间的关系，对工作起到一定的帮助。

1.互相信任

信任是搞好同事关系的前提,它能使彼此都有一种安全感,也可以减少不必要的误会。

2.互相关心

关心同事,将心比心,是融洽关系的重要保证。当同事有困难时,伸出援助之手,不应漠然置之。

3.互相体谅

每个人的性格、兴趣、爱好等都有不同,凡事不必以自己的标准要求他人。应有为他人着想的意识,处处予以体谅。

4.保持距离

同事之间,尤其是同一办公室的同事,要养成不干扰别人的习惯,保持与他人的"距离感",让彼此有一个放心的空间,有一种相对自由的安宁,给他人充分的尊重。

(三)善待来宾

有朋自远方来,不亦乐乎。善待每一位来访者,无论他的身份、地位的高低,或是生疏、熟悉,应一视同仁。如果需要宴请客人,则应根据活动的目的、对象以及经费开支等因素举办不同形式的宴请,并充分考虑菜谱、就餐环境、陪同人员和座次安排等细节。

二、认真负责

衡量办公人员对工作的态度,是从办公人员是否注意小节,遵守规章制度,为他人着想,维护组织的利益等方面来评价的。因此,办公人员应做到以下几点。

(一)遵守制度

办公室的规章制度,是保证工作正常进行的重要前提。上班不迟到、不早退、不串岗,有事情需要提前离开办公室,应将去向告诉领导或其他人。如果离开时间过长,除说明去向外,还须说明预计回来的时间。

外出前,应委托同事代办处理有关事宜。若能在下班前赶回单位,应尽量回办公室一趟,以便随时掌握工作进程。

(二)爱护公物

办公室的办公设备是大家公用的,需要每一个人去爱惜。作为办公人员,在整理自己办公桌面的同时,对办公设备也要进行清理和养护。如定期清洗,防止灰尘堆积影响设备的正常使用;轻拿轻放,正确使用;用后及时切断电源等。

(三)行事严谨

保持和维护办公环境,应从进入公司的大门开始。不论是在走廊里、楼梯上或通道里行走,应该轻声、慢步、靠右,不能边走边大声谈笑,影响他人工作。公共场合不要高声喧哗和旁若无人地接打电话。

三、分寸恰当

办公人员无论是做内务工作,还是接待来宾,都应把握说话的分寸,交谈有度。办公室内轻声说话,不高谈阔论。与人交谈注意措辞,不能肆无忌惮,口无遮拦,不说与工作无关的话题。打电话控制音量,不语惊四邻。

(一)话题选择

与他人进行情感和信息的交流是必不可少的,应选择与工作有关的话题,大家共同关心的话题。涉及本单位的机密,对方的隐私和自己不熟悉的话题要避谈。

(二)沟通得当

沟通是一门技巧,也是办公人员需要掌握的学问。沟通得当不仅能受到他人的尊重,对个人的发展也极为重要。

1.准确规范

从事公务性交谈,说话要严肃认真,准确规范,与政策法规相一致,条理清楚。规范的谈吐,既能使对方满意,同时也能避免因语言不严谨造成的误会。

2.真诚可信

真诚而谦和的谈吐,能使对方感受到尊重,更容易产生信赖。交谈中尽量做到准确、亲切、生动,语速适中,吐词清楚,用词适当,态度温和。多使用商量式语句,不说有伤他人自尊心或人格的话,应避免命令式语言,少用否定式话语。无论是对上级、下级、客人都应养成使用"请、您好、谢谢、不客气、对不起"等文明礼貌用语的习惯。

3.委婉含蓄

交谈中如果需要拒绝对方时,可采用委婉含蓄的谈吐,实话不一定要直说,关键在表达自己意思的同时,能让对方感到你是在为他着想,使对方乐于接受。

(三)网络通信

利用网络通信手段办公,已成为现代人工作中的重要组成部分,网络通信应注意的礼仪要求有以下几点。

1.接打电话

电话形象。在电话里与人交谈,声音的质量在第一印象中占70%,话语只占30%。电话另一端的人对你的看法,不仅仅来自于你说话的内容,更来自于你是如何表达的。微笑着平心静气地接打电话,会令对方感到温暖亲切。(图21-5)

选时得当。打电话前,要选择好打电话的时间,一般情况下,不要选择过早、过晚或对方休息时间,最好避开刚上班以及临下班时间。

图21-5

态度诚恳。通话过程中,态度要热情诚恳。做到吐字清楚,语速、音量适中,语句简短、语气亲切、语言文明。尤其是使用敬语、谦语,收到的效果往往是意想不到的。因为从打电话的语调中,已经传递出是否友好、礼貌、尊重他人等信息了。

精力集中。说好第一句"您好,请问……",而不是直接说:"××在不在?"给上级领导打电话,做到简明扼要,条理清楚,不过多重复,对领导的答复和指示记录清楚。给下级机关或相关单位打电话,态度要谦和,不盛气凌人。当遇到对方电话不清楚时,要礼貌地向对方说明,确保通话质量。不能一边打电话,一边同旁人聊天或兼做其他事,嘴里千万不要嚼东西。

姿态得体。站、坐端正,不良姿势会影响到情绪和声音,对方在电话那端都能有所察觉。

做好记录。电话铃响三声内接听电话,如迟接应表示歉意。上班时间接电话的第一句不是"喂",而是"您好,××公司××科"。仔细、耐心地倾听对方讲话,不打断对方。重要的电话要做好记录,应左手拿电话,右手拿笔。代接电话应及时转告并提醒其回电。谈话结束,由地位高者如上级领导、客户先挂机。双方地位平等时应由主叫方先挂机。如果接到打错的电话,应礼貌告知"对不起,您拨错电话号码了"。

2.传真

正式的传真必须有首页,其上注明传送者与接收者双方的单位名称、人员姓名、日期、总页数等,接收者可以一目了然。如果其中某一页不清楚或是未收到时,可以请对方再发一次,这样可以节省双方的时间。

传真信件时,必须像写信一样有礼貌,如必要的称呼、问候语、签字、敬语、致谢语等均不可缺少,尤其是信尾的签字常被忽略,这是不太礼貌的,因为签字代表这封信是发信者知道并且同意才发出的。

最好使用白色或浅色信纸,有些人喜欢用深色信纸或是信纸上有黑色或深色条纹的信纸,用这些信纸发送传真不仅会浪费扫描时间,还会浪费更多的金钱。

发送传真之前,可以向对方通报一下,以免发错。收到传真后,要尽快通知对方,以免对方不放心。

3.电子信函

送信前必须用杀毒程序扫描文件,以免不小心将"毒信"寄给对方。要是没有把握,不妨将要发送的内容剪贴到邮件正文中,避免使用附件发送的方式。

来历不明的信件必须谨慎处理,若不确定最好也要使用杀毒程序扫描,以防万一。

电子信函要认真撰写,突出主题,行文流畅,并且做到简明扼要。虽然是电子邮件,但写信的内容与格式应与平常信件一样,称呼、问候语、敬语等一样不可少。

注意电子信函的编码,这是电子信函独特的问题,也是联络成功与否的关键。我国内地与港、澳、台地区及国外发送中文电子信函时,要用英文注明自己使用的中文编码系统,确保通信成功。

做一做:

1.公务打电话的第一句话是＿＿＿＿＿＿＿＿＿＿＿。

接电话的第一句话是 ＿＿＿＿＿＿＿＿＿＿＿。

2.电子信函要注意＿＿＿＿、＿＿＿＿、＿＿＿＿、＿＿＿＿。

3.友爱同事要做到互相＿＿＿＿、互相＿＿＿＿、互相＿＿＿＿等。

第四节　敏捷干练

看一看：

一天,万静正在办公室工作,听到敲门声,她头都不抬地说"进来!"客人走到她身边,礼貌地向她问候,万静头也不抬只回应了一声:"有什么事?"就继续做自己的事情。客人问了几个问题,万静都说不知道,客人生气地离开了办公室。

想一想：

1.万静这样对待客人恰当吗?

2.如果你是那个客人,你会怎么想?

办公人员要与不同的人打交道,处理不同的事务性工作,事多且杂,这就要求办公人员思维敏捷,行动迅速,既坚持原则,又不墨守成规。

一、准备充分

办公室是单位的窗口,往来的客人对公司的良好印象是从一次次愉快的业务交往中得到的。要给来访的客人以好感,需要提供高效的服务,做好准备工作必不可少。

(一)心理准备

对一天的工作要事先进行周密细致的考虑与安排,在心理上有所准备,做到心中有数。

对来访的客人,无论是已预约还是未预约,是易于沟通还是脾气急躁,都要让对方有受到欢迎、得到重视的感觉。当客人发火或急躁时,不要受其影响,是自己的问题,及时道歉;是公司或其他人的问题,作为接待人员,也应代表公司致歉,因为客人眼里你是公司的代表,你必须要有这样的心理承受能力,达到"无故加之而不怒"的境界。

(二)物质准备

上班前,首先要检查物品是否带齐,如名片夹、文件、钥匙、乘车卡、手机、钱等,因为这些东西都会直接影响到一天工作的正常开展,必须做好充分的准备。

办公桌上的文件、文具、电话等物品要各归其位,摆放整齐。不常用的东西和私人用品,应该放到抽屉里固定的地方,以便用时马上就能找到。办公室里应准备一次性纸杯、茶叶,以备接待时用。

(三)计划周详

对于办公室工作人员来说,有些时候事情很多也很繁杂,甚至有大事、小事、临时性、紧迫性的任务接踵而至的情况。这个时候如果没有一个合理的计划与安排,分不清轻重主次,理不出头绪,工作起来就会东抓一把,西扯一下,整天穷于应付,不仅没有一点可以休息的时间,自己很辛苦,而且还没有成就感。

办公人员要想提高办事效率,就必须做到计划周详,统筹安排。每天该干什么,哪些是最重要的,排出个先后顺序,做到心中有数。这样不仅能出色完成工作任务,还能为自己节省不少的时间。

二、主动热情

接待办理公务的客人,是办公人员的一项常规工作。无论是有约接待还是无约接待,对内还是对外,都应做到接待有"三声":来有迎声、问有答声、去有送声,充分展示办公人员的礼仪修养。

(一)亲切迎客

客人进入办公室,工作人员应放下手中的工作,起身迎接,面带微笑,有礼貌地问候,表示热情友好。客人落座后,再切入正题。有条件的可以给客人奉上茶水,注意用双手送上。(图21-6)

图 21-6

(二)合理安排

如果客人到来时正接电话,可暂时按一下话筒,对来客点一下头说:"您好!请稍等。"打完电话后再进一步接待;如果来客时手上正办着急事,可先起身招呼:"您好! 对不起,请稍等。"待急事处理结束后再接待,这时应向客人说:"对不起,让您久等了,刚才在处理一件急事。"尽量抓紧时间少让客人等候。如果来客时你正在和别人谈话,也应当及时招呼后来的客人入座,泡上茶。如果认为有必要介绍先、后来的客人认识,就为双方进行介绍,然后大家一起交谈;如果没有必要介绍彼此认识,就向后来的客人表示抱歉,请他等一下,抓紧时间和先来的客人把事情谈完,然后再和后来的客人洽谈。如果接待异性来访者,还应当特别注意分寸,既要热情又要适度,否则会适得其反。

(三)礼貌送行

送行是决定来访者能否满意的最后一个环节。客人离开时,要待客人伸手,主人再伸手握别。让客人先出门,一般情况送出门外即可,对重要客人要送到大门外,乘车的要为其开启车门,客人上车后,再关好车门,并挥手道别。送客要使用"再见""请慢走""欢迎下次再来"等送别语。肃立目送其身影消失后再离开,切忌很响地关门。(图21-7)

图 21-7

三、公私分明

办公室是工作的地方,上班时间应在自己的工作岗位上,不做与工作无关的事情。

(一)爱岗敬业

上班时间坚守自己的岗位,在完成本职工作的前提下,认真学习与专业相关的知识,不断充实自己,提升自己的价值。

(二)讲求效率

讲求效率是对现代办公人员的一个基本要求,良好的心态和周密的计划是提高工作效率的前提和条件。有这样一句话,"不要把生活中的情绪带到工作中来,也不要把工作中的不愉快带到生活中去",不要因为心情不好而影响到工作,否则很容易造成恶性循环,要注意及时调整。

现代而快捷的沟通交流工具是提高效率的重要手段,使用得当,会使工作达到事半功倍的效果,既省时又省力,如果使用不当,将影响到工作效率和质量。如使用网络办公时聊天、玩游戏等,不仅无效率可言,反而影响正常工作。

(三)工作禁忌

不要议论同事的私事和领导的工作水平;不要用公家电话煲电话粥,影响正常工作;不要用电脑聊天以为别人不知道;不要对办公室里同事间习惯省略用语不懂装懂;不要过分坚持自己的意见,引起不必要的争议;工作时间不得串岗、不得闲聊(包括电话聊天、网络聊天、听音乐)、不得登录与工作无关的网站,严禁玩网络游戏;不翻看不属自己负责范围内的材料及保密信息;同事之间相互尊重,借东西要还,并表示感谢;在征得许可前不随便使用他人的物品。

做一做:

1.对待客人主动热情可以从哪些方面表现出来?

2.公司明天有上级部门来检查工作,作为公司的文员你要写汇报材料,打印材料,整理资料,布置会场,还要去看望生病的副总,请你拟订出一天的工作计划。

3.当有多位客人来访时,怎样合理安排先来后到的客人?

第二十二章　白衣天使　严谨体贴

　　随着时代进步和文明程度的不断提升,人们越来越深刻地意识到,仅仅懂得医疗护理的专业知识和操作技能,远远无法满足医院树立声望、患者恢复健康的愿望。只有灵活恰当地运用各种礼仪,使外在形象、内在素质都能够展现人性关怀的医护人员,才能提供令人满意的高质量医疗护理服务。

第一节　崇高无私

看一看:

　　邹德凤,女,1956年生,1977年加入中国共产党,现为邹德凤博爱服务团团长、南昌大学第四附属医院医疗服务部主任,江西省红十字志愿护理服务中心副秘书长,江西省红十字志愿捐献者之友协会副会长。2013年荣获第44届国际南丁格尔奖章,系江西省第二位南丁格尔奖章获得者。

　　邹德凤从16岁时投身护理事业,四十多年来她始终以“人道、博爱、奉献”的南丁格尔精神激励自己,在平凡的岗位上,成就了“四大非凡”。

　　爱心非凡。她始终以非凡的爱心和勇气投入护理工作,危难时刻总是第一个挺身而出,被大家公认为全院最不怕脏、最不怕累、最不怕危险、最有爱心的医护人员,被誉为“铁路爱心天使”。

　　成果非凡。她瞄准社区医疗这个薄弱环节,在江西首创了社区护理模式、社区居家老年护理服务模式、临终关怀模式及化解医患纠纷模式等一系列卓有成效的创新医疗模式,在省内外数10个县市得到大面积推广,被公认为江西社区医疗服务先行者。

　　奉献非凡。她以惊人的奉献精神投身到红十字志愿服务中,11年当中,累计做义工达1.9万小时,成为全省数一数二的“超级义工”,被中国红十字会评为“红十字志愿者之星”“全国十大杰出红十字志愿者”“终身志愿者”“最美志愿者”。她坚持每年献2次血,总献血量达到4800 mL。她投身遗体捐献行列,带动了100多人捐献遗体。

　　影响力非凡。她以自己的身体力行,感染、带动了社会各界4000多人加入到志愿服务、遗体捐献、献血、救灾等各项爱心事业当中,江西省10多所大中专院校均邀请她亲临授课,传播“奉献、博爱”的正能量,10 000多名学生聆听了讲课。她的团队,成为江西省红十字会志愿服务团队中,发展速度最快、年龄跨度最大、人员辐射面最广、活力最强的团队。

想一想:

1.请谈一谈邹德凤老师给你的启迪。

2.你为从事护理工作做了哪些准备?

医护人员担负着救死扶伤的神圣职责,是患者生死存亡关头的救命稻草,只有具备良好医德、急患者所急的医护人员才能真正无愧于"白衣天使"这个圣洁的称号。

一、患者为重

医护人员应待人真挚、谦恭,不要因病人有求于自己就自视甚高、傲慢无礼。在工作中,要做到光明磊落、言行一致,对患者充满爱心,对病人家属热情礼貌。

(一)环境整肃

医院里往来出入的人员非常多,也是病毒细菌易于聚集的地方,医护人员在开始上班之前,应做好清洁卫生,保证"四洁",即地面洁、桌面洁、墙面洁、窗面洁;"四无",即无烟蒂、无纸屑、无痰迹、无异味。保持整齐、安静、舒适、温馨的环境,能够给患者留下备受重视的印象。

在办公桌面上不要堆放太多物品,必需的东西如挂号单、病历、血压仪、体温表等应划分固定区域放置。私人的相框、饭盒、镜子等均应收纳起来。(图22-1)

同时,为了营造良好的就医环境,医护人员应自觉减少噪声,做到走路轻、动作轻,说话不用大嗓门,手推车等尽量不发出太大的声音,给病人及其家属做好表率。

(二)热心服务

(1)接待患者。当患者来到门诊,负责导诊的护士应及时做好接诊准备。站姿端正竖直,面带笑容,语调柔和,语气亲切地问候:"您好! 我是为您导诊的护士,请问需要我为您做些什么?""您好,您以前在我们医院看过病吗?""马老师,您好! 今天是来复查的吧,看起来恢复得不错呀。"(图22-2)

图 22-1

图 22-2

(2)指引就诊。根据病人的情况,导诊的护士应尽快进行判断,准确提供引导。"老师,请您现在挂一个五官科的号,然后在大厅左侧乘坐电梯上三楼就诊。祝您早日康复!""病人情况危急,需马上送急诊室,请跟我来。""化验室在内科大楼一楼,出门向右100米就是内科大楼,进楼的左侧就到了。""老人家,查肝功需要空腹,您今天吃了早餐,不能得出正确的结果,请明天再来吧。"(图22-3)

(3)迎接入院。需住院治疗的患者来到办公室,护士应立即起立迎接,先请病人及家属入座:"你们好,我是今天的值班护士小罗,请将病历交给我,好吗?"用双手接过病历。在了解情况后,及时将病人安排到相应的床位,并介绍住院部的情况:"张老师,住院期间您就安心养病,医院一日三餐的供应时间分别是 7:30—8:30 时,11:30—12:30 时,17:00—18:30 时,我们的餐车会送餐到病房。如果家里带了菜和汤,可以在楼道转角处的生活区加热……您如果有什么不清楚的,可以随时问我们。"(图 22-4)

图 22-3

图 22-4

(三)关怀备至

南丁格尔说:"护士的工作对象不是冷冰冰的石头、木头和纸片,而是有热血和生命的人类,护理工作是精细艺术中最精细者,其中有一个原因就是护士必须具有一颗同情心和一双愿意工作的手。"在护理工作中,要将患者当作自己的亲人,对他们进行无微不至的关心照顾。

在与患者接触的过程中,医护人员要善于换位思考,多站在患者的角度考虑问题,如对在快下班的时候才匆匆赶到的病人,不要一脸不耐烦,满脸不高兴地说:"怎么才来呀,早干嘛去了,还要不要人下班了!"这时如果平静下来,可能了解到病人忍着病痛的折磨,带着对康复的期望和对医院的信任,一大早就出发赶往医院,恐怕这时连早饭都没顾得上吃呢。

对患者的关怀可以通过及时搀扶、让座、主动询问、叮嘱用药、为做检查的病人关上房门等种种细节体现出来。

二、包容礼让

(一)体谅患者

患者因疾病的折磨经常会心烦意乱、情绪不佳,在与他人交往的时候很容易缺乏耐心,着急发火。这时,医护人员千万不要针锋相对或训斥他人,也不要以冷漠的态度将病人晾在一边。可用亲切的笑容、宽慰的话语、柔和的语调、优美的举止舒缓其内心的不快,适时引导病人配合治疗。

(二)理解家属

如果家属讲述病情,医护人员应仔细聆听并对重点进行重复和询问,以更好地掌握病人的情况。如病人家属喋喋不休，则可礼貌地告之对方："杨辉目前的状态我们已经清楚，也会继续观察。现在我们需要去其他病房，有事可按呼唤铃。"

对于牢骚满腹的病人家属，不要以粗暴的态度简单对待，如"有什么好抱怨的，有本事就别进医院！"医护人员应了解其不满的原因再予以引导，"我完全能够理解你们的心情，作为医院来说，也在尽力为大家提供更好的就医环境，目前接受治疗要紧，先住着三人间，如果有特护病房了，我会及时告诉你们，好吗？"

（三）配合同事

无论是医生、护士还是其他工作人员，在医院里大家的共同目标都是救死扶伤，只有精诚团结、协调配合，才能更好地救治病人，塑造组织的形象。

在工作中，年轻人要虚心向年长者学习和请教，尊重领导和同事，有问题多进行请示或探讨，主动分担事务性的工作，如清洁卫生、搬运物品等，不要斤斤计较；年长者对年轻人应关心爱护、不吝赐教。进行指点和引导时注意方式和态度，避免在人多或患者面前进行批评指正；也不要疾言厉色，情绪激动，尽量用平和的表情和语气、推心置腹的语言使受帮助者认识到自己的问题。

三、一视同仁

医护人员对所有的服务对象都应该同等对待，不以权势、财力、关系亲疏将其分为三六九等，对一部分人进行特殊照顾。更不能违反规定向患者及其家属收取或变相收取钱财物品，让其代办私事，要注意树立令人信服的职业形象。

做一做：

　　1.请分小组创设情景剧：表现医护人员对患者的关怀备至。

　　2.在工作中，年轻人应如何与年长的同事相处？

第二节　一丝不苟

看一看：

　　工作分配时，我被分配到了骨科，骨科卧床病人很多，基础护理和生活护理工作量都很大，但护理前辈们对病人的爱心、耐心，对护理工作的严谨、细致、热忱、认真的作风，时时影响着我，使我对护士这个职业有了更深层次的理解，那就是：要当一名好护士，爱心与责任非常重要。我的第一任护士长张瑰，是一位对人很真诚、善良，对病人非常有同情心的人，作为一名护士长，在上班时间她从不坐在办公室里，她每天频繁地穿梭于病房中，为病人进行各种治疗与护理，她总是微笑着完成工作，一遍一遍不厌其烦。她还尽自己所能多次在生活上帮助病人；她的爱心赢得了每一个病人对她的尊重。她经常对我说："鲜儿，为人要真诚、善良；当一名护士一定要有同情心，要喜欢做事，吃得苦，这样，你才能收获病人对你的尊重。"我的老师蔡绍丽是一个工作非常细心，很有责任心的人，她从不放过病人每一个细微的变化，总是能将每一项护理措施落实到位，她也常常对我说："鲜儿，当护士一定要有责任心，要心细，这关系到病人的生命安全。"在以后的工作中，我把她们当成我学习的榜样，用实际行动逐渐赢得了病人的尊重与认可。

（摘自《中国护理管理》2010年第2期《无怨无悔尽天职　毕生愿做"提灯人"》作者：鲜继淑，系第42届南丁格尔奖获得者）

想一想：

1.医护人员怎样的形象才能让服务对象放心？

2.要塑造出这样的形象应从哪些方面努力？

一、认真负责

医护工作因责任重大，来不得半点闪失和马虎。在工作期间，清楚职责，坚守岗位是每个工作人员应遵守的基本准则，随时做好提供优质服务的准备，为生命的重新绚烂贡献力量。

（一）坚守岗位

（1）按时到岗。上班时间到了，如果医护人员还在吃着早餐，对镜梳妆，或打着哈欠伸着懒腰，只会给人留下懒散松垮，不值得信任的印象。上班前10分钟，应结束就餐，做好环境清洁，换上工作装，以饱满的情绪状态和精神面貌出现在工作岗位上。（图22-5）

（2）不随意脱岗。不管是正班、值班还是代班，也不管忙还是不忙，医护人员都不能随意脱岗。如果确有急事，应先请假，向代班的同事交代清楚情况后再离开。工作时间，不要随意串科室，或聊天办私事，否则既影响自己，也耽误同事。

（二）仔细专注

医护工作者要养成仔细专注的习惯，仔细观察患者的脸色、神态；仔细检查、化验；仔细书写、记录；仔细照单批价、发药。在听患者及其家属的陈述时，必须聚精会神，目光多集中在社交注视区间（进行检查除外），为保证正确理解，应适当复述："您是说晚上经常咳嗽，浑身冒虚汗吧？"或用点头或恰当的表情进行呼应。（图22-6）

图 22-5

图 22-6

在工作时间内,要尽量避免私人性的交往活动,如熟人间的拜访、接打私人电话等,即使是同事,如果所做所谈的事情与工作无关也是不允许的。

(三)尽心尽职

在岗位上,工作人员要全力以赴投入工作,认真履行医务工作职责,为病患者提供及时、有效、满意的服务。不要觉得患者耽误了自己看报纸、打游戏、炒股票、聊 QQ 的时间,于是随意一指,往别处一推,心不在焉地问两句,神色冷漠地瞧两眼,以应付的态度将其草草打发。

二、惜时如金

(一)提前准备

(1)身体准备。医护工作既是技术活也是体力活,要求工作人员精力充沛,体能充足,行动敏捷,所以医护工作者应合理安排业余时间,注意劳逸结合,保证足够的休息时间,使自己在工作中容光焕发,精神饱满。

(2)心理准备。由于经常看到愁苦的面容,听到痛苦的呻吟,时常处在争分夺秒、与时间赛跑的状态,医护人员的工作压力相当大,应养成做深呼吸调节情绪、平和心态的习惯,保持发自内心真诚地微笑,不仅有利于与周围人的交往,也有利于自己身心愉悦,更高效地工作。

(3)物质准备。常用的物品分门别类,摆放有序,不会在需要的时候才翻箱倒柜地四处搜寻。对于工作时必需的酒精、药棉、针、输水管等易耗品,要经常清点,及时补给。在交接班时,应将本班的情况以书面记录的形式交代给下一班。(图 22-7)

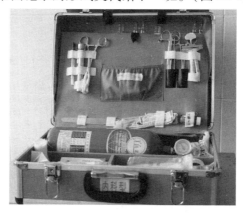

图 22-7

(二)行动迅速

医护人员在看见服务对象时,应及时起身,或主动招呼询问"您好,请问我能帮您什么?"对于行动不方便的患者,应及时搀扶或提供相应协助;在紧急情况下,可小跑或快速疾步行走,但应注意靠右行,不要占据中间通道,一般不要奔跑。如果往来人比较多,可一边走,一边说"对不起,请让一让。""请借个道,谢谢!"如果推着轮椅或手术车,更要注意提醒周边的人。(图 22-8、图 22-9)

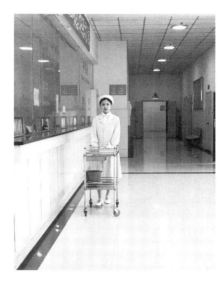

图 22-8　　　　　　　　　　　　　　图 22-9

电话铃响三声之内迅速接听电话,准确通报科室名称,如"您好,心内科 1 室,请讲。",简要重复重要内容"定于今天上午九点二十分,对八号床患者进行专家会诊,请王教授参加,对吗？好,我会尽快转告。"

在手术中,要注意选择最有利于协作的位置站立,以便提高工作效率。及时准确地递送各种手术用具,在递刀剪类物品时,要将刀柄、剪刀把等对着接拿的人。

（三）沟通及时

1.医患之间

（1）建议。尊重患者,使其有知情权、选择权,医护人员要在充分了解患者的基础上,提出合理化建议并征求意见,如"鉴于您目前的身体情况需要卧床休息,最好进行住院治疗,您看呢？"不要仅从工作经验出发擅自作决定,这样不仅不容易得到患者配合,甚至招来反感。

（2）说明。有时前来就诊的病人非常多,诊室里里外外都是人,容易产生焦躁烦闷的情绪。在这样的情况下,医护人员要善于接一待二招呼三,注意不要顾此失彼,冷落了部分人。导诊护士可微笑着亲切地对病人说:"请大家将病历依次序放在导诊台上,拿好排序的号码,喊到号的做好就诊准备。现在排 15 号以后的大约要等半小时左右,大家可以先做其他安排。"

（3）致歉。因各种客观因素的制约,"计划不如变化快"的情况已不足为奇。如预约了做肠镜检查的时间,可等患者到来时,机器却出了故障。这时,应面带歉意诚恳地向患者道歉:"实在对不起,我们也没想到机器会出故障,让您白跑一趟。这样吧,请您留下电话号码,等机器恢复了正常,我们立刻通知您,好吗？"及时沟通能够减少患者的不满,态度诚挚能够赢得患者的理解。

（4）宽慰。对于未知的东西,患者可能因为联想而产生恐惧害怕的感觉,如果医护人员恰当引导,则会减轻患者的心理负担。如"小朋友最勇敢了,打针就像被小蚂蚁咬了一口,没什么大不了的,阿姨会很轻很轻的。"

2.同事之间

（1）转告。为他人带信要尽快转告,以免耽误大事,"王教授,刚才刘院长打来电话,请您今天上午九点二十分,参加对八号床患者的专家会诊。"

（2）通知。工作中,各个部门之间的协调合作离不开互通信息,无论是通过网络、电话、书面或口头传达的方式,都一定要注意及时迅速,并确认需了解的对象能够知晓。

（3）交接。接班、调班的时候,尤其要将班内的情况交代清楚,如"5号床因进食困难,张教授在处方中增加了氨基酸,今天配药的时候需注意一下。""9号床今天办理出院手续,他的相关资料请做一下整理。"

三、外表整齐

（一）着装规范

（1）上班一律着规定工作服、燕尾帽、工作鞋。（图22-10）

（2）工作服应合体,长短大小适宜,保持衣扣完整,无破损,无污迹,熨烫平整。

（3）戴燕尾帽要距发际4~5厘米,用白色发夹固定于帽后,注意戴正、戴稳。

（4）穿裙装时应着浅色(肉色或白色)袜,工作服内衣领不可过高,颜色反差不可过于明显,自己的衣、裤、裙不得超露出工作服、工作裤的底边。

（5）不佩戴外露首饰,如耳环、手链、戒指、脚链等。

（6）可淡妆上岗,不留长指甲及涂有色指甲油。

（7）工作鞋以软底的平跟或坡跟鞋最合适,要选择防滑的鞋底,以白色、灰色等与整体装束协调的颜色为佳。（图22-11）

（8）外出期间应着便装,不得穿工作服进食堂就餐或出入其他公共场所。

图22-10

（二）发型大方

（1）女性发型:短发侧不掩耳,长发需盘发,头发周围固定,前刘海不得遮住眉毛。工作时,不留披肩发,不束马尾。（图22-12）

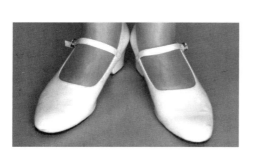

图22-11

图22-12

（2）男性头发整洁,不染发烫发,前不过额,后不及领,不留大鬓角,不剃光头。

（三）姿态端正

一个人的姿态能反映出对工作的态度,端正的身体可传达积极认真、健康向上的信息。

站、坐、行时,身体重心由腰腹部自然上提,肩平体正,不要靠着桌子、趴在桌上或歪在扶手上,身体保持平稳,不随便晃动。如果站坐的时间比较长,可以适度调节身体的重心,略为偏左或偏右,但不要有明显的倾斜。接待他人,身体略为前倾,尽量用身体的正面向着交往对象,避免斜眼、扭头、别着上身等姿势。入座或起座,身体竖直,行走时不要东张西望、左顾右盼,避免摇头晃腰,重心不稳,鞋跟不要在地上拖着走。（图22-13、图22-14）

图 22-13

图 22-14

做一做:

    1.组织一次医护人员职业装扮秀比赛,制订出评分标准,每组推选一位同学担任评委,其余同学以小组为单位参赛。

    2.请谈一谈缺乏及时沟通可能带来的危害。

第三节 乐观稳重

看一看:

    在这22年护理生涯中,无论是作为一名护士,还是一名护士长,我都时刻用实际行动践行着自己的人生信条,赢得了无数病员与家属的尊重,我也从中体会到了我人生的价值与快乐。

对老年病人,我把自己当成他们的女儿;对年轻病人,我把自己当成他们的姐妹;对孩子,我把自己当成他们的母亲,用母爱去抚慰孩子受伤的心灵。

在20世纪80年代,我院骨科发明了肢体延长术,那个时候,全国各地到我科来做肢体延长手术的人很多,尤其是一些患小儿麻痹后引起肢体短缩畸形的儿童较多。在我科住过院的这些残疾儿童,很多家庭都与我建立了良好的关系,直到出院后很长时间里都一直保持着联系。这是因为他们在住院时,我除了在上班时间精心地护理他们外,还经常利用休息时间带孩子到花园玩耍,组织他们讲故事、做游戏,在快乐的气氛中进行痛苦的功能锻炼,有时,会为一些家境贫穷的孩子亲自炖上几锅汤增加营养,还常常领他们到家中改善伙食,也会为一些中断学习的孩子补习功课,多次主动上门为出院以后的患儿进行换药。1998年夏天,骨科病房住进了一位9岁的男孩小飞,他不慎从高处坠落导致左大腿粉碎性骨折,这是个可怜的孩子,父母去世,一直与60多岁的奶奶靠微薄的退休金过日子。看着病床上伤心的孩子,我非常难过,毅然决定承担起照顾他的责任,从住院期间到现在在生活上、学习上、做人做事等方面我都像妈妈那样给予他无微不至的关爱与照顾,现在,小飞已经上大学了,我感到非常欣慰。

(摘自《中国护理管理》《无怨无悔尽天职 毕生愿做"提灯人"》 作者:鲜继淑,系第42届南丁格尔奖获得者)

想一想:

1.医护人员怎样的性格特点最有利于工作?

2.最有利于工作的性格特点可以通过哪些礼仪方式表现出来?

一、积极开朗

对于病患者而言,医护人员良好的精神面貌、乐观的性格特点、整洁的仪表服饰、得体的言谈举止等可以带来视觉和感官方面的享受,从而在心里产生信任、安心的感觉,对治疗、康复产生正面影响。

(一)主动热情

对所有来到医院的人,不管是患者、家属、参观的同行、上级领导,或者各类社会人员,医护工作者要秉承"来的都是客"这一理念,以主人的姿态热情欢迎。

(1)笑容。微笑是通向全世界的护照,一般情况下,面带笑容最能传达出热情真诚之意。在患者刚进医院时,微笑的面容使病人产生信任;当患者在挂号、就诊、检查、化验、批价、拿药各个环节等候、奔波时,微笑的面容能消除疲惫;在例行巡查的时候,微笑的面容让病人增添战胜疾病的勇气;在送别患者的时候,微笑的面容则能恢复信心、备受鼓舞。(图22-15)

(2)起身。看见有人到来,起身迎接最为正式。医院里专门负责接待的人员应在来人相距3米左右作好准备,轻稳起立,从容稳直。如遇到参观检查或领导亲临指导,所有工作人员都应起立迎接。

(3)距离。交往距离的远近能够表达热情的高低,距离越远,热情越低。与内心敏感的患者打交道,医护人员在保证安全的前提下,与患者的距离略近一些,有利于增加人文的关怀,如与患者交谈时身体前倾,对卧床的病人弯下腰进行检查等。应注意的是,距离并非越近越好,以亲切但不局促为佳,与年轻的异性患者相处更应把握好距离的尺度。(图 22-16)

图 22-15　　　　　　　　　　　图 22-16

(二)招呼问候

见面主动打招呼,不仅是良好修养的体现,更给人留下热情洋溢的印象。例如,"赵老师,早上好! 今天看起来气色不错,昨晚喘得没那么厉害了吧?""周主任,昨晚值了夜班,您先歇息一会,有事我再叫您。"

(三)赞美鼓励

获得他人的肯定与赞扬能使人心情舒畅,医护人员积极肯定的言行不仅带给病人对美好生活的向往,也让自己的工作更加顺利。例如,"李婆婆,您女儿对您照顾得无微不至,您真的好有福气!""刘师傅,您的坚强值得我们学习,相信在治疗期间,这一优秀品质会助您早日康复!"

二、态度温和

(一)和颜悦色

在工作中,医护人员的良好态度与高超的医疗水平同等重要。一张和颜悦色的脸会让看到它的人心生暖意,能提高病患者及其家属对医护人员、对医院的信任,由此可以减少沟通障碍,避免医患纷争。(图 22-17)

对小伤小痛的患者,不要不以为然;对高危、重创患者,不能有厌恶的表情;对不治之症的患者,给以同情、安慰、鼓励,帮助其树立积极治疗的信心。

(二)耐心周到

医护人员对病患者多一份耐心,就可能为对方减少一份痛苦;多一份周到,就可能为对方排除一份威胁。对病患者及其家属的咨询,应多站在对方的角度尽量解答解释,并根据交往对象的知识层次、理解能力以对方易于接受的方式、语言进行交流。对不善言谈的对象,要予以耐心的引导,"您不要着急,我会详细地给您解释。""您

图 22-17

是不是有腹胀、胸闷的感觉?""我的手压住这个位置的时候,您有没有感到刺痛?""医院为行动不便的患者准备了轮椅,您是否需要一辆?"

(三)说话得体

一个具有良好修养的医护工作者,平时要在言谈方面注意礼仪,塑造温和有礼的形象。

(1)音量。在医院这样安静的环境,说话时,双方的距离不要超过 1.5 米,说话的音量控制在对方能听清楚的程度就可以了。如需要与较远处的人交谈,恰当的方式是走过去再说。不要高声大嗓地打招呼、说笑,也不要大声地指挥,给人颐指气使的感觉。即使对不遵守公德的人,也不宜当众呵斥,让人下不来台阶,只需态度严肃、有理有节地制止其不良行为。

(2)语速。对医护工作者而言,与老幼病患接触的几率较大,用中速偏慢,对方能够反应的语速更适合体现温和的态度。偏快的语速容易给人急躁、缺乏耐性、自以为是的印象,使医护人员缺乏亲和力,也容易造成交流不畅,制造隔阂。

(3)语气。说话的时候,气息舒缓,他人听起来会感到平静愉快;如果气息短促,会让人紧张惶恐,产生不安的感觉。医护工作者有必要营造和谐的就医环境,应多使用亲切和善的语气,而杜绝用训斥、冷漠、不屑等语气说话。

(4)语调。陈述病情时,语调宜平,不要加入个人色彩,引起不必要的猜测;安慰他人时,语调适宜略低,可体现更多的理解;鼓励病人时,语调略高有助于增强说服力。

三、言谈审慎

言为心声,能反映出说话人的素养与品行。医护人员的交往对象相比常人更敏感脆弱,需要更仔细的关心与照顾,交谈更应审慎稳重。

(一)内容适合

(1)不贬损同事。由于竞争和利益关系,同事之间难免会有矛盾,这是每个职场中人都要面临的问题。但要记住,贬损他人不仅不能抬高自己,如果将私人的恩怨或好恶带到工作中,除了不利于团结协作,还会让听到的人对贬损同事之人的品行产生怀疑。

(2)不非议病人。进入医院的患者正在遭受身体的折磨,对其非议无疑会增加其心理负担,带来更多的苦恼。医护人员良好的医德除表现为治病救人,还体现在不打探和传播他人的隐私,不使人难堪方面。

(二)聆听仔细

听比说更重要是因为:认真专心地听不仅能获得必不可少的信息,增加判断的准确性,还能使说话者感觉自己受到重视,从而对听话者产生好感和信赖。医护人员要对病患者进行帮助,聆听是有效的途径。在听他人说话时:

(1)保持交谈环境的安静。减少可能的各种干扰,如请其他患者在门外等候,将手机调至静音状态等。

(2)避免打断对方的陈述。鼓励病人多说,可采用重复所谈内容或提问的方式使谈话继续,在陈述告一段落时再进行提问。

(3)使用正确的体态语言。目光的注视、随谈话内容而变化的表情、倾向于患者的身体姿态、点头等表现都在替你告诉对方,你对他很关注,你们在进行非常有效的交流。

(三)玩笑慎开

一天,一位刚工作的小护士到病房巡查,当她给一位中年男子打针的时候,这位男士按捺不住即将出院的喜悦,指着腹部已经愈合的疤痕说:"小姑娘,你看它像不像安第斯山啊?"小护士听了觉得挺好玩,忍不住笑了。当她来到另一间病房,给一位刚动了大手术的女士换药,看到伤口她想起了刚才的玩笑,于是说:"夫人,你看你的伤口简直比安第斯山还长啊!"正在为自己的病情忐忑不安的女士,以为护士小姐说自己的病情非常严重,既惊又怕的她吓得昏死过去。

　　病人的心情比一般人更为复杂,心理承受能力相应也要差一些,对不太熟悉、性格较内向、女性、年长者、小孩子等一般不要开玩笑,以免弄巧成拙。

做一做:
　　1.乐观稳重对医护工作者来说有什么必要?
　　2.请以 2~3 人为一组,设计出表现"热情主动"的工作场景并表演。
　　3.请模拟与患者进行交谈,表现出温和的态度。

第四节　体贴入微

看一看:
　　邹德凤的重要课题之一——《抚触在社区临终关怀的研究》,是由数十件感人的故事凝成的。1993 年,一个 50 多岁的铁路蔡姓妇女,身患胰腺癌,子女又不在身边,内心极度恐惧,总觉得在人世上有心愿未了。邹德凤得知后,每天中午和下午一下班就赶到她家,反复抚慰开导她,为了让她减轻心理压力,邹德凤经常会伸出温暖的手,像抚摸婴儿那样,亲切地抚触她的身体,结果收到了意想不到的效果,病人从抚触中感受到了人世的温情,情绪稳定了下来,最后安详地离开了人世。从此以后,邹德凤先后来到了 100 多位临终老人们的身边,陪伴他们中间的 20 余人,走尽了人生的最后一程,铁路百岁老人涂细银就是其中一个。

　　2010 年 10 月,七十多岁的铁路退休职工郭师傅,给医院写来了一封情真意切的感谢信,讲述了邹德凤如何关爱他的母亲涂细银,陪她走完生命中最后半年的感人故事,当孙坚院长在会上宣读这封感谢信时,在场医护人员无不动容。当时,百岁老人涂细银身患绝症,她的儿子和媳妇也都 70 多岁了,无力照料她,邹德凤得知后,每天中午和晚上一下班,就赶到老人家,老人大便排不出,她就戴上手套为她抠肛排便;老人得了褥疮,她就每天两次帮她擦洗、按摩;老人不肯吃饭,她就亲自喂饭,老人到最后实在吃不下饭,她就用鼻饲法喂饭,尽可能延长她的生命。百岁老人故去后,她的儿子在感谢中写道:"邹老师做的这一切,我们这些做子孙的都做不到,她不仅仅是活雷锋,她更是活着的白求恩!"

想一想:
　　1.这个案例给你一些什么启迪?
　　2.医护人员对患者的体贴入微可以通过哪些礼仪形式表现?

一、观察仔细

医护人员要做有心人,将不同患者的情况记在心里,随时关注他们的情况变化,以便作出最快的反应。

(一)身体情况

医护人员详细掌握就诊者的身体情况,可在需要时提供最及时有效的服务,减轻患者痛苦,提高工作成效。如在抽血或注射时,发现病人面色发青、没有血色、神志模糊等,则可能出现晕针或低血糖,此时应放慢速度或停止,让其休息一会儿再作检查。在巡查的过程中,如发现患者牙关紧咬、呼吸困难、痛苦呻吟、面色灰白、身体长时间蜷曲等异常情况,应引起重视,及时询问,进行检查,尽量排除危险存在的可能性。对于术后、待产等情况不稳定的患者,更应密切观察。

(二)情绪状况

当发现患者有独自落泪、唉声叹气、愁眉苦脸、拒绝配合治疗等情绪异常的表现时,医护人员要及时了解情况,疏导心理障碍,打消顾虑,宽慰胸怀,使患者有受到重视的感受,重树与病痛抗争的信心。也可与其家属交换意见,齐心协力为患者增加生的希望。

二、话语柔和

(一)称呼亲切

接待患者时,恰当的称呼可缩短医患之间的距离。

(1)进行短时间的交往时,可省略称呼,直接问候"您好!""早上好!""请问需要我为您提供什么帮助?"

(2)姓名称最简单明了,如"请 39 号魏敏来拿检查报告"。使用时应注意语气温和,否则会有生硬的感觉。

(3)使用一般称的情况比较多,在知道姓名的情况下,加上姓会使针对性更强。例如,"张先生,请你拿着化验单到三楼去做检查。""小顾,请你用力做一下吞咽动作,谢谢配合。"

(4)亲属称会使人感到亲切,更适合于对老人、小孩和女性。例如,"周爷爷,现在我会给您的口腔喷一些局部麻醉剂,可能有点苦,含一会儿可以吞下去。"

(5)在知道对方的职务、职业时可使用职务称和职业称。例如,"胡局长,请一定记得按时服药,一个月后再来进行复查,祝您早日康复!""徐老师,术后要注意预防感冒,最好不要使用冷水。"

(二)轻言细语

医护人员要控制好说话的音量和速度。尖利高亢的声音使人烦躁,而圆润甜美的嗓音,轻柔和缓的话语让人如沐春风,心绪平静。例如,"您好! 现在我们将送您到手术间,请不用担心,整个过程我们都会陪护您,您的家属也在等候室等您,祝您手术顺利!"

(三)方式恰当

(1)催收费用。说话时应顾及他人感受,不伤害其自尊,做到态度和蔼、语言亲切、话语婉转,多使用商量的口吻。例如,"您好! 请问是 3 床孙宜静的家属吗? 目前你们的预付费已低于 500 元的标准,请您在今天方便的时候将费用缴上,好吗?"

（2）解释劝说。应做到表情亲切，面带笑容，切忌生硬。例如，"大家好！现在探视时间已经结束，为了不影响病人的休息，请各位先离开，我们会照顾好病人，请放心吧。谢谢支持，请慢走！"

（3）受理投诉。当就诊者对医院的工作产生不满时，接受投诉的工作人员不要急于解释，可请投诉者到办公室就座，送上热茶，耐心倾听并弄清楚事情的原委。例如，"王先生，请坐！您的心情我完全能够理解，您不要着急，先喝口水，慢慢说。""您刚才所说的情况，我们会以最快的速度与相关科室联系进行调查，得出结论后我们会给予您满意的答复，请留下您的联系方式。"如果是对方误会了，也不要得理不饶人，如"王先生，主管护士为了使您的家属获得更好的治疗效果，所以将她擅自调快的点滴速调整回来。您刚才可能有点误会，要相信我们医院和您的心情是一样的，都希望病人早日康复。"

三、举止轻柔

（一）递接物品

（1）在可能的情况下，最好使用双手。（图22-18）

（2）轻拿轻放，不要使用扔、摔、推等方式。

（3）递送物品时，要确保对方拿稳后再放手。

（4）接过物品时，不要用拖、拉、抓等方式。

（二）进出房门

（1）开关门动作要轻，进出房门时，尽量不发出声音，不要惊扰他人。无论进出，身体正面都应对着房内。

图 22-18

（2）如果房间里有其他人，在进入前，不管门开着还是关着，正确的做法是用弯曲的食指和中指轻敲门三下，打了招呼后再进入。

（3）推着治疗车，应先打开房门后再推车进出，不能直接用车将房门撞开。（图22-19）

（4）如果与患者、客人、领导、同事等同行，进出门时应主动开门让他人先行。（图22-20）

图 22-19

图 22-20

(三)移动病人

病人进行位置的转移,往往需要他人的协助。这时医护人员不能用拉、拖、推等简单粗暴的举止,而应使用搀扶、抬放、推动等方式。

(1)搀扶。对于行动不便但还能行走的患者可进行搀扶。与患者的距离宜靠近,用手扶住其胳膊,或一手扶腰,一手扶胳膊。注意步调与患者保持一致(即迈步时同出右脚或同出左脚),步幅相当。(图22-21)

(2)抬放。抬起患者时,要避免碰触其伤口,一般抬其肩背和大腿,保持身体的平衡,轻抬轻放,尽量减轻患者的痛苦。行走时,抬的人应注意步调、步幅一致。

(3)推动。将患者轻缓地移至平车或轮椅上,推着患者移动时,上体前倾,手肘略为弯曲。推动时,保持平稳,减少颠簸。(图22-22)应避免身体歪斜,将重心压在推车或轮椅上。(图22-23)

图 22-21

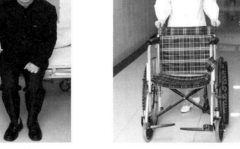
图 22-22

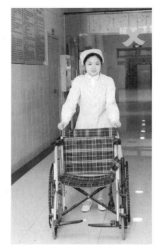
图 22-23

做一做:

3~4人为一组,设计医患交往中的情景并展示,请观看者指出能够体现出医者体贴入微的内容。

参考文献

[1] 艾建玲.旅游礼仪教程[M].长沙:湖南大学出版社,2006.

[2] 秦启文.现代公关礼仪[M].重庆:西南大学出版社,2009.

[3] 李霞.商务礼仪实务[M].北京:清华大学出版社,2009.

[4] 张百章.公关礼仪[M].大连:东北财经大学出版社,2005.

[5] 刘青.中国礼仪文化[M].北京:时事出版社,2009.

[6] 陈玉.礼仪规范教程[M].北京:高等教育出版社,2005.

[7] 周思敏.你的礼仪价值百万[M].北京:中国纺织出版社,2010.

[8] 国家旅游局人事劳动教育司.旅游服务礼节礼貌[M].北京:旅游教育出版社,2004.

[9] 王蓉晖,兴盛乐.社交礼仪与形象设计[M].北京:企业管理出版社,2007.

[10] 苏然.现代实用礼仪全集[M].北京:外文出版社,2011.

[11] 英格丽.修炼成功:世界形象设计师的忠告[M].北京:中国发展出版社,2008.

[12] 陈福义.礼仪实训教程[M].北京:中国旅游出版社,2008.

[13] 吴宝华.礼貌礼节[M].北京:高等教育出版社,2012.

[14] 陈海华.现代礼仪的发展与变化[J].职业,2011(21).

[15] 王春.实用礼仪全精通[M].北京:中国纺织出版社,2013.

[16] 张岩松,唐召英.现代交际礼仪实训教程[M].北京:清华大学出版社,2011.

[17] 余柏.实用礼仪全书[M].北京:北京工业大学出版社,2012.

[18] 金正昆.礼仪金说[M].北京:北京联合出版公司,2013.